Die Regelung der Lebendorganspende im Transplantationsgesetz

Frankfurter kriminalwissenschaftliche Studien

Bd./Vol. 83

PETER LANG
Frankfurt am Main · Berlin · Bern · Bruxelles · New York · Oxford · Wien

Alexandra Pfeiffer

Die Regelung der Lebendorganspende im Transplantationsgesetz

PETER LANG
Europäischer Verlag der Wissenschaften

Bibliografische Information Der Deutschen Bibliothek
Die Deutsche Bibliothek verzeichnet diese Publikation in der Deutschen Nationalbibliografie; detaillierte bibliografische Daten sind im Internet über <http://dnb.ddb.de> abrufbar.

Zugl.: Frankfurt (Main), Univ., Diss., 2003

D 30
ISSN 0170-6918
ISBN 3-631-51222-8

www.peterlang.de

Meinen Eltern

Vorwort

Die vorliegende Arbeit wurde von der juristischen Fakultät der Johann Wolfgang Goethe-Universität Frankfurt a.M. als Dissertation angenommen. Das Rigorosum fand am 20. Februar 2003 statt.

Das Transplantationsgesetz ist seit seiner Einführung am 1.12.1997 keiner Änderung unterzogen worden. Die herangezogene Literatur ist auf dem Stand 2002.

Mein Dank gilt an dieser Stelle besonders meinem Doktorvater, Herrn Prof. Dr. Ulfried Neumann für die wohlwollende Betreuung und Begleitung der Arbeit. Zugleich möchte ich mich bei Herrn Prof. Dr. Walter Kargl für die Erstellung des Zweitgutachtens bedanken.

Schließlich gebührt mein besonderer Dank meinen Eltern, die mich stets gefördert und in meiner Ausbildung unterstützt haben und denen ich daher diese Arbeit widmen möchte.

Hamburg, den 30. Juli 2003

Alexandra Pfeiffer

INHALTSVERZEICHNIS

ABKÜRZUNGSVERZEICHNIS

ABl.	Amtsblatt
AcP	Archiv für die civilistische Praxis (Zeitschrift)
AG	Amtsgericht
AK	Alternativ - Kommentar zum StGB
ARSP	Archiv für Rechts- und Sozialphilosophie (Zeitschrift)
AT	Allgemeiner Teil
BÄK	Bundesärztekammer
BayOblG	Bayerisches Oberstes Landesgericht
BayVBl.	Bayerische Verwaltungsblätter
Beschl.	Beschluß
BGB	Bürgerliches Gesetzbuch
BGBL	Bundesgesetzblatt
BGH	Bundesgerichtshof
BGHZ	Amtliche Sammlung der Entscheidungen des BGH in Zivilsachen
BGHSt	Amtliche Sammlung der Entscheidungen des BGH in Strafsachen
BR-Drs.	Bundesrats-Drucksache
BSG	Bundessozialgericht
BSGE	Entscheidungen des BSG
BStBl	Bundessteuerblatt
BT	Besonderer Teil
BT-Drs.	Bundestags-Drucksache
BtMG	Betäubungsmittelgesetz
BVerfG	Bundesverfassungsgericht
BVerfGE	Entscheidungen des BVerfG
DÄBL	Deutsches Ärzteblatt
DB	Der Betrieb (Zeitschrift)
DGMR	Deutsche Gesellschaft für Medizinrecht
DMW	Deutsche Medizinische Wochenschrift (Zeitschrift)
DÖV	Die öffentliche Verwaltung
DRiZ	Deutsche Richterzeitung
Drs.	Drucksache
DtZ	Deutsch-Deutsche Rechts-Zeitschrift
DVBl	Deutsches Verwaltungsblatt (Zeitschrift)

Eds.	Editors (Herausgeber)
EG-StGB	Einführungsgesetz zum StGB
Einl.	Einleitung
EKMR	Europäische Kommission für Menschenrechte
EthikMed	Ethik in der Medizin (Zeitschrift)
E-StGB	Entwurf für ein StGB
E-TPG	Entwurf für ein TPG
e.V.	eingetragener Verein
EWiR	Entscheidungen zum Wirtschaftsrecht (Zeitschrift)
FamRZ	Zeitschrift für das gesamte Familienrecht
FAZ	Frankfurter Allgemeine Zeitschrift
FS	Festschrift
GA	Goltdammer´s Archiv für Strafrecht
GBl.	Gesetzblatt
GG	Grundgesetz
GV, GVBl.	Gesetz- und Verordnungsblatt
H.	Heft
Hastings Cent Rep	Hastings Center Report (Zeitschrift)
HdbStR	Handbuch des Strafrechts
HGB	Handelsgesetzbuch
h. M.	herrschende Meinung
HRR	Höchstrichterliche Rechtsprechung
Hrsg.	Herausgeber
Jura	Juristische Ausbildung (Zeitschrift)
JuS	Juristische Schulung (Zeitschrift)
JR	Juristische Rundschau (Zeitschrift)
JW	Juristische Wochenschrift (Zeitschrift)
JZ	Juristenzeitung
Kap.	Kapitel
KG	Kammergericht
Komm	Kommentar
KritV	Kritische Vierteljahresschrift für Gesetzgebung und Rechtswissenschaft
LG	Landgericht

LK	Leipziger Kommentar zum StGB
LM	Lindenmaier / Möhring, Nachschlagewerk des BGH
LMU	Ludwigs - Maximilians - Universität in München
LSG	Landessozialgericht
LT-Drs.	Landtagsdrucksache
MdE	Minderung der Erwerbsfähigkeit
MDR	Monatszeitschrift für deutsches Recht
MedEthik	Medizinische Ethik (Sonderbeilage Ärzteblatt Baden-Württemberg)
MedR	Medizinrecht (Zeitschrift)
Mitt.	Mitteilung
MMG	Medizin Mensch Gesellschaft (Zeitschrift)
MMW	Münchner Medizinische Wochenschrift (Zeitschrift)
MüKo	Münchner Kommentar zum BGB
n. F.	neue Fassung
NJW	Neue Juristische Wochenschrift
NJW-RR	NJW-Rechtsprechungs-Report Zivilrecht (Zeitschrift)
NStZ	Neue Zeitschrift für Strafrecht
OLG	Oberlandesgericht
RegE	Regierungsentwurf
RG	Reichsgericht
RGBl. I	Reichsgesetzblatt Teil I
RGZ	Amtliche Sammlung der Entscheidungen des RG in Zivilsachen
RGSt	Amtliche Sammlung der Entscheidungen des RG in Strafsachen
Rspr.	Rechtsprechung
RVO	Reichsversicherungsordnung
Sch-Sch	Schönke/Schröder, Kommentar zum StGB
SGB	Sozialgesetzbuch
SGB I	Sozialgesetzbuch - Allgemeiner Teil
SGB V	Sozialgesetzbuch - Gesetzliche Krankenversicherung
SGB X	Sozialgesetzbuch - Verwaltungsvorschriften
SK	Systematischer Kommentar zum StGB
StGB	Strafgesetzbuch
StV	Der Strafverteidiger (Zeitschrift)

TPG	Transplantationsgesetz
Transplant Proc	Transplantation Proceedings (Zeitschrift)
TSG	Transsexuellengesetz
VersR	Versicherungsrecht (Zeitschrift)
VO	Verordnung
Vol.	Volume (Band)
VRS	Verkehrsrechts-Sammlung
WHO	World Health Organisation
WM	Wertpapier-Mitteilung (Zeitschrift)
ZIP	Zeitschrift für Wirtschaftsrecht
ZPO	Zivilprozeßordnung
ZRP	Zeitschrift für Rechtspolitik
ZStW	Zeitschrift für die gesamte Strafrechtswissenschaft

1.Kapitel: Einleitung

A. Von den Anfängen der Transplantationsmedizin bis heute

Sagen und Legenden belegen, daß die Verpflanzung von Organen und Körperteilen ein uralter Menschheitstraum ist. Eine chinesische Sage berichtet etwa von dem Arzt Pien Xiao, der bereits im 6. Jahrhundert v. Chr. die Herzen zweier Menschen ausgetauscht haben soll. Im europäischen Kulturkreis berichtete erstmals die Legenda aurea (1263-1273) von den frühchristlichen Ärztebrüdern Cosmas und Damian, die im 4. Jahrhundert n. Chr. in Kleinasien lebten und einem schwer verwundeten Ritter das Bein eines „heute begrabenen, noch frischen Mohren" übertragen haben sollen[1].

Doch erst der Beginn des 20. Jahrhunderts markiert die Entstehung der modernen Transplantationsmedizin. Die Entwicklung chirurgischer Techniken[2] und die Entdeckung und Entwicklung der Immunologie, ohne deren Kenntnis eine längere Funktion der transplantierten Organe nicht möglich wäre, führte schließlich 1954 zur ersten erfolgreichen Nierentransplantation. Mittlerweile sind Nierentransplantationen - dank des medizinischen Fortschritts, vor allem dank der verbesserten Beherrschung der Organabstoßung mittels immunsuppressiver Substanzen - eine anerkannte Behandlungsmethode geworden. Weltweit wurden bisher über 300.000 Nieren verpflanzt. 1967 gelang es dem südafrikanischen Chirurgen Christiaan Barnard erstmals das Herz eines Menschen in den Brustkorb eines anderen zu implantieren. Mittlerweile wird sogar die Transplantation eines Lungenflügels mit einigem Erfolg durchgeführt, eine Operation, die Ende der achtziger Jahre von Medizinern noch als klinisches Experiment bezeichnet wurde[3]. Ähnlich verhält es sich bei der Übertragung von Bauchspeicheldrüsen. Zumindest technisch unproblematisch ist weiter die Übertragung von Stammzellen des Knochenmarks, die weltweit bereits in mehr als 40.000 Fällen praktiziert wurde. Ebenso ohne Probleme lassen sich heutzutage Gewebetransplantationen, wie etwa die Übertragung von Hornhaut, Gehörknöchelchen oder Haut durchführen. So werden etwa jährlich 4000

---

[1] Dieser Eingriff der später sogar heiliggesprochenen Ärzte Cosmas und Damian war im Mittelalter ein beliebtes Bildmotiv. Erklärung der Deutschen Bischofskonferenz und des Rates der Evangelischen Kirche in Deutschland, „Organtransplantation", 1990, S. 7; Nagel/Schmidt, Transplantation, S. 1

[2] zu Beginn des Jahrhunderts entwickelte der französische Chirurg Alexis Carrel, der 1912 den Nobelpreis für Medizin erhielt, zusammen mit David Guthrie Techniken, die als Prototypen für heutige Transplantationen angesehen werden können

[3] Rudolf Pichlmayr „Organtransplantation I. Medizinisch", 1987, 2338

Hornhäute und etwa 5000 Gehörknöchelchen transplantiert. Einen Überblick über den Umfang der heutigen Transplantationsmedizin gibt folgende Aufstellung der von 1997 bis 2000 in Deutschland durchgeführten Organtransplantationen:

	1997	**1998**	**1999**	**2000**
Niere	2249	2340	2275	2219
Leber	762	722	757	780
Herz	562	542	500	418
Pankreas	146	183	218	244
Lunge	120	131	146	158

Angaben der Deutschen Stiftung Organtransplantation 2000
(einschließlich Lebendspender - Transplantationen)[4]

B. Begriffsbestimmung

Die vorliegende Arbeit befaßt sich mit den gesetzlichen Grenzen der Lebendspende. Diese werden vorwiegend durch das Transplantationsgesetz[5] bestimmt. Im Vorfeld der Untersuchung sind folgende Begriffe zu klären und abzugrenzen:

I. Organbegriff des TPG

In § 1 Abs.1 TPG werden Organe (griech. „organon" = Werkzeug) als menschliche Organe, Organteile oder Gewebe definiert. Nicht unter den weiten Organbegriff des § 1 Abs. 1 TPG fallen tierische Organe oder in den Körper eingefügte künstliche Produkte, wie z.B. Herzschrittmacher oder Endoprothesen.

Der weite Organbegriff des § 1 Abs.1 TPG hat zur Folge, daß auch die Übertragungen von nicht durchbluteten Körperteilen, wie der Hornhaut oder der Dura mater, den Anforderungen des TPG unterliegen. Das bedeutet die Aufgabe der bisherigen Praxis, nach der die mutmaßliche Zustimmung des

---

[4] Organspende und Transplantation in Deutschland 2000, Deutsche Stiftung Organtransplantation, Abb. 29, S. 36

[5] Gesetz über die Spende, Entnahme und Übertragung von Organen (Transplantationsgesetz - TPG), vom 05.11.1997, BGBL I S.2631

Spenders oder bei geringem Knochenmaterial auch die Sozialadäquanz ausreichte, eine Transplantation zu rechtfertigen.
Eine Einschränkung erfährt der weite Organbegriff des § 1 Abs. 1 TPG in § 1 Abs.2 TPG: Mit einer Antidefinition werden Blut, Knochenmark, embryonale und fetale Organe *und Gewebe* vom Anwendungsbereich des TPG ausgeschlossen. Diese Terminologie des Gesetzgebers verwirrt. Indem er in Absatz 2 Organe und Gewebe nebeneinander stellt, geht der Gesetzgeber hier offensichtlich von einem engen Organbegriff aus.

II. Organtransplantation

Transplantation (lat. „transplantatus" = verpflanzt) bedeutet die Übertragung von Zellen, Geweben oder Organen auf ein anderes Individuum oder an eine andere Körperstelle zu therapeutischen Zwecken[6].

In der Medizin unterscheidet man folgende Arten von Organtransplantationen: Je nachdem ob und wie Empfänger und Spender übereinstimmen, unterscheidet man zwischen **autogenen Transplantationen**, bei denen Spender und Empfänger identisch sind, **syngenen Transplantationen** zwischen genetisch identischen Individuen, **allogenen Transplantationen** zwischen genetisch differenten, aber derselben Spezies angehörenden Individuen und **xenogenen Transplantationen** zwischen Individuen verschiedener Spezies. Das Transplantationsgesetz regelt vor allem die allogenen und syngenen Transplantationen. § 1 TPG stellt klar, daß sich der Anwendungsbereich des Gesetzes ausschließlich auf die Spende und Entnahme „menschlicher" Organe beschränkt.

Das TPG gilt somit nicht für **Xenotransplantationen**, bei denen tierische Organe auf den Menschen verpflanzt werden[7]. Bei der Xenotransplantation ist vor allem aus Gründen des Infektionsschutzes Vorsicht geboten. Unklar ist unter anderem, ob diese Methode zu Epidemien führen kann. Aus rechtsethischer Sicht stellt sich bei der Xenotransplantation insbesondere die Frage, inwieweit es ethisch vertretbar ist, Tiere als „Ersatzteillager" für den Menschen zu züchten. Dies gilt insbesondere für Menschenaffen, die dem Menschen in vieler Hinsicht

---

6 Definition aus Pschyrembel Klinisches Wörterbuch, „Transplantation"

7 In der Schweiz etwa wird ein gesetzliches ausdrückliches Verbot der Xenotransplantation disku tiert; vgl. Neue Züricher Zeitung vom 30. Dezember 1998, S. 11 „Ein Regelwerk für die Transplantationsmedizin"

ähnlich sind und deren Zucht ausschließlich zum Zwecke der Organtransplantation deshalb sehr fragwürdig ist[8]. Hingegen wird die Verwendung von Schweinen oftmals als ethisch weniger bedenklich empfunden[9]. Schweine werden vom Menschen in großen Mengen als Fleisch- und Lederlieferant gezüchtet. Sie vermehren sich rasch, wachsen schnell und sind dem Menschen anatomisch ähnlich. Außerdem können sie gut in keimfreier Umgebung aufgezogen werden. Bereits heute leben Menschen mit einer Herzklappe vom Schwein. Immunologisch gesehen sind Schweine nur entfernt mit dem Menschen verwandt. Würde man ein unbehandeltes normales Organ eines Schweines auf den Menschen übertragen, würde dies zu einer akuten Abstoßungsreaktion des menschlichen Körpers führen. Auf menschlichen Zellen befinden sich außen verschiedene Eiweiße, die sie vor den Angriffen der Abwehreiweiße (Komplementfaktoren) schützen[10]. Britischen Forschern gelang es, das Gen für diese schützenden Eiweiße in einen Schweineembryo einzuschleusen. Das erste transgene Schwein mit einer menschlichen Erbanlage wurde somit gezeugt. Versuche, in denen Organe des genmanipulierten Schweins und seiner Nachkommen auf Menschenaffen transplantiert wurden, zeigten bereits eine verminderte Abstoßungsreaktion. Die breite Abstammungslücke vom Menschen zum Schwein ist damit freilich noch längst nicht überwunden. Weitere Genmanipulationen am Tier werden nötig sein. Fraglich ist, inwieweit die Öffentlichkeit bereit sein wird, diese Entwicklung mit zu tragen, an deren Ende das Klonen von menschlichen Organen stehen könnte. Ein Ergebnis, welches einerseits wünschenswert, anderseits erschreckend ist, da damit eine völlig neue Dimensionen der Transplantationsmedizin mit derzeit noch unabsehbaren Risiken ihren Anfang nehmen könnte. Nichtsdestotrotz zeichnet sich hier eine mögliche Zukunftsperspektive ab[11].

Weiter differenziert die Medizin und insbesondere auch das Transplantationsgesetz zwischen der **postmortalen Organspende**, bei der das Organ eines Toten verpflanzt wird und der Organspende vom lebenden Patienten (**Lebendspende**).

---

[8] siehe auch Nagel/Schmidt, Transplantation, S. 15

[9] so Nagel/Schmidt, Transplantation, S. 15

[10] Nagel/Schmidt, Transplantation, S. 15 f.

[11] Bedenken hinsichtlich einer derartigen Entwicklung, so auch hinsichtlich der Übertragung fetaler Mittelhirnzellen in das Gehirn des Menschen, äußerte etwa Laufs in NJW 1999, Heft 24, 1765; Vollmann EthikMed 1999, 35(36)

III. Lebendspende

1. Definition

Bei der Lebendspende handelt es sich um die Übertragung von Zellen, Geweben[12] oder Organen eines lebenden Organspenders auf einen Empfänger zu Heil- oder auch Heilversuchszwecken.[13] Die Organentnahme vom lebenden Spender eignet sich nur bei regenerierungsfähigen[14] oder paarigen[15] Organen. Sie wird weltweit in erster Linie bei Nieren und Lebern praktiziert. Während sich Nieren nicht wieder bilden können, jedoch der Lebensstandard gesunder Menschen auch bei nur einer Niere nicht beeinträchtigt wird, kann die Leber nach einer Leberteilspende wieder zu ihrer vollen Funktionstüchtigkeit zurückfinden. Daneben gibt es in der modernen Transplantationsmedizin auch die Möglichkeit Teile der Lunge und Bauchspeicheldrüse zu transplantieren.

2. Abgrenzung zur postmortalen Organspende

Bei der postmortalen Organspende muß zunächst der Tod des Organspenders festgestellt werde. Den jahrelangen Streit bezüglich des genauen Zeitpunkt des Todeseintritts entschied das Transplantationsgesetz im Sinne der bisherigen medizinischen Praxis zugunsten der Hirntodkonzeption, vgl. § 3 Abs.2 Nr.2 TPG. „Hirntod" ist der Zustand des irreversiblen Erloschenseins der Gesamtfunktion des Großhirns, des Kleinhirns und des Hirnstamms, bei einer durch kontrollierte Beatmung noch aufrechterhaltenen Herz-Kreislauffunktion[16]. Der Hirntod ist nach dieser Konzeption der Tod des Menschen. Er wird an die Seite des Herz-Kreislauf-Todes gestellt. Der Eintritt des Hirntodes ist somit auch als Abgrenzungskriterium zwischen Lebendspende und postmortaler Organspende heranzuziehen. Von Bedeutung ist dies bei der Frage, ob anenzephale Neugeborene[17] als Organspender in Betracht kommen.

---

[12] z.B. Knochen, Hornhaut. Gemäß §1 Abs.2 TPG sind Blut- und Knochenmarkstransplantationen ausdrücklich vom Anwendungsbereich des TPG ausgeschlossen. Vgl. Seite 2, 3

[13] Pschyrembel, Klinisches Wörterbuch, „Transplantation"

[14] Hierzu zählen insbesondere die Leber, Lunge und Bauchspeicheldrüse

[15] Beispielhaft hierfür sind die Nieren

[16] Vgl. Laufs, Arztrecht, S.145

[17] Anenzephalie ist eine äußerst schwere Mißbildung des Kopfes, bei der die Schädeldecke mit ausgedehnten Teilen des Gehirns komplett fehlt. Anenzephale Neugeborene werden derart mißgebildet geboren. Das einzige, was sie am Leben hält, ist ein funktionstüchtiger Hirnstamm. Sie atmen, ihr Herz schlägt und der Blutkreislauf funktioniert. Ihre Überlebenszeit ist schwer vorherzusagen, sie können ihre Geburt um Stunden, Tage oder aber auch Wochen überleben. Sicher ist nur, daß sie dem Tod geweiht sind

C. Die Lebendspende aus medizinischer Sicht

Von Seiten der Ärzteschaft wurde die Organtransplantation vom lebenden Patienten lange Zeit nur mit äußerster Zurückhaltung betrieben[18], obwohl sie oftmals die letze Therapiemöglichkeit für den Patienten darstellt. Die Operation eines kerngesunden Menschen widersprach in fundamentaler Weise dem Selbstverständnis vieler Ärzte, die sich dem Heilen verschrieben hatten und nach dem hippokratischem Prinzip des primum non nocere praktizierten. Hinzu kommt, daß diese Eingriffe zunächst medizinische Neulandoperationen darstellten[19]. Das bedeutete, daß ein Arzt, der einem lebenden Spender ein Organ entnahm, einer gesteigerten Verantwortlichkeit ausgesetzt war. Der Vorstoß in medizinisches Neuland verlangt auch heute noch von Medizinern einen mutigen Gewissensentschluß, nicht zuletzt wegen der erhöhten strafrechtlichen Risiken, so daß Fortschritte hier im allgemeinen nur zögerlich erfolgen[20].

Folgende Abbildung zeigt die nur zögerlichen Akzeptanz von Lebendspenden in Deutschland:

	Lebendspende insgesamt	**Nieren-Lebendspende**	**Teilleber-Lebendspende**
1991	63	58	5
1992	71	56	15
1993	70	58	12
1994	89	78	11
1995	92	83	9
1996	139	129	10
1997	303	279	24
1998	368	343	25
1999	421	380	41
2000	436	346	90

Angaben der Deutschen Stiftung Organtransplantation 2000[21]

In der medizinischen Literatur wird die Gefahr ernster perioperativer

[18] 1966 schrieb Lagadièr in „Organtransplantation", S.133: „ ..daß lebende Spender, und zwar durch lebende verwandte Spender, heute eigentlich nicht mehr verwendet werden sollten, da die damit noch mögliche Resultatsverbesserung zu gering ist, um eine so eingreifende Operation bei einem Gesunden zu rechtfertigen."

[19] v. Bubnoff, GA 68, S.65 ff. (77); Begründung zu §161 E-StGB 1962 S.298: Auffassung, daß derartige risikobehaftete Eingriffe bei Einwilligung als Heilbehandlung anzusehen sind

[20] Vgl. Engisch in „Der Chirurg" 1967, S.252-254, sowie Seiffert in „Der Chirurg" 1967, S.257 ff.

[21] Organspende und Transplantation in Deutschland 2000, Deutsche Stiftung Organtransplantation, Abb. 39, S. 46

Komplikationen und Langzeitfolgen nach einer Lebendspende zwischen 5 und 20 % und hinsichtlich weniger gravierender Komplikationen zwischen 5 und 50% angesetzt[22].

Als Vorteile der Lebendspende gegenüber der postmortalen Organspende werden meist folgende geltend gemacht[23]:

Die Organtransplantation kann längere Zeit im voraus geplant und vorbereitet werden, das Spenderorgan ist aufgrund der minimalen Ischämiezeit[24] qualitativ hochwertiger und fängt nach der Implantation sofort an zu arbeiten (Spontanfunktion). Dagegen kann es bei postmortal gespendeten Organen Tage oder sogar Wochen dauern, bevor die normale Funktionsfähigkeit erreicht ist. Weiter weisen die Transplantate einer Lebendspende höhere Langzeitüberlebensraten auf. Dies hängt neben der kurzen Ischämiezeit mit der längeren Vorbereitungszeit zusammen, die den Ärzten hierbei zur Verfügung steht. Das bedeutet, die Gewebeverträglichkeit kann sorgfältig überprüft und unter Umständen das Immunsystem des Empfängers präoperativ beeinflußt werden. Darüber hinaus kann man das Fehlen von Infektionskrankheiten sicherstellen. Medizinische Kontraindikationen für die Organspende sind Malignome, Sepsis (Blutvergiftung) und HIV-Nachweis[25].

Schließlich eröffnet die Möglichkeit der Lebendspende ein breites Angebot an geeigneten Spenderorganen, was wiederum zu einer Verkürzung der Wartezeit auf ein Transplantat führen würde. Ende 1997 warteten in Deutschland ca. 10.500 Patienten auf eine Nierentransplantation. Die durchschnittliche Wartezeit auf eine Niere beträgt in Deutschland derzeit ca. fünf Jahre[26].

---

22 Eigler, Deutsche Medizinische Wochenschrift 1997, 1398, 1399

23 Höppner/Grosse/Dreikorn: „Aktuelle Überlegungen zum Thema Lebendspende" in: Transplantationsmedizin 1994, 217 ff.

24 Unter „Ischämie" versteht man die Verminderung oder Unterbrechung der Durchblutung eines Organs, Organteils oder Gewebes infolge mangelnder arterieller Blutzufuhr, vgl. Pschyrembel, Klinisches Wörterbuch

25 vgl. Pschyrembel, Klinisches Wörterbuch unter dem Begriff „Organspender"

26 Presseinformation der Deutschen Stiftung Organtransplantation vom 19.1.1998

Welch untergeordnete Rolle angesichts dieses enorm großen Bedarfs an Organen und angesichts der medizinischen Vorteile die Lebendspende in Deutschland derzeit noch spielt, zeigt folgende Abbildung:

Anteil der Nieren-Lebendspenden an der Nierentransplantation:

	Anteil
1991	2,6 % (58)
1992	2,7 % (56)
1993	2,7 % (58)
1994	4,0 % (78)
1995	3,9 % (83)
1996	6,4 % (129)
1997	12,4 % (279)
1998	14,7 % (343)
1999	16,7 % (380)
2000	15,6 % (346)

Angaben der Deutschen Stiftung Organtransplantation 2000[27]

Verfolgt man die Entwicklung der Lebendspende bei der Nierentransplantation in Deutschland, so ist seit 1996 ein sprunghafter Anstieg der Zahl der Lebendspender zu verzeichnen. In Fällen, in denen aufgrund des akuten Mangels an postmortal gespendeten Organen kein geeignetes Spenderorgan zur Verfügung steht oder der Spendeempfänger das postmortale Organ abstößt, stellt die Lebendspende die letzte Rettungsmöglichkeit für den Patienten dar[28].

Weitaus pragmatischer als hierzulande begegnet man in Skandinavien, insbesondere in Norwegen der Lebendspende. Hier werden die Vorteile und das Potential der Lebendspende voll ausgeschöpft: Bis zu 50% aller gespendeten Nieren stammen vom lebenden Spender[29].

---

[27] Organspende und Transplantation in Deutschland 2000, Deutsche Stiftung Organtransplantation, Abb. 39, S. 46

[28] Die Transplantatfunktionsrate liegt bei einer Lebendspende wegen der kurzen Ischämiezeit noch höher als bei einem postmortal gespendetem Organ. Im Transplantationszentrum Großhadern der LMU München ging beispielsweise bei den seit 1991 durchgeführten 61 Nierentransplantationen vom lebenden Spender erst 1 Transplantat verloren

[29] Information aus Seidenath, MedR 98, 253

D. Die Auswirkungen des Verlustes eines Organs im deutschen Sozialrecht

Im Jahre 1976 entschied das Bundessozialgericht, daß der unfallbedingte Verlust einer Niere auch dann, wenn die andere Niere gesund sei, in der gesetzlichen Unfallversicherung mit einer Minderung der Erwerbsfähigkeit von mindestens 20% zu bemessen sei[30]. Eine Person mit nur noch einer gesunden Niere darf sich danach vor keiner Krankenkasse, keiner Lebensversicherung oder Arzt als gesund bezeichnen.

Die Kosten einer Lebendorganspende - einschließlich etwaiger Operations- und Nachsorgekosten geeigneter Lebendspenden werden grundsätzlich von den Krankenkassen oder Krankenversicherungen übernommen[31]. Dies gilt nicht für den privaten Organkauf. Bereits 1993 entschied das Sozialgericht Lüneburg, daß aufgrund der Sittenwidrigkeit des Verkaufs eines Organs für die Krankenkassen keine Verpflichtung zur Kostenübernahme bestehe[32].

Zu beachten ist, daß die Krankenkasse des Spendeempfängers zumindest bei einer Nierentransplantation langfristig gesehen Kosten spart: Nach einer erfolgreichen Transplantation entfallen die Kosten für die Dialyse, die im Jahresdurchschnitt in der CAPD (continuierlich-ambulanten Peritonealdialyse) und Heimdialyse ca. 45.000 DM, in der Zentrumsdialyse ca. 60.000 DM und in der Klinikdialyse ca. 90 000 DM betragen. Die Kosten für die Immunsuppression überschreiten nur wenig jene der Erythropoetin-Begleittherapie[33] an der Dialyse, die sich dank der Transplantation ebenfalls erübrigt. Eine Nierentransplantation kostet einschließlich einer nachoperativen stationären Behandlung ca. 100.000 DM[34]. Auch ein volkswirtschaftlicher Nutzen kommt hinzu: So können Transplantierte nach einiger Zeit wieder hundertprozentig in den Arbeitsprozess integriert werden und beanspruchen keine Invalidenrente.

---

[30] BSG vom 27.1.1976 (8 RU 264/74) in Breithaupt, Sammlungen von Entscheidungen der Sozialversicherung, Versorgung und Arbeitslosenversicherung 1976, S. 747 ff.

[31] vgl. § 115a Abs. 2 SGB V, sowie § 2 Abs. 1 Nr. 13 b SGB VII, wonach Personen, die „Blut oder körpereigene Organe, Organteile oder Gewebe spenden" kraft Gesetz unfallversichert sind

[32] so SG Lüneburg NJW 1994, 1614 f.; vgl. auch LSG Niedersachsen in NZS 1995, 549

[33] Sie dient der Unterstützung der Bildung von roten Blutkörperchen

[34] vgl. „Organspende rettet Leben!", eine Informationsbroschüre des Arbeitskreis Organspende, Neu-Isenburg, S.36; sowie die Informationsbroschüre der Swisstransplant für Nierenpatienten und ihre Angehörige, Frage 15

E. Problemstellung und Zielsetzungen der Arbeit

Am 27.06.1997 hat der deutsche Bundestag das Gesetz über die Spende, Entnahme und Übertragung von Organen (Transplantationsgesetz - TPG) beschlossen, welches am 1.12.1997 in Kraft getreten ist[35]. Geregelt wird darin unter anderem, welchen Zulässigkeitsvoraussetzungen die Lebendspende unterliegt.

Das Ziel dieser Arbeit ist es, die rechtlichen Grenzen der Lebendspende aufzuzeigen und verfassungsrechtlich zu untersuchen. Es wird geprüft, ob es dem Gesetzgeber im Rahmen des Transplantationsgesetzes gelungen ist, einen differenzierten Interessenausgleich zwischen den Bedürfnissen und Grundrechten des Spenders, des Spendeempfängers und des Arztes zu erzielen. Folgende Schwerpunkte werden im Rahmen dieser Untersuchung gesetzt:

1. Um einen Überblick über die wesentlichen involvierten Interessensgruppen und Streitpunkte des TPG zu verschaffen, wird zunächst die Entstehungsgeschichte dieses Gesetzes dargestellt. Daneben werden die Motive, die letztendlich zu einem Konsens der widerstreitenden Interessen geführt haben, hervorgehoben.

2. § 8 TPG normiert die Anforderungen, die das neue Transplantationsgesetz an die Zulässigkeit der Lebendorganspende stellt. § 19 Abs. 2 TPG sichert die gesetzlichen Voraussetzungen der Lebendspende strafrechtlich ab. Spender, Empfänger und Arzt werden bei Nichtbeachtung bestimmter Zulässigkeitsvoraussetzungen des § 8 TPG pönalisiert. Es wird eine kritische verfassungsrechtliche Untersuchung dieser Voraussetzungen, insbesondere im Hinblick auf den vom Gesetzgeber proklamierten Rechtsgüterschutz, vorgenommen. Dabei wird vor allem die Frage erörtert, inwieweit es sich bei den einzelnen Vorschriften des § 8 TPG, bzw. § 19 Abs. 2 TPG um paternalistische[36]

---

35 BGBL I S.2631

36 In der Literatur wird in der Regel zwischen hartem und weichem Paternalismus differenziert.. Der harte Paternalismus zeichnet sich dadurch aus, daß er dem Staat die Zuständigkeit für die Feststellung derjenigen Interessen zuweist, die notfalls auch gegen den Willen der Interessensinhaber zu deren Wohl durchgesetzt werden sollen. Die Handlungsalternativen des Rechtsgutinhabers werden in diesem Falle - aus staatlicher Sicht zu seinem eigenem Wohlergehen - völlig eingeschränkt. Dagegen werden beim weichen Paternalismus die Interessen des Rechtsgutinhabers aus seiner Perspektive „für und gegen ihn" geschützt.. Der Staat tritt hier nicht als fürsorgender Machtinhaber auf, sondern schützt den Rechtsgutinhaber auf einer Ebene, in der dieser als autonomer und vernünftiger Mensch in erster Linie selbst entscheiden und seine Werte

Akte des Gesetzgebers handelt und wie diese in einem liberalen Rechtsstaat zu rechtfertigen sind.

3. Auch durch das Kernstrafrecht sind der Möglichkeit zur Lebendorganspende Grenzen gesetzt. Insbesondere die Körperverletzungsvorschriften der §§ 223 ff. StGB können hier zur Anwendung kommen und in Konkurrenz zu den Vorschriften des TPG treten. Aus diesem Grund befaßt sich die Arbeit in einem weiteren Kapitel mit der Konkurrenzproblematik der Körperverletzungsdelikte zu den Strafvorschriften des TPG.

4. Schließlich setzt das Verbot des Organhandels, § 18 TPG, dem Handeln des potentiellen Spenders, des Spendeempfängers und des Arztes eine Grenze, deren Überschreitung strafrechtlich geahndet wird. Es wird untersucht, ob das Organhandelsverbot in seiner jetzigen Form unter dem Aspekt einer rationalen, am Rechtsgüterschutz orientierten Strafgesetzgebung, gerechtfertigt ist. Problematisiert wird in diesem Zusammenhang insbesondere die Frage, inwieweit eine freiwillige Organexplantation gegen Entgelt einen Verstoß gegen die Würde des menschlichen Spenders darstellen würde. Es folgt eine empirische Untersuchung des Würde-Begriffs, von dessen philosophischen Wurzeln bis hin zu den Interpretationen der heutigen Rechtsprechung und Rechtslehre.

Schließlich wird, da der Schutz der in den Gesetzesmaterialien proklamierten Rechtsgüter zum Teil - wie aufgezeigt werden wird - uneffektiv oder ungeeignet ist, auf das im modernen Strafrecht immer populärer werdende Phänomen symbolischer Gesetzgebungsakte eingegangen. Im Rahmen dessen werden die Grenzen und Gefahren symbolischer Gesetze aufgezeigt werden und abschließend die Zulässigkeit des Organhandelsverbotes in Anbetracht dieser Erkenntnisse geprüft.

2. Kapitel: Entstehungsgeschichte und Motive des TPG

Das Verständnis für die Problematik der gesetzlichen Regelung der Lebendspende und ihre Lösungsmöglichkeiten wird erleichtert, wenn man sich die bisherige rechtliche Entwicklung vergegenwärtigt und den dahinterstehenden Motiven des Gesetzgebers Beachtung schenkt.

---

selbst definieren kann. Eine ausführlichere Darstellung des Paternalismusbegriff mit Literaturnachweisen findet sich unter dem Gliederungspunkt „Legitimität paternalistischer Gesetzgebungsakte“ im 4.Kapitel A.II.3.

A. Entstehungsgeschichte

I. Frühere Versuche einer gesetzlichen Regelung des Transplantationswesens - ein TPG ohne Lebendspende

Ein Transplantationsgesetz, das den Vorteil der einheitlichen Kodifizierung eines geschlossenen Rechtsgebietes unter Berücksichtigung der verschiedenen Interessenlagen hat, ist insbesondere im Zeitraum von 1973 bis zu Beginn der achtziger Jahre Gegenstand parlamentarischer Bestrebungen gewesen[37].

Entfacht wurde die juristische Diskussion um die gesetzliche Regelung der Transplantationsmedizin durch das sogenannte „Gütgemann"-Urteil des Landgerichtes Bonn[38] im Jahre 1970. Das Urteil stellt nicht nur den juristischen Niederschlag einer der ersten deutschen Lebertransplantationen dar, sondern kann auch als exemplarisch für die mit einer Organtransplantation auftretenden Rechtsprobleme bezeichnet werden. Der Chirurg hatte im vorliegenden Fall die Leber des verstorbenen Spenders ohne Einwilligung der Hinterbliebenen explantiert und übertragen. Das strafrechtliche Ermittlungsverfahren wurde von der Staatsanwaltschaft eingestellt[39]. Der Schmerzensgeldanspruch der Hinterbliebenen des Spenders aus §§ 823 Abs.1, 847 BGB wurde abgewiesen, da das Gericht wegen durchgreifender Notstandsrechtfertigung[40] die Rechtswidrigkeit der Tat verneinte[41]. Das Landgericht Bonn hob in dieser Entscheidung zugleich hervor, daß „die dem mit der Organtransplantation befaßten Arzt gestellten Fragen" in ein „Rechtsvakuum" liegen würden[42].

1973 wurde erstmals von der CDU-Fraktion in Berlin der Entwurf eines gesetzlichen Regelungsrahmens für Organtransplantationen vorgelegt[43]. Er fand jedoch keine parlamentarische Mehrheit und wurde fallengelassen. 1978 wurden

---

[37] Schreiber-Wolfslast in: Dietrich, „Organspende - Organtransplantation - Indikation - Technik - Resultate", 1985, S.33ff. (41-46)

[38] LG Bonn JZ 1971, 56

[39] auch hierauf verweist das Urteil des LG Bonn in JZ 1971, 56 ff (60)

[40] Das Gericht stellte dabei auf den Rechtfertigungsgrund des übergesetzlichen Notstandes zur „Rettung eines vom Tode bedrohten anderen Lebens" ab, vgl. LG Bonn JZ 1971, 56

[41] „Auch wenn die Einwilligung der Angehörigen verweigert wird, entsteht für den Arzt die Pflichtenkollision, die ihn zur gewissenhaften Güterabwägung berechtigt und verpflichtet. Er hat sich in eigener Verantwortung nach seinem Gewissen zu entscheiden, ob er den Eingriff auch ohne die Einwilligung der Angehörigen durchführt.", so LG Bonn in JZ 1971, S. 56

[42] vgl. LG Bonn JZ 1971, 56

[43] LT-Drs. 6/948

erstmals von der Bundesregierung[44], sowie von seiten des Bundesrates[45] der Entwurf eines Transplantationsgesetzes vorgelegt. Beide Entwürfe verstanden sich als reiner Regelungskomplex der Explantation bei Leichen, wie schon die darin vorgesehene Einordnung als §§ 168a ff. in das Strafgesetzbuch zeigt. Die Lebendspende wurde in den Entwürfen nicht berücksichtigt. Die Initiativen scheiterten letztlich vor allem an Unstimmigkeiten bezüglich Verfahrensfragen, so z.B. der Frage in welcher Form der Spender seinen Widerspruch[46] bzw. seine Zustimmung[47] erklären sollte.

1981 empfahl die Bundesärztekammer, Gesetzespläne vorerst zurückzustellen. Auch ohne Gesetz sei ein Anstieg der zur Verfügung stehenden Transplantate zu verzeichnen, da die Erfolge der Chirurgie dazu führten, daß die Einwilligung der Angehörigen leichter zu gewinnen waren[48]. Auch Juristen neigten immer mehr dazu, die Bemühungen um ein Transplantationsgesetz einzustellen. So schrieb von Bülow 1982, er sehe es als nicht gerechtfertigt an, wenn der Gesetzgeber auf jede Neuentwicklung in der Medizin mit einem besonderen Gesetz reagiere[49]. Die auf dem Gebiet der Transplantationsmedizin entstehenden Fragen könnten auch mit dem zur Verfügung stehenden Instrumentarium beantwortet werden[50]. Ein gesondertes Transplantationsgesetz sahen deshalb viele als nicht erforderlich an[51]. Während der medizinische Fortschritt in den letzten Jahrzehnten rasant war und Organtransplantationen heute zum medizinischen Standard gehören[52], fehlte es Anfang der achtziger Jahre auf gesellschaftspolitischer und juristischer Diskussionsebene vor allem noch an der Bereitschaft sich mit dem Phänomen des Todes auseinanderzusetzen. Insbesondere eine juristische Einigung auf den Todeszeitpunkt war jedoch für die Verabschiedung eines Transplantationsgesetzes unumgänglich[53].

---

44 BT-Drs. 8/2681
45 BR-Drs. 395/78
46 Die Bundesregierung folgte in ihrem Modell der Widerspruchslösung, vgl. BT-Drs. 8/2681
47 Der Bundesrat folgte der Zustimmungslösung, vgl. BR-Drs. 395/78
48 Erst zu Beginn der 80iger Jahre hatten Forscher die immunsuppresive Substanz Cyclosporin A gefunden, vgl. Doris Voll, Die Einwilligung im Arztrecht, S. 231
49 v. Bülow, Rechtspolitische Probleme durch Fortschritte in der Medizin, S. 168
50 Die Rechtslage vor Inkrafttreten des TPG wird im 3.Kapitel unter Ziff. B I. näher erläutert
51 v. Bülow, Rechtspolitische Probleme durch Fortschritte in der Medizin, S. 168 ff.
52 Eigler, MedR 1992, 88 (90), wonach bereits im Jahre 1992 etwa 2.500 Nieren-, 400 Leber- und 500 Herztransplantationen in Deutschland durchgeführt wurden
53 Vgl. auch Lührs in ZRP 1992, 302 f.

II. Die DDR- Verordnung

Erst die Gespaltenheit des Rechts nach der Wiedervereinigung Deutschlands in den alten und neuen Bundesländern entfachte die Diskussion um ein Transplantationsgesetz erneut. Die ehemalige DDR gehörte zu jenen zahlreichen europäischen Staaten, die schon sehr früh das Transplantationswesen gesetzlich regelte. Eine Verordnung und eine Durchführungsbestimmung legten den rechtlichen Rahmen für Organtransplantationen fest[54]. Die DDR-Verordnung vom 04.07.1975 regelte die Organentnahme bei toten und lebenden Spendern (§§6-11), sowie die Implantation[55]. Sie wurde 1987 durch eine zweite Verordnung ergänzt[56].
Danach war die Entnahme vom lebenden Spender zulässig, „wenn für ihn im Ergebnis umfassender ärztlicher Untersuchung keine gesundheitlichen Beeinträchtigungen zu erwarten sind und mit hoher Wahrscheinlichkeit angenommen werden kann, daß die Transplantation des Organs zur Rettung des Lebens oder zur Wiederherstellung oder Besserung der Gesundheit eines Kranken führen wird“[57]. §7 Abs. 2 der DDR-VO verbot ausdrücklich die Lebendspende vom Minderjährigen. Die Lebendspende erforderte grundsätzlich die Freiwilligkeit des Einverständnisses des umfassend aufgeklärten Spenders. Die Zustimmung zur Lebendspende war nicht ersetzbar. Im Notfall konnten jedoch notstandsähnliche Aspekte entscheidend sein. Obwohl auch die DDR-Verordnung materielle Gegenleistungen für eine Organspende als unzulässig ansah, kannte die Verordnung eine Entschädigung des lebenden Spenders unter Aufopferungsgesichtspunkten (§11)[58]. Dennoch wurde die Lebendspende angesichts der Gefahren für den Spender nur selten praktiziert[59].
Nach der Wiedervereinigung behielt diese Verordnung nach Maßgabe des Einigungsvertrages ihre Gültigkeit als Landesrecht zunächst offiziell bei[60]. Erhebliche verfassungsrechtliche Bedenken, vor allem gegen die dort getroffene

---

[54] VO über die Durchführung von Organtransplantationen v. 4.7.1975 (DDR- GBL 1975 I, Nr. 32, 597 - 599), Durchführungsbestimmung v. 29.3. 1977 zur VO (DDR-GBL. I Nr.13, 141)

[55] vgl. hierzu auch Kern in DtZ 1992, 348 - 350

[56] Zweite VO v. 5.8.1987 (DDR-GBL. I 1987(Nr. 19), 199)

[57] DDR-GBL. I 1975, 597, §7

[58] § 11 (1) : Hat die Organentnahme wider Erwarten zu gesundheitlichen Beeinträchtigungen des Spenders geführt, sind ihm hierdurch entstehende materielle Nachteile auf der Grundlage der Rechtsvorschriften zu ersetzen

[59] Mandel, Deutsches Gesundheitswesen 31, 248 (250)

[60] Art. 9 Abs.1 Einigungsvertrag

eindeutige Widerspruchslösung[61], führten dazu, daß die Verordnung im vereinigten Deutschland nie angewandt wurde und somit ihre tatsächliche Verfassungsmäßigkeit nicht Gegenstand einer Überprüfung vor dem BVerfG war. Dennoch schürte die Gespaltenheit der Rechtslage in Ost und West, dort Widerspruchslösung, hier Einwilligungslösung[62], die Diskussion um ein einheitliches Transplantationsgesetz.

III. Die Diskussion in den neunziger Jahren

1. Parlamentarische Anfragen

Vor allem die Fraktion der GRÜNEN legte Anfang der neunziger Jahre einige Anfragen zum Themenkomplex des Transplantationswesens vor[63]. Zweck dieser Initiativen war eine Bestandsaufnahme der medizinischen und rechtlichen Probleme der modernen Transplantationsmedizin, um der Bundesregierung „die Notwendigkeit einer gesetzlichen Regelung vor Augen zu führen“[64]. Die Antwort der Bundesregierung enthielt zwar eine Bestandsaufnahme, jedoch war die Regierung selbst nicht von der Notwendigkeit eines Transplantationsgesetzes nach dem Vorbild des Entwurfs von 1979 überzeugt[65].

2. Entwurf der Gesundheitsminister der Bundesländer

1993 legten die Gesundheitsminister der Bundesländer einen Gesetzesentwurf zum Transplantationswesen vor. Der Entwurf basierte auf einer Vorlage, die eine

---

[61] § 4 Abs. 1 statuierte für die postmortale Organentnahme die Widerspruchslösung. Die Organentnahme war danach zulässig, „falls der Verstorbene zu Lebzeiten keine anderweitigen Festlegungen getroffen hat.“. Verfassungsrechtliche Bedenken wurden vor allem dahingehend vorgebracht, daß das Gesetz kein spezielles Verfahren vorsieht, in dem der Bürger auf die Möglichkeit und Notwendigkeit eines Widerspruchs hingewiesen wird. Darüber hinaus fehle es an Bestimmungen über die Dokumentation des Widerspruchs gegen eine Organentnahme. Vgl. hierzu Lemke in MedR 1991, 288, Schmidt-Didczuhn in ZRP 1991, 268, sowie Kern in DtZ 1992, 348 ff.

[62] Anhänger der Einwilligungslösung bestehen darauf, daß für eine zulässige postmortale Organexplantation eine ausdrückliche Einwilligung des Spenders zu Lebzeiten vorzuliegen hat, welche etwa in Form eines Organspendeausweises - auch nach außen hin dokumentiert sein muß

[63] Kleine Anfrage Drs. 11/ 3759 zu „Hirntodbestimmung und Organexplantation bei Unfallopfern“, sowie Große Anfrage Drs. 11/7980 über „Probleme der modernen Transplantationsmedizin“

[64] Große Anfrage Drs. 11/7980, S.2 Einleitung

[65] Antwort der Bundesregierung, Drs. 11/7980, S.2 f.

Arbeitsgruppe Leitender Medizinalbeamter der Bundesländer (AGLMB) 1992 ausgearbeitet hatte[66].
Ungeklärt war damals insbesondere noch die Frage, wem überhaupt die Kompetenz für den Erlaß eines derartigen Gesetzes zustand. Obwohl ein Transplantationsgesetz nicht nur Bereiche des Gesundheitsrechts, sondern auch Fragen des Bürgerlichen Rechts und des Strafrechts regeln sollte, war der Erlaß eines Transplantationsgesetzes nach überwiegender Auffassung Ländersache[67]. Allerdings stimmte man darin überein, daß allein eine koordinierte Landesgesetzgebung wirklich sinnvoll und effektiv sein würde[68]. Schließlich beschloß die gemeinsame Verfassungskommission des Bundes und des Bundesrates, ein Transplantationsgesetz in den Katalog der konkurrierenden Gesetzgebung des Grundgesetzes aufzunehmen (Art. 74 Abs.1 Nr.26 GG)[69].

1993 wurde der Entwurf der Arbeitsgruppe Leitender Medizinalbeamter der Bundesländer (AGLMB) von den Gesundheitsministern der Länder gebilligt und 1994 von den Ländern Bremen und Hessen als Gesetzesinitiative in den Bundesrat eingebracht[70]. Jedoch stellten die Bundesländer nach der Grundgesetznovelle von 1994, in der die Gesetzgebungskompetenz für ein Transplantationsgesetz dem Bund zugeteilt wurde[71], ihr Vorhaben ein und überließen es den zuständigen Bundesministerien, sich mit den Problemen einer gesetzlichen Regelung auseinanderzusetzen.

1995 legte die Bundestagsfraktion BÜNDNIS 90/DIE GRÜNEN den Entwurf eines Transplantationsgesetzes vor[72]. Daraufhin folgte 1996 der gemeinsame

---

66 Arbeitsgemeinschaft der Leitenden Medizinalbeamten der Länder, Entwurf eines Mustergesetzes der Länder über die Entnahme und Übertragung von Organen (Transplantationsgesetz), Anlage zur Ergebnisnierderschrift über die 65. Sitzung der Gesundheitsministerkonferenz am 5./6. 11. 1992

67 so Vultejus in ZRP 1993, 435 f.

68 Aus diesem Grunde erwägte man auch den Abschluß eines Staatsvertrages, vgl. Vultejus in ZRP 1993, 435 f.. In der Begründung zu dem heutigen TPG heißt es diesbezüglich, daß „ein entsprechendes Bundesgesetz zur Wahrung der Rechtseinheit im gesamtstaatlichen Interesse erforderlich" ist, vgl. BT-Drs. 13/4355 *(Fundstelle: http://dip.bundestag.de/cgi-bin/dipwww_nofr/coninue; Datum: 07/06/98)* Begründung A.(Allgemeiner Teil) Ziff. IV, S. 17

69 Eingefügt wurde Art. 74 Abs. 1 Nr. 26 GG per Gesetz vom 27.10.1994, BGBL. I, S. 3146

70 BR-Drs. 682/94

71 durch Einfügen des Art. 74 I Nr. 26 GG

72 BT-Drs. 13/2926 vom 07.11.1995 *(Fundstelle: http://dip.bundestag.de/cgi-bin/dipwww_nofr/continue; Datum: 19.10.98)*

Entwurf von CDU/CSU, SPD und FDP[73], welcher letztlich nach einigen Änderungen als Transplantationsgesetz verabschiedet wurde[74].

3. Außerparlamentarische Initiativen

Die Bemühungen um ein Transplantationsgesetz beschränkten sich nicht auf den parlamentarischen Bereich. Daneben versuchten auch Kirchen, Interessengemeinschaften betroffener Patienten, Ärzte und Juristen am Meinungsbildungsprozeß mitzuwirken oder selbst einen Gesetzesentwurf vorzulegen. Folgende Initiativen seien kurz dargestellt:

Deutsche Bischofskonferenz und Rat der Evangelischen Kirche

In einer gemeinsamen Erklärung äußerten sich die beiden großen Kirchen am 21.September 1990 zu wichtigen Fragen der Organtransplantation von Toten und Lebenden. Ausgehend von der Einwilligungslösung stellten sie fest, daß aus ethischer Sicht eine sachgemäße Explantation von Organen weder die Würde des Verstorbenen noch die Ruhe des Toten verletzt. Die Erklärung beinhaltete weiter einen Aufruf an alle Ärzte und deren Mitarbeiter, einen Beitrag zur sachlichen Aufklärung der Bevölkerung zu leisten, um die Transplantationsbereitschaft zu fördern.

Entwurf der Arbeitsgemeinschaft der Deutschen Transplantationszentren e.V.

1990 legten die Arbeitsgemeinschaft der Deutschen Transplantationszentren e.V. und die Deutsche Stiftung Organtransplantation den Entwurf eines Transplantationsgesetzes vor. Erarbeitet wurde der Entwurf in einem interdisziplinär besetzten Arbeitskreis von Ärzten und Juristen, der sich im Niedersächsischen Ministerium für Wissenschaft und Kunst gebildet hatte. Seine Veröffentlichung erfolgte nach nochmaliger Überarbeitung am 8.12.1990 anläßlich einer Sitzung der Arbeitsgemeinschaft der Transplantationszentren e.V. in Marburg[75].

Der Entwurf war als im Schwerpunkt strafrechtlich orientiertes Bundesgesetz konzipiert und regelte sowohl die Zulässigkeitsvoraussetzungen der Lebend- als auch der postmortalen Organspende.

---

[73] BT-Drs.13/4355 vom 16.04.1996 *(Fundstelle siehe FN 68)*

[74] vgl. Beschlußempfehlung des Gesundheitsausschusses in BT-Drs. 13/8017 vom 23.06.1997 *(Fundstelle: http://dip.bundestag.de/cgi-bin/dipwww_nofr/continue; Datum: 20.08.98)*

[75] Entwurf abgedruckt bei H. L. Schreiber und G. Wolfslast in MedR 1992, 189-195. Beide Verfasser gehörten der Arbeitsgruppe von 1990 an

Trotz grundsätzlicher Zustimmung, begegnete der Entwurf schwerwiegenden Bedenken[76]. Hauptkritikpunkt war, daß er Strafvorschriften enthielt, die im Hinblick auf den im Strafrecht geltenden Bestimmtheitsgrundsatz bedenklich erschienen. Weiter wurde im Rahmen der Diskussion um den Entwurf die interessante Frage aufgeworfen, ob es überhaupt eines strafrechtlich orientierten Gesetzes bedürfe, welches das sich immer weiterentwickelnde Transplantationswesen regelt[77]. Ein dieser Materie gerecht werdendes Gesetz müsse Flexibilität aufweisen. Die Rechtsprechung müsse das Gesetz den jeweiligen Gegebenheiten entsprechend anwenden können. Ein strafrechtliches Gesetz jedoch, welches dieser Anforderung gerecht werde, verstoße immer gegen den verfassungsrechtlich verankerten Bestimmtheitsgrundsatz[78]. Dagegen könne ein gesundheitsrechtlich, zivilrechtlich oder verwaltungsrechtlich ausgerichteten Transplantationsgesetzes diese Flexibilität aufweisen. Auch die bis heute alleine der Rechtsprechung überlassenen Haftungsfragen bei ärztlichen Heileingriffen hat der Zivilgesetzgeber bewußt von der Gesetzgebung ausgespart, um die nötige Flexibilität zu bewahren[79].

Der Entwurf der Arbeitsgemeinschaft der Deutschen Transplantationszentren e.V. wurde schließlich fallen gelassen. Die dargestellte Kritik hat hingegen an Aktualität nicht verloren.

Entwurf eines „Deutschen Transplantationsgesetzes" von der Arbeitsgemeinschaft der Dialysepatienten und Nierentransplantierten in Bayern e.V. [80]

Dieser Entwurf wurde von der Interessengemeinschaft der Dialysepatienten und Nierentransplantierten initiiert und als Abschluß des von der Interessengemeinschaft in Auftrag gegebenen Gutachtens von Seewald publiziert. Ebenfalls als strafrechtliches Bundesgesetz konzipiert, wirft der Entwurf ähnliche Probleme auf, wie der Entwurf der Arbeitsgemeinschaft der Transplantationszentren e.V. Hinzu kommt, daß der Entwurf sich im Sanktionenbereich vom derzeit geltenden Sanktionensystem entfernt, indem er nach Wochen zählende Mindestfrei-

---

[76] Vgl. Lemke in MedR 1991, 281 ff. (285)
[77] Lemke in MedR 1991 S. 286
[78] Lemke in MedR 1991 S. 286
[79] Lemke in MedR 1991 S. 286
[80] vgl. dazu Seewald, Gutachterliche Stellungnahme zum Entwurf eines Transplantationsgesetzes „Gesetz über die Entnahme und Transplantation von Organen", vorgelegt von der Arbeitsgruppe Organspende der Interessengemeinschaft der Dialysepatienten und Transplantierten in Bayern e.V.

heitstrafen und eine im Strafrecht geltende unbekannte Geldsummenstrafe androht[81].

B. Motive

Die Motive der am Gesetzgebungsprozeß beteiligten parlamentarischen und außerparlamentarischen Gruppen, lassen sich wie folgt zusammenfassen:

I. Rechtssicherheit

Vor allem in den siebziger Jahren - bevor sich die Transplantationszentren selbst einen Kodex gaben - wollte man mit einem Gesetz auch die Explantationsbereitschaft der Chirurgen fördern, die aufgrund der unklaren Rechtslage oft eine äußerst zurückhaltende Einstellung bezüglich Organtransplantationen aufwiesen[82]. In den Gesetzesmaterialien zum heutigen Transplantationsgesetz heißt es darüber hinaus, daß mit der Schaffung klarer Rechtsgrundlagen auch dem potentiellen Spender die Sicherheit verschafft werden soll, daß er die rechtlich geschützte Möglichkeit hat, eine Organspende abzulehnen[83]. Der Gesetzgeber wollte mit dem TPG klare Richtlinien für alle denkbaren Aspekten des Transplantationswesens schaffen und so für mehr Rechtssicherheit und Transparenz im Bereich der Transplantationsmedizin sorgen[84].

II. Verbesserung der medizinischen Versorgung, Mangel an Transplantaten

Mit der Schaffung klarer Rechtsgrundlagen, der gezielten Aufklärung und Information über den rechtlichen Rahmen von Organspenden, verfolgte man auch das Ziel, die medizinische Versorgung der Bevölkerung mit Transplantaten zu verbessern. Das Streben nach einem vereinten Europa, in dem Deutschland bis vor kurzem eines der wenigen Länder ohne ein Transplantationsgesetz war, darf in diesem Zusammenhang nicht unberücksichtigt bleiben[85]. Statistiken beweisen,

---

[81] hierzu auch Lemke in MedR 1981, 281 ff. (287)
[82] vgl. Lührs in ZRP 1992, S. 302, 303
[83] BT-Drs. 13/4355 (siehe Fn.68)zu B. Lösung
[84] BT-Drs. 13/4355 (siehe Fn.68) zu B. Lösung
[85] noch 1993 war Deutschland abgesehen von Island und Holland das einzige europäische Land in dem eine Organtransplantation ohne rechtliche Grundlage erfolgte

daß in westeuropäischen Ländern mit einem Transplantationsgesetz die Spendebereitschaft erheblich höher liegt[86]. Deutschland dagegen ist ein Organimportland und transplantiert mehr Organe etwa aus Belgien und Österreich, als von den deutschen Transplantationszentren über Eurotransplant[87] vermittelt werden können[88].

Da die medizinische Infrastruktur in den Verbundsländern ähnlich ist und über die Zahl der medizinisch geeigneten (nicht die der gemeldeten!) Spender keine ausreichenden Daten vorliegen, bleibt als gravierendster und offenkundigster Unterschied die Tatsache, daß Belgien und Österreich seit Jahren ein Transplantationsgesetz besitzen und auch die Niederlande am 24.Mai 1996 ein entsprechendes Gesetz verabschiedet haben[89]. Wie lange die anderen Verbundsländer noch bereit gewesen wären die zusätzliche Belastung des deutschen Organmangels mit zu tragen, ist fraglich. Zu hoffen ist jedenfalls, daß die durch das deutsche TPG erzielte Rechtssicherheit im medizinischen wie im öffentlichen Bereich dazu führen wird, daß das Angebot an Spenderorganen in Deutschland in den nächsten Jahren steigen wird[90]. Im Jahre 1998 konnte bereits eine erste positive Resonanz verzeichnet werden: Die Deutsche Stiftung Organtransplantation gab in einer Presseinformation am 9.9.1999 bekannt, daß die Zahl der Spendermeldungen 1998 um 13 % gestiegen ist.

III. Bekämpfung des Organhandels

Wie auch in anderen gesellschaftspolitischen Bereichen, war es auch auf dem Gebiet des Transplantationswesens letztendlich das langsame Erstarken einer Schattenwirtschaft, welches den Staat schließlich zum Handeln bewog[91].
Organhändler agierten in einer rechtlichen Grauzone. Sie konnten strafrechtlich meist nicht belangt werden, wenn das Opfer sich „freiwillig" zur Organhergabe gegen Entgelt entschlossen hatte. Strafrechtliche Sanktionen für Handlungen im Zusammenhang mit dem Kauf und Verkauf von Organen, gab es in der Bundesrepublik bis zum 1.12.1997 nicht. Zwar galt die Einwilligung in den ärztlichen Eingriff als sittenwidrig, wenn die Transplantation kommerziellen Zwecken

---

[86] Hirsch/Schmidt-Didezuhn, Transplantation und Sektion, S. 3 ff.
[87] Eurotransplant ist eine private gemeinnützige Stiftung in Leiden/NL, welche den Austausch in fünf europäischen Ländern (incl. BRD) vermittelt
[88] vgl. BT-Drs. 13/4355 *(siehe oben FN.68)* zu A. Problem; Bauer in Ausschuß-Drs. 598/13, S.2
[89] Österreich : 1982; Belgien: 1986
[90] vgl. BT-Drs. 13/4355 (siehe oben FN. 68) zu A. Problem
[91] vgl. BT-Drs. 13/4355 (siehe oben FN.68) zu B. Lösung

diente[92], die Körperverletzung selbst blieb hiervon jedoch unberührt[93] und war mithin ohne Hinzutreten weiterer Umstände durch die Einwilligung gerechtfertigt. Auch die „Organhändler" bewegten sich im straffreien Raum. Ihre Vermittlungstätigkeit blieb straflos[94]. Schließlich erforderte auch das Erstarken eines internationalen Organhandels ein Einschreiten des Gesetzgebers[95].

3. Kapitel: Die rechtliche Einordnung der Organtransplantation vom lebenden Spender

A. Die Organimplantation körperfremder Organe

I. Kernstrafrecht

Die Implantation des entnommenen Organs beim Empfänger stellt für diesen eine Heilbehandlung[96] und für den Arzt ein Heileingriff[97] dar. Ärztliche Heileingriffe werden von der Rechtsprechung als tatbestandsmäßige Körperverletzung qualifiziert[98]. Nach der Rechtsprechung erfüllt jede unmittelbare und physische Einwirkung auf den Organismus eines anderen Menschen, die ohne die wirksame tatsächliche oder mutmaßliche Einwilligung des Rechtsgutträgers bzw. dessen erfolgt, der zur Abgabe einer solchen Einwilligung berufen ist, den objek-

---

92 bereits die Einwilligung, nicht erst die Tat ist sittenwidrig, vgl. hierzu unten 3. Kapitel BI 2b aa), sowie Haft Strafrecht AT, S.109

93 vgl. ausführlicher hierzu unten 3.Kapitel B I 2b aa)

94 Weitergehend zur Rechtslage in Deutschland vor Inkrafttreten des TPG unter dem Gliederungspunkt „Die Rechtslage vor Inkrafttreten des TPG in Deutschland", 6.Kapitel B.

95 Zur internationalen Rechtslage im Hinblick auf ein Organhandelsverbot wird auf den Gliederungspunkt „Die Rechtslage im Ausland" im 6.Kapitel C. verwiesen

96 Vgl. Kramer, Organtransplantation, 10 f.

97 Ein ärztlicher Heileingriff ist eine, aus einer ex-ante Betrachtungsweise, objektiv indizierte und kunstgerecht durchgeführte ärztliche Operation, vgl. hierzu Laufs, Arztrecht, S. 93 f.

98 ständige Rspr. seit RGSt 25, 375; BGHSt 11, 111; 12, 379; 16, 303; In der Lehre überwiegt dagegen die Ansicht, daß eine zu Heilzwecken vorgenommene Behandlung, die zudem medizinisch indiziert ist und lege artis durchgeführt wurde, schon tatbestandlich keine Körperverletzung darstellt.. Nur fehlerhaft ausgeführte und mißglückte Heilbehandlungen werden nach dieser in der Lehre herrschenden Meinung, von den §§ 223 ff. StGB erfaßt.. So etwa Bockelmann, Strafrecht des Arztes, S. 67ff.; Maurach/Schroeder/Maiwald, Strafrecht BT 1, S. 101 ff.; Eser in Sch-Sch Rn. 32 f. zu § 223; Welzel, Das deutsche Strafrecht, S. 289; Übersicht bei Wessels, Strafrecht BT1, §6 I 2 m.w.N.; ausführlich hierzu auch Kargl, Körperverletzung durch Heilbehandlung, in GA 2001, 538 ff.

tiven Tatbestand des § 223 StGB[99] in Form der Mißhandlung[100]. Die §§ 223, 229 StGB sind danach so auszulegen, daß damit auch das Recht der Selbstbestimmung über den eigenen Körper geschützt ist[101].

Der operierende Arzt handelt daher zwar stets tatbestandsmäßig iSd §§ 223, 229 StGB, jedoch ist er bei Vorliegen einer wirksamen Einwilligungerklärung des Patienten gerechtfertigt.

Die Wirksamkeit der Einwilligung hängt davon ab, ob die Einwilligung auf einer objektiv zutreffenden Aufklärung beruht[102]. Die Aufklärungspflicht des Arztes reicht weit. Die gerichtlichen Maßstäbe sind hier überaus streng[103]. Der Patient muß prinzipiell in den Grundzügen wissen, worauf er sich einläßt. Er muß wissen, was ohne und was mit Eingriff auf ihn zukäme. Die ärztliche Aufklärung soll dem Kranken auf behutsame, seinem Verständnis wie seiner Verfassung angemessene Weise darüber unterrichten, daß es in Abwägung der mit dem Eingriff verbundenen Gesundungschancen und unvermeidbaren oder möglichen Folgen vernünftig erscheine, in die medizinische Maßnahme einzuwilligen[104].

Die rechtswirksame Einwilligung in eine Organimplantation setzt mithin eine umfassende ärztliche Aufklärung über die transplantationsspezifischen Besonderheiten und die Übertragungsrisiken wie Aids und Hepatitis, sowie über die Erfolgschancen im Hinblick auf den Stand der Medizin und einschlägige klinische Erfahrungen voraus. Mögliche Abwehrreaktionen des Körpers und Komplikationen mit einer oft lebenslangen notwendigen immunsuppresiven Therapie stellen nach wie vor ein gewisses Risiko für den Organempfänger dar[105]. Im Rahmen der Aufklärung müssen dabei auch die Vor- und Nachteile individueller Indikationen bzw. Kontraindikationen des Operationsverfahren aufgezeigt wer-

---

[99] Eine gegen den Willen des Patienten vorgenommene Organimplantation erfüllt daneben meist auch den Tatbestand der Freiheitsberaubung (§ 239 StGB) und der Nötigung (§240 StGB).

[100] siehe dazu BGHSt 35, 246 mit Anm. von Geppert/Giesen JZ 1988, 1031; ferner Fuchs StV 1988, 524; Hoyer StV 1989, 245

[101] so Horn in SK § 223 Rn. 33

[102] SK-Horn § 223 Rn. 36, Laufs, Arztrecht, S. 91 ff.

[103] Kriterien für eine angemessene Aufklärung hat der BGH 1962 in einem Erkenntnis veröffentlicht (BGH NJW 1963, 393), das die 1959 veröffentlichten Elektroschock- und Strahlenurteile (BGHZ 29, 46, 176) modifizierte.

[104] Vgl. Laufs, Arztrecht, S. 98

[105] vgl. Murauer, Organtransplantation, S.39

den[106], wobei die Überlebensnotwendigkeit des Eingriffs die Hinweispflicht unter Umständen reduzieren kann[107].

Darüber hinaus darf der Arzt keinen Eingriff vornehmen, der zwar dem Willen des Patienten oder Klienten, nicht aber der Berufsregel entspricht[108]. Therapeutisch sinnloses Vorgehen ist kein Heileingriff[109], sondern unärztliches, rechtswidriges Tun[110]. Hiervon abzugrenzen ist der sog. Neulandschritt[111]. Die Notwendigkeit des planmäßigen Schritts in medizinische Neuland liegt auf der Hand: Wer die Möglichkeiten der ärztlichen Kunst erweitern und ihr eine größere Sicherheit geben will, wird die Wirksamkeit neuer Methoden zu erfassen versuchen. Dabei ist zu beachten, daß ein Arzt, der sich anschickt, eingeführte und anerkannte Regeln zu übertreffen, in gesteigerter Verantwortung steht. Wird mithin eine außergewöhnliche, noch nicht erprobte Organimplantation vorgenommen, so hat der Arzt in gesteigertem Maße auf die Entschlüsse des Patienten Rücksicht zu nehmen. Dessen persönliche Autonomie beschränkt den Wagemut und das Erkenntnisstreben des Arztes[112].

II. Nebenstrafrecht: TPG

Das Transplantationsgesetz befaßt sich nur am Rande mit der Organimplantation, da diese bereits durch das Kernstrafrecht und die Grundsätze über den ärztlichen Heileingriff hinreichend abgesichert ist. Im Transplantationsgesetz findet sich lediglich in §9 TPG eine Ordnungsvorschrift, die festlegt, daß Organimplantationen nur in dafür zugelassenen Transplantationszentren vorgenommen werden dürfen.

---

[106] v. Bubnoff GA 1968, 65 (78); Pichlmayr, Lebenschance Organtransplantation, 10

[107] so Höfling/Rixen, Verfassungsfragen der Transplantationsmedizin, S. 14

[108] Laufs, Arztrecht, S. 15

[109] Horn in NJW 1979, 29 ff. mit Kritik an BGH NJW 1978, 1206. Der BGH hatte in diesem Urteil das auf unsinniger Selbstdiagnose beruhende Patientenverlangen nach umfassender Zahnextraktion nicht als wirksame Einwilligung zu dieser Maßnahme anerkannt

[110] Laufs, Arztrecht, S. 18

[111] Laufs, Arztrecht, S. 22

[112] vgl. Laufs, Arztrecht, S. 22, 378

B. Die Organexplantation bei der Organspende vom lebenden Organspender

I. Die Regelung der Lebendspende vor Inkrafttreten des TPG am 1.12.1997

1. Ärztliches Standesrecht

1978 gaben sich die deutschen Transplantationszentren erstmals einen Transplantationskodex, zu dessen Einhaltung sie sich selbst verpflichteten. Der Transplantationskodex stellte eine Zusammenfassung wichtiger medizinischer, ärztlicher, ethischer und juristischer Grundsätze bei der Organtransplantation dar. So gab er beispielsweise nähere Vorgaben für die Feststellung des endgültigen, nicht behebbaren Ausfalls der gesamten Hirnfunktion und für die Feststellung der Einwilligung in die Organentnahme in diesem Fall. Neben Grundsätzen für die Organentnahme vom lebenden Spender, enthielt der Kodex eine ausdrückliche Ablehnung der Kommerzialisierung von Organspenden, da dies dem ärztlichen Berufsethos widerspreche. Weiter gab der Kodex allgemeine Empfehlungen zur Registrierung und Dokumentation der Organentnahme und Organübertragung. Diese Empfehlungen der deutschen Transplantationszentren zur Organvermittlung, sowie zur Registrierung und Dokumentation, waren Bestandteil des bestehenden Vertrages des Kuratoriums für Dialyse und Nierentransplantationen (KfH), der Deutschen Stiftung Organtransplantation (DSO) und Spitzenverbänden der Krankenkassen mit der privaten gemeinnützigen Stiftung Eurotransplant in Leiden/NL, welche den Austausch in fünf europäischen Ländern (incl. BRD) vermittelt.

Der Kodex stellte strenge Anforderungen an die Zulässigkeit einer Lebendspende. Während andere westliche Transplantationszentren keine grundsätzlichen Einwände mehr gegen die Lebendspende zwischen „emotional Verwandten" erhoben[113], schloß der deutsche Transplantationskodex nichtverwandte Spender von der Möglichkeit zur Lebendspende aus. Ausnahmen waren nur in streng zu begründenden Notfällen möglich[114]. Der strenge deutsche Kodex lockerte sich auch mit seiner Erneuerung im Jahre 1992 nicht wesentlich auf. Ein Grund hierfür mag wohl darin zu sehen sein, daß sich die deutschen

---

113 1989 sprachen sich rund drei Viertel der befragten US-amerikanischen Transplantationszentren für eine Lebendspende zwischen Ehegatten aus und fast 50 % befürworteten auch die prinzipielle Möglichkeit der Lebendspende zwischen Freunden.; vgl. hierzu Spital, Transplantation Proceedings 24 (1992), 2215 - 2217

114 vgl. hierzu auch Land, Zeitschrift für Transplantationsmedizin 5 (1993), 59-63 (62)

Transplantationszentren insbesondere an den neuen „Guiding principles on human organ transplantation“ der Weltgesundheitsorganisation (WHO) orientierten, welche die neue Entwicklung einer liberaleren Handhabung der Lebendspende nicht aufnahm und weiter an der Bedingung genetischer Verwandtschaft fest hielt[115].

2. Schutz durch das Kernstrafrecht

a. Die Organentnahme als tatbestandliche Körperverletzung

Die Entnahme eines gesunden Organs von einem gesunden Menschen stellt mangels medizinischer Indikation[116] - im Gegensatz zur Organimplantation - keinen Heileingriff [117] dar.

Die Transplantatentnahme ist ein medizinischer Eingriff in die höchstpersönlichen Rechte des Spenders. Sieht man von seiner altruistischen Motivation ab, hat die Organspende für den Spender nur physische Nachteile und setzt ihn zudem dem allgemeinen Operationsrisiko aus, welches sich oft nicht exakt kalkulieren läßt. Der Eingriff ist als tatbestandsmäßige Körperverletzung unter § 223 StGB, wenn man das Organ als wichtiges Glied des Körpers ansieht, als schwere Körperverletzung unter § 226 Abs. 1 Nr.2 StGB zu subsumieren.

Mezger prägte für derartige Eingriffe, die „Dritte für einen Kranken“ an sich vornehmen lassen und nicht „das individuelle Wohl des Kranken im Auge haben“ den Begriff der „Heilhilfe“ [118]. Dieser Begriff stellt die altruistische Zielset-

---

[115] World Health Organization , Human Organ Transplantation. A report on developments under the auspices of the WHO (1987-1991), 1992, 5-11 (8), Ls 3: „ Organs for transplantation should be removed preferably from the bodies of deceased persons. However, adult living persons may donate organs, but in general such donors should be genetically related to the recipients. Exceptions may be made in the case of transplantation of bone marrow and other acceptable regenerative tissues.“ Nur wenige nationale Transplantationsgesetze weltweit folgten der restriktiven Position der WHO, vgl. hierzu Gutmann /Gerok, International legislation in living organ donation, in: Collins/Dubernand/Persijn/Land (Eds.) , Procurement and Preservation of Vascularized Organs, Doordrecht 1994

[116] anders nur im Falle der sehr seltenen Hydrozephalusoperation durch Ableiten des Liquors in den Uter, bei der eine gesunde Niere frei wird und dies zudem dem Heilzweck des Spenders dient. Diese Art der Lebendspende muß wohl als Heilmaßnahme bezeichnet werden. Vgl. Bockelmann Strafrecht des Arztes, S.103ff

[117] v. Bubnoff, GA 68, 65 ff.; Kallmann, FamRZ 69, 572; Laufs, Arztrecht, S. 142

[118] Mezger, Strafrecht, S. 245; Engisch in Stich-Bauer: „Fehler und Gefahren bei chirurgischen Operationen“ S. 1550

zung jeder Art von Spende in den Vordergrund und verdeutlicht damit den Unterschied zur klassischen Heilmaßnahme.

b. Rechtfertigungsmöglichkeiten

aa. Die Einwilligung des Spenders

Gerechtfertigt werden kann die tatbestandliche Körperverletzung nur durch eine wirksame Einwilligung des Organspenders[119].

Bedeutungslos ist eine Einwilligung, wenn sie gegen ein gesetzliches Verbot verstößt[120] oder wenn die Körperverletzung gegen die guten Sitten verstößt. Insbesondere letzteres folgt aus § 228 StGB. Nach dieser Vorschrift handelt derjenige, der eine Körperverletzung mit Einwilligung der verletzten Person vornimmt, dann rechtswidrig, wenn die Tat trotz der Einwilligung gegen die guten Sitten verstößt.

Nach allgemeiner Ansicht im Schrifttum[121] und ständiger Rechtsprechung[122] knüpft § 228 StGB an die Sittenwidrigkeit der Tat, nicht die der Einwilligung oder des Motivs dafür an. Verstößt bereits die Einwilligung gegen die guten Sitten, so bleibt die Körperverletzung straflos, solange nur die Tat selbst nicht gegen die guten Sitten verstößt[123]. Dies folgt aus der absoluten Rechtsgutbezogenheit des Rechtfertigungsgrundes der Einwilligung. Während bei der Frage, ob eine Einwilligungserklärung als sittenwidrig zu bewerten ist, auch andere Schutzaspekte als die der §§ 223 ff. StGB zu berücksichtigen wären, geht es bei der Sittenwidrigkeit der Tat lediglich um die Limitierung der Verfügungsbefugnis des Rechtsgutinhabers, weil das Rechtsgut gegenüber Beeinträchtigungen durch Dritte nicht schlechthin, sondern nur innerhalb eines tolerierbaren Rahmens zur Disposition des einzelnen gestellt wird[124]. Die Begründung dieser legitimen und gerechtfertigten Einschränkung des Selbstbestimmungsrechts fällt unterschiedlich aus. Die einen setzten sie dort an, wo das sozialethische Unwerturteil ein-

---

[119] zur Einwilligung als Rechtfertigungsgrund vgl. Lenckner in ZStW 72, S. 453; Stree in Schönke/Schröder Rn. 36 vor § 51; speziell bei der Lebendspende: v. Bubnoff GA 68, 66; Kallmann FamRZ 1969, 572; anders Roxin, nach dem die Einwilligung bereits die Tatbestandsmäßigkeit ausschließt, vgl. Roxin, Strafrecht Allgemeiner Teil, § 13 m.w.N.

[120] BayObLG JR 1978, 297

[121] Haft, Strafrecht AT, S. 109; Tröndle in Tröndle/Fischer § 228 Rn.10

[122] BGHSt 4, 88, 91; BayObLG JR 78, 297

[123] Roxin, Strafrecht Allgemeiner Teil, § 13 Rn. 36

[124] vgl. Hirsch in LK Rn. 7 zu § 226a

greift[125]. Andere begründen sie mit der Notwendigkeit der Wahrung der Menschenwürde, wonach Einwilligung nicht der Selbstaufgabe gleichkommen darf[126].

Für die Beurteilung der Sittenwidrigkeit ist daher auf den Täter und dessen Verhalten, nicht auf das Verhalten des Einwilligenden abzustellen[127].

Unter dem zum Teil als zu unbestimmt[128] kritisierten Merkmal der Sittenwidrigkeit ist das zu fassen, „was nach dem Anstandsgefühl aller billig und gerecht Denkenden zweifellos kriminell strafwürdiges Unrecht ist"[129]. Selbst der BGH räumte ein, daß auch diese Definition kein trennscharfes Korrektiv zu bieten vermag und empfahl im Hinblick auf die nicht unerheblichen strafrechtlichen Folgen eine enge Auslegung und zurückhaltende Handhabung des Begriffs[130]. Lediglich eine zweifellos strafwürdige Rechtsgutverletzung ist als nicht mehr von der herrschenden Sozialmoral und dem Anstandsgefühl aller billig und gerecht Denkenden auszuscheiden.

Fraglich ist, in welchen Fällen eine Organtransplantation bei einem Lebendspender gegen das Anstandsgefühl aller billig und gerecht Denkenden verstößt. Dabei ist nicht nur auf die Entnahme des Organs selbst, sondern auch auf den mit der Organentnahme verfolgten Zweck abzustellen[131]. Es darf nicht unberücksichtigt bleiben, daß die Bereitschaft des Spender grundsätzlich als „sittlich hoch zu bewerten und von der Rechtsordnung zu billigen und anzuerkennen ist"[132], mithin sozialethisch hochstehende Interessen verfolgt werden.

Organentnahme, durch die der Spender in die Gefahr des Todes oder einer schweren Gesundheitsbeschädigung gebracht werden könnte, sind nach allgemeiner Ansicht sittenwidrig[133]. Insbesondere, wenn im Falle einer Organentnahme mit dem Tod des Spenders gerechnet werden muß, verbietet sich dieser Eingriff bereits im Hinblick auf § 216 StGB. Auch die ausdrückliche Einwilli-

[125] E-StGB 1962, Begründung S. 186
[126] Schmidhäuser 272 f.; Stree in Schönke/Schröder §226a Rn.5a
[127] Haft, Strafrecht AT, S. 109
[128] vgl. zu den Bedenken hinsichtlich der Vereinbarkeit des § 228 StGB mit Art. 103 Abs. 2 GG, Hirsch LK § 226a Rn. 2 m.w.N.
[129] BGHSt 4, 32
[130] BGHSt4, 24, 32; LK-Hirsch, § 226a Rn. 6
[131] Ugowski, Rechtsfragen der Lebendspende von Organen, S. 28
[132] BGH NJW 1987, 173 f.; Wolfslast, DÄBl. 1995, S. B - 28 (30)
[133] Tröndle in Tröndle/Fischer, § 228 Rn. 10, sowie § 223 Rn. 9d; vgl. auch König, Strafbarer Organhandel, S. 62 m.w.N.

gung schützt den Arzt dann nicht vor einer Strafbarkeit wegen Tötung auf Verlangen gemäß §§ 212, 216 StGB[134]. Doch auch wenn die für den Spender zu erwartenden körperlichen Auswirkungen in keinem angemessenen Verhältnis zu dem verfolgten Zweck stehen, ist die Sittenwidrigkeit des Eingriffs zu bejahen[135].

Umstritten ist hingegen, wie sich kommerzielle Interessen des Spenders im Rahmen der Beurteilung der Sittenwidrigkeit der Organentnahme nach § 228 StGB auswirken. Teilweise wird argumentiert, daß eine kommerzielle Organentnahme kein Heileingriff sei und dem ärztlichen Berufsethos widerspreche. Zudem sei sie sowohl für den Spender gefährlich, als auch für den Empfänger unter Umständen bei nicht kompatiblen Organen sinnlos. Eine kommerziell motivierte Organentnahme sei daher sittenwidrig[136].

Nach wohl herrschender Auffassung in der Literatur konnten vor Inkrafttreten des TPG kommerzielle Motive im Rahmen des § 228 StGB, bzw. § 226a StGB a.F. nicht berücksichtigt werden[137]. Selbst wenn der Verkauf eines Organes unzweifelhaft als sittenwidrig einzustufen ist, so berührt dies stets nur die Einwilligung des Spenders[138] und nicht die Tat[139]. Dem ist zuzustimmen. Geschütztes Rechtsgut der Körperverletzungsdelikte ist die körperliche Unversehrtheit und Gesundheit eines anderen Menschen. Dieses Rechtsgut wird nur dann in einem nicht mehr hinnehmbaren Rahmen beeinträchtigt, wenn der Rechtsgutinhaber durch die Tat in die Gefahr einer schweren Gesundheitsbeschädigung oder des Todes gebracht wird. Demgegenüber berühren kommerzielle Interessen des Rechtsgutinhabers nicht das Maß der Rechtsgutverletzung, sondern liefern lediglich die Motivation für die Einwilligungserklärung.

Der Eingriff in die körperliche Unversehrtheit des finanziell motivierten Spenders, der zwecks Explantation eines Organs geschieht, kann daher ohne Hinzutreten weiterer Umstände nicht als sittenwidrig im Sinne des § 228 StGB eingestuft werden.

---

134 vgl. Voll, Einwilligung, S.235; Kallmann FamRZ 1969, 572, 573

135 vgl. Brenner in: Mergen, Die juristische Problematik in der Medizin, 126 (135f.)

136 so Tröndle in Tröndle/Fischer, § 228 Rn.10 Tröndle in Tröndle/Fischer, § 228 Rn.10, sowie § 223 Rn. 9d m.w.N.; Kohlhaas NJW 1971, 1871f.

137 Sk-Horn § 228 Rn. 8a, Schroth JZ 1997, 1149, Haft Strafrecht AT, S. 111, Voll, S. 234, König, Strafbarer Organhandel, S.63 m.w.N.

138 Ausführlich zum Einfluß der Motivation auf die Wirksamkeit der Einwilligung vgl. unten 4.Kap.B.I.3.

139 vgl. SK-Horn § 228 Rn.8, König, Strafbarer Organhandel, S. 63

bb. Rechtfertigender Notstand

Weigert sich der lebende potentielle Spender, läßt sich sein Widerspruch auch nicht über die Figur des rechtfertigenden Notstandes (§34 StGB) überwinden[140].

Fraglich ist, ob dies selbst dann gelten muß, wenn die Lebendspende der Lebensrettung des Empfängers dienen soll. Zur Beantwortung dieser Frage kann auf die, zur vergleichbaren Problematik der erzwungenen Blutentnahme zur Rettung des Lebens eines Schwerverletzten, entwickelten Lösungsansätze zurückgegriffen werden[141].

Die wohl herrschende Meinung in der Literatur lehnt eine Rechtfertigung unter dem Gesichtspunkt des rechtfertigenden Notstandes bei der erzwungenen Blutentnahme gänzlich ab[142]. Begründet wird dies vor allem damit, daß ein derartiges Vorgehen der Menschenwürde widerspreche[143]. Es könne nicht sein, daß ein anderer über seine Freiheitsrechte und seine verantwortliche sittliche Entscheidung hinweg gezwungen werde, seinen Körper als bloßes Mittel zur Erreichung eines, wenn auch wünschenswerten, Zweckes verwenden lasse[144]. Weiter wird angeführt, daß bei einem derartigem Eingriff nicht nur das Körperinteresse gegen das Lebensinteresse abzuwägen wäre, sondern in die Abwägung auch „das Interesse der Rechtsgemeinschaft an der Wahrung der Personenautonomie als Grundprinzip unserer Rechtsordnung" einzubeziehen sei[145]. Würde man dagegen die Angemessenheit eines Eingriffs gegen den Willen des Patienten bejahen, würde dies zu einer „allgemeinen Hilfspflicht"[146] führen. Ein derartiger Zwang widerspräche der freiheitlichen Struktur unseres Gemeinschaftslebens[147]. Nach dieser Ansicht darf ein Arzt gegen den Willen des Patienten weder Organ- noch

---

[140] In der Gesetzesbegründung befindet sich kein Hinweis darauf, daß die §§ 34, 35 StGB im Anwendungsbereich des TPG ausgeschlossen sind. Im Entwurf der Grünen/Bündnis 90 (BT-Drs. 13/2926, siehe oben FN. 72) war noch vorgesehen, daß die Berufung auf §34 StGB bei fehlender Einwilligung ausgeschlossen werden sollte (§ 7 TPG-E). Eine derartige Regelung fehlt im jetzigen TPG. Vielmehr enthält der interfraktionelle Entwurf (BT 13/4355) den Hinweis, daß etwa die strafbare Teilnahme am Organhandel im Einzelfall nach §§ 34, 35 StGB gerechtfertigt sein kann. Vgl. BT 13/4355 (siehe oben FN. 68) zu Begründung zu § 17Abs.1

[141] Beispiel von Gallas in Mezger-FS, S. 311, 325

[142] vgl. etwa StGB-E 1962, 160, Gallas in Mezger-FS, S. 311, 325, Dreher/Tröndle, § 34 Rn16, Lenckner in GA 85, S. 297, Schönke-Schröder § 34 Rn. 47

[143] so in der Begründung zum Entwurf eines StGB E 1962, § 39 (S. 160)

[144] Begründung zum Entwurf eines StGB E 1962, § 39 (S. 160)

[145] Lenckner in Schönke/Schröder § 34 Rn. 47

[146] vgl. auch Wessels/Beulke, Strafrecht Allgemeiner Teil, S. 94

[147] W. Gallas in Mezger-FS, S. 325; Bockelmann Strafrecht des Arztes, S. 103 ff.

Blutspenden abnehmen - auch wenn dies der Lebensrettung eines anderen Menschen dienen würde.

Nach einer differenzierenden Ansicht[148] ist hingegen bei der Beurteilung der Rechtfertigung einer zwangsweisen Blutentnahme, zu beachten, daß eine soziale Gemeinschaft einerseits auf ein Mindestmaß an personeller Opferbereitschaft nicht verzichten kann, andererseits zu gewährleisten hat, daß der essentielle Kern der Grundrechte des Menschen unangetastet bleibt. Nach dieser Ansicht ist meist erst die Angemessenheitsklausel des § 34 S.2 StGB als Regulativ geeignet, das Rangverhältnis zwischen dem Recht des Menschen auf freie Selbstbestimmung und dem Solidaritätsprinzip richtig zu bestimmen und die Belastungsgrenze für den Betroffenen unter Zumutbarkeitsgesichtspunkten zu ermitteln[149]. Dies führt dazu, daß im Geltungsbereich engster Schutz- und Beistandspflichten, beispielsweise zwischen Ehegatten oder zwischen Eltern und Kindern, von einer „Rechtspflicht" zur Blutspende ausgegangen werden müßte[150]. Hingegen würde man bei einer erzwungenen Organentnahme, im Hinblick auf den schwerwiegenden körperlichen Eingriff und die damit verbundenen gesundheitlichen Risiken, auch im Geltungsbereich engster Schutz- und Beistandspflichten wohl zu dem Ergebnis gelangen müssen, daß ein derartiger Eingriff nicht zumutbar ist und daher auch nicht als angemessen im Sinne des § 34 S. 2 StGB angesehen werden kann.

Nach einer dritten Ansicht, die insbesondere von Roxin vertreten wird, liegt ein Verstoß gegen die Menschenwürde zumindest bei geringen körperlichen Zwangseingriffen nicht vor[151]. Die Vertreter dieser Ansicht berufen sich auf die Impfgesetze, sowie auf die nach §§ 81a Abs.1 S.2, 81c StPO, sowie nach § 372a ZPO bereits zur Aufklärung geringfügiger Delikte, bzw. zur Feststellung der Abstammung zulässigen zwangsweisen Blutentnahme, deren Verfassungsmäßigkeit das Bundesverfassungsgericht bestätigt habe[152]. Im übrigen zeige § 323 c StGB, daß Hilfeleistung erzwingbar ist. Danach habe der einzelne leichte, nicht „erhebliche" eigene Gefahren um der Rettung anderer Willen zu ertragen[153]. Die autonome Bestimmung über den Körper sei daher zwar ein hoher Wert, jedoch

148 Wessels/Beulke Strafrecht Allgemeiner Teil, S. 94; Baumann/Weber/Mitsch, AT, § 22 II 1b; Hruschka, Strafrecht S.147; LK-Hirsch, § 34 Rn. 68

149 Wessels/Beulke Strafrecht Allgemeiner Teil, S. 94

150 vgl. Wessels/Beulke Strafrecht Allgemeiner Teil, S. 94, 95; Baumann/Weber/Mitsch, AT, § 22 II 1b, Hruschka Strafrecht, S. 147

151 so Roxin in Strafrecht Allgemeiner Teil, § 16 A III Rn. 44 (S.629)

152 vgl. BVerfGE 5, 13; 16, 194; 17, 108

153 Roxin in Festschrift für Jescheck, S. 471

sei er nicht jeder Abwägung entzogen. Bei massiven körperlichen Eingriffen hingegen, wie etwa einer erzwungenen Organexplantation, wird man jedoch auch nach diesem Lösungsansatz im Rahmen einer Güterabwägung zu dem Ergebnis gelangen müssen, daß das Autonomieprinzip die Solidaritätspflicht des Einzelnen überwiegt.

Auch wenn die herrschende Meinung oft als zu liberal und inhuman kritisiert wird[154], ist ihr im Ergebnis zuzustimmen. Der Täter, der einem Dritten gegen dessen Willen Blut entnimmt, greift dabei - auch wenn sein Handeln der Lebensrettung eines anderen Menschen dienen soll - in unantastbare Freiheitsrechte des Dritten ein. Im übrigen lassen sich die zur erzwungenen Blutentnahme entwickelten Grundsätze insoweit nur begrenzt auf den Fall einer erzwungenen Organentnahme übertragen, als damit stets ein massiver körperlicher Eingriff verbunden ist. Selbst wenn man im konkreten Fall eine Güterabwägung zulassen würde, käme man daher übereinstimmend zu dem Ergebnis, daß bei einer Organentnahme gegen den Willen des „Spenders" sowohl das Autonomieprinzip, als auch das Interesse des „Spenders" an seiner körperlichen Unversehrtheit und Gesundheit gegenüber einer möglicherweise bestehenden Solidaritäts- und Beistandspflicht überwiegt.

II. Die Regelung der Lebendspende nach dem TPG[155]

1. Zulässigkeit

Die Zulässigkeitsvoraussetzungen der Organentnahme vom Lebenden sind in § 8 TPG geregelt. Der Lebendspender muß volljährig und einwilligungsfähig sein, nach der Aufklärung zugestimmt haben und nicht über das Operationsrisiko hinaus gefährdet sein. Weiter muß die Organübertragung auf den Empfänger nach ärztlicher Beurteilung geeignet sein, das Leben des Empfängers zu erhalten oder eine schwerwiegende Krankheit zu heilen, ihre Verschlimmerung zu verhüten oder ihre Beschwerden zu lindern. Im übrigen wird die Subsidiarität der Lebendspende gegenüber der postmortalen Organspende statuiert.

2. Begrenzter Empfängerkreis

Der Kreis der in Betracht kommenden Empfänger einer Lebendspende ist begrenzt, § 8 Abs. 1 S.2 TPG. Neben Verwandten ersten oder zweiten Grades,

---

[154] so etwa Roxin in Festschrift für Jescheck, S. 471

[155] Die folgende Darstellung der einzelnen, die Lebendspende betreffenden, Regelungstatbestände des TPG soll lediglich einen Überblick gewähren. Eine empirische Untersuchung der Tatbestände erfolgt im nächsten Kapitel

Ehegatten oder Verlobten darf das Organ einer Lebendspende nur auf Personen, die dem Spender in besonderer persönlicher Verbundenheit offenkundig nahestehen, übertragen werden.

3. Aufklärung und Einwilligung

In § 8 Abs. 2 TPG ist die Aufklärung geregelt. Sie hat durch einen Arzt in Anwesenheit eines weiteren Arztes zu erfolgen.

4. Gutachten einer Landeskommission

Weiter setzt eine zulässige Lebendspende die gutachterliche Stellungnahme einer nach Landesrecht zuständigen Kommission voraus, § 8 Abs.3 TPG. Dieser Kommission müssen ein Arzt, ein Volljurist und eine in psychologischen Fragen erfahrene Person angehören. Das Gutachten soll darüber Aufschluß geben, ob die Einwilligung in die Organspende freiwillig erfolgt, bzw. das Organ Gegenstand verbotenen Handeltreibens ist.

5. Strafvorschriften und Ordnungswidrigkeiten hinsichtlich der Lebendspende

Unter Strafandrohung verboten ist gemäß § 19 Abs. 2 TPG bei der Lebendspende im einzelnen:

- Die Vornahme einer Organentnahme bei einer nicht einwilligungsfähigen und minderjährigen Person. (§ 19 Abs.2 Alt.1 i.V.m. § 8 Abs.1 S.1 Nr.1a)
- Die Verletzung der umfassenden Aufklärungspflicht, bzw. die Vornahme der Organentnahme ohne Einwilligung des Patienten (§ 19 Abs.2 Alt.1 i.V.m. § 8 Abs.1 S.1 Nr.1b)
- Die Vornahme des Eingriffs durch eine nicht medizinisch approbierte Person (§ 19 Abs.2 Alt.1 i.V.m. § 8 Abs. 1 S.1 Nr. 4)
- Die Vornahme der Organexplantation, obwohl der Lebendspender nicht zum gesetzlich vorgegebenen Spenderkreis gehört (§ 19 Abs. 2 Alt.2 i.V.m. § 8 Abs.1 S.2).

Gemäß § 19 Abs.4 TPG ist in diesen Fällen auch der Versuch strafbar.

Strafbar macht sich nach dem Transplantationsgesetz bei der Lebendspende weiter,

- wer mit einem Organ Handel treibt (§ 18 Abs.1)
- wer ein Organ implantiert oder explantiert, welches Gegenstand verbotenen Handeltreibens ist (§ 18 Abs.1)
- wer ein Organ spendet und mit diesem Handel treibt. (§ 18 Abs. 1)

- wer sich ein Organ implantieren läßt, welches Gegenstand verbotenen Handeltreibens ist. (§18 Abs. 1)

Der Versuch ist in diesen Fällen gemäß § 18 Abs. 3 TPG ebenfalls strafbewehrt.

Weiter macht sich gemäß § 20 Abs.1 Nr.2 TPG einer Ordnungswidrigkeit schuldig der Arzt, der ein Organ des § 9 S.1 TPG überträgt, obwohl er keinem Transplantationszentrum angehört.

Das TPG wurde als im Schwerpunkt strafrechtlich orientiertes Nebengesetz ausgestaltet. Dies belegen die ausgedehnten Strafvorschriften, die sich nicht nur gegen den Arzt richten, sondern zum Teil auch den Organspender und Organempfänger mit Strafe bedrohen.

4. Kapitel: Verfassungsrechtliche Bedenken hinsichtlich der Zulässigkeitsvoraussetzungen des § 8 TPG und deren teilweiser strafrechtlicher Absicherung in § 19 Abs.2 TPG

Das folgende Kapitel befaßt sich mit der verfassungsrechtlichen Untersuchung der in § 8 TPG normierten Zulässigkeitskriterien einer Lebendorganspende, welche zum Teil durch § 19 Abs. 2 TPG strafrechtlich abgesichert sind.

Im folgenden werden die reinen Verhaltensvorschriften und die Strafvorschriften der §§ 8, 19 Abs.2 TPG einer differenzierten Betrachtung unterzogen. Insbesondere im Rahmen der Verhältnismäßigkeit sind an Verhaltensvorschriften geringere Anforderungen zu stellen, als an Strafvorschriften. Letztere stellen, in Anbetracht der mit Ihnen für den Bürger verbundenen Sanktionen, einen sehr viel gravierenderen Eingriff in potentielle Grundrechte dar.

A. Verfassungsrechtliche Bedenken hinsichtlich der Verhaltensvorschriften des § 8 TPG

I. Vorbemerkung: Dreipoliges Verhältnis

Wenn im folgenden näher auf die Verfassungsmäßigkeit der einzelnen Zulässigkeitsvoraussetzungen der Lebendorganspende eingegangen wird, so darf nicht außer acht gelassen werden, daß es sich bei einer Lebendorgantransplantation um ein dreipoliges Verhältnis zwischen Arzt, Spender und Spendeempfänger handelt. Dies bedeutet, daß alle drei Personen gleichermaßen durch die - eigentlich nur an den Arzt adressierten Vorschriften - tangiert sind[156].

II. Die Subsidiaritätsklausel des § 8 Abs.1 S.1 Nr.3 TPG

§ 8 Abs.1 S.1 Nr.3 TPG legt fest, daß die Organspende vom Menschen mit endgültigem, irreversiblen Ausfall der gesamten Hirnfunktion oder endgültigem, nicht behebbaren Stillstand von Herz und Kreislauf eindeutigen Vorrang vor der Lebendspende hat. Diese Vorschrift stellt eine reine Verhaltensvorschrift dar, deren Verstoß an keinerlei strafrechtliche Sanktionen gebunden ist. Sie basiert auf dem hippokratischen Prinzip des primum nihil nocere, wonach ein derartiger Eingriff in die körperliche Unversehrtheit eines gesunden Menschen nur als ultima ratio zulässig ist.

1. Kreis der betroffenen Grundrechte

a. Art. 2 Abs. 2 S. 1 GG

aa. Verstoß gegen das körperlichen Selbstbestimmungsrecht des Spenders

(1) Grundrechtliche Einordnung des körperlichen Selbstbestimmungsrechts

Das körperliche Selbstbestimmungsrecht ist Teil des Rechts am Körper und an der Gesundheit und deshalb unter den Schutzbereich des Art. 2 Abs. 2 S. 1 GG zu fassen. Diese hier vertretene Auffassung ist nicht unumstritten: So wurde bereits vereinzelt vertreten, das Selbstbestimmungsrecht als Teil des allgemeinen Persönlichkeitsrechts dem Grundrecht aus Art. 2 Abs.1 GG zuzuordnen: Der freie Mensch habe ein Persönlichkeitsrecht am Körper und an dessen Gliedern[157].

Betrachtet man die Rechtsprechung, so zählte das Reichsgericht die körperliche Unversehrtheit und Gesundheit noch zu jenen Rechtsgütern, die zwar Dritten gegenüber Schutz genießen, selbst hingegen nicht Gegenstand eines

---

[156] vgl. zur Grundrechtsbetroffenheit bei einem dreipoligen Verhältnis BVerfGE 77, 84 (100)

[157] Gareis in Festgabe für Schirmer, S. 59 ff. Weiter vertritt Mugdan die Ansicht, daß in den Materialien zum BGB mehrfach zum Ausdruck kommt, daß der Gesetzgeber Körper und Gesundheit als Persönlichkeitsrechte betrachtet. Mugdan in „Die gesammelten Materialien zum BGB", 1899, II, S. 406, 420, 1073, 1078, 1267

Verfügungsrechtes ihres Trägers sind[158]. Von dieser lange Zeit vorherrschenden Ansicht, hat sich der BGH jedoch abgewandt. Er erkennt ein aus Art. 2 Abs.2 GG abgeleitetes Selbstbestimmungsrecht des Menschen über seinen Körper und ein Recht auf körperliche Unversehrtheit an[159].

Eine Differenzierung zwischen dem Rechtsgut einerseits, sowie dem Selbstbestimmungsrecht über ein Rechtsgut andererseits in der Weise, daß beide verschiedenen Grundrechten zuzuordnen sind, spaltet einen einheitlichen Sachverhalt künstlich auf. Die Konsequenz wäre, daß bei allen Persönlichkeitsgütern, auch bei denen die unser Gesetz ausdrücklich als besondere Persönlichkeitsrechte normiert, ein eigenes Selbstbestimmungsrecht über das betreffende Gut abgespalten werden muß[160]. Diese Auffassung vermag daher nicht zu überzeugen.

Das Selbstbestimmungsrecht und das Recht auf körperliche Integrität können nur als Ausfluß des einheitlichen Rechts am Körper und an der Gesundheit aufgefaßt werden - ähnlich wie das Verfügungsrecht des Eigentümers über seine Sache zum Inhalt des Eigentums gehört. Hubmann bezeichnete in diesem Zusammenhang den Körper als äußeres Gefäß der Persönlichkeit[161]. Dem Recht am Körper und an der Gesundheit (Art. 2 Abs.2 GG) kommt demnach ein doppelter Inhalt zu: Ein positiver, da es Verfügungsmacht sichert und ein negativer, da das Recht am Körper gegen Eingriffe schützt[162].

(2) Eingriff

Eingriff ist jedes staatliche Handeln, das dem einzelnen ein Verhalten, das in den Schutzbereich eines Grundrechtes fällt, unmöglich macht, gleichgültig, ob diese

---

[158] Vgl. etwa RGSt 41, 395 f , sowie im Zivilrecht: RGZ 51, 373; 58, 28 f.; vgl. auch Geiger, Die Grundrechte, S. 21f.

[159] BGHSt 11, 114; BGHZ 8, 247; 29, 36, 49, 179, 181

[160] So Hubmann, S. 228 , Vgl. auch Deutsch in NJW 65, 1989

[161] Hubmann S. 226, 227, 228

[162] Hubmann, S. 226, 227, wonach der Mensch aus einer Einheit von Körper und Geist besteht und das Recht am Körper und an der Gesundheit somit einen doppelten Inhalt hat.. Neben der positiven Komponente steht die entsprechende negative Komponente. Die Freiheit vor und das Freisein von Eingriffen in die körperliche Unversehrtheit, vgl. ferner auch Schröder NJW 1961, 954; Baumann NJW 1958, 2092 f.

Wirkung final oder unbeabsichtigt, unmittelbar oder mittelbar, rechtlich oder tatsächlich erfolgt[163].

Die Vorschrift des § 8 Abs.1 S.1 Nr.3 TPG bewirkt, daß mündigen, ärztlich aufgeklärten Bürgern, ein rationaler, in seinen Folgen überschaubarer[164] Entschluß versagt wird. Im Falle des Vorhandenseins eines postmortal gespendeten Organs wird die Entscheidung des Spenders, ein Organ zu spenden, mißachtet. Der potentielle Spender kann in diesem Fall nicht mehr frei über seinen Körper verfügen. Nicht der Rechtsgutinhaber, also der Spender selbst, sondern der Gesetzgeber bestimmt, wann letztendlich eine Organspende erfolgen darf. Das körperliche Selbstbestimmungsrecht des Spenders wird zwar zu seinem eigenen Schutz eingeschränkt, jedoch ändert dies nichts daran, daß darin ein Eingriff in das aus Art. 2 Abs. 2 S. 1 GG abzuleitende körperliche Selbstbestimmungsrecht zu sehen ist.

bb. Verstoß gegen das Recht auf Leben und Gesundheit des potentiellen Spendeempfängers

Darüber hinaus läßt sich aus der „objektiven Grundrechtsseite“[165] des Art. 2 Abs. 2 GG für den Staat die Pflicht ableiten, „sich schützend und fördernd vor das Leben zu stellen“[166]. Gleiches gilt auch zugunsten der körperlichen Integrität und Gesundheit. Die Schutzpflicht verstärkt nach ständiger Rechtsprechung des Bundesverfassungsgerichts das subjektive Abwehrrecht des Einzelnen gegenüber staatlichen Eingriffen[167]. Unter diesem Gesichtspunkt erscheint eine Vorschrift bedenklich, die eine schlechtere Behandlungsmethode der besseren vorzieht, denn nach § 8 Abs.1 S.1 Nr.3 TPG soll die Lebendspende nur als ultima ratio gerechtfertigt sein. Studien[168] belegen jedoch, daß die Erfolgsrate einer Transplantation bei einer Lebendspende höher ist, als bei einer postmortalen Spende. Dies gilt vor allem für die Nierenspende. Untersuchungen haben ergeben, daß die durchschnittliche 3-Jahres-Überlebensrate der transplantierten Niere

---

[163] Bleckmann/Eckhoff, DVBl. 1988, 373; Lübbe-Wolff, Grundrechte als Eingriffsabwehrrechte, 1988; BVerfGE 66, 39 (60) mit der Einschränkung, daß die Wirkung von einem ursächlichen und zurechenbaren Verhalten der öffentlichen Gewalt ausgehen muß

[164] Das Mortalitätsrisiko bei der Nierenentnahme wird in der Literatur mit weniger als 0,03 % angegeben, vgl. Schönberger/Loening, Das Risiko des Spender, in dies./Fahlenkamp/Tufveson (Hrsg.) Lebendspende - Nierentransplantation, 1997, S. 69-78. Lang-und mittelfristige Risiken für den Spender werden als relativ gering bezeichnet, vgl. Land in Zeitschrift für Transplantationsmedizin 1993, 52-56

[165] Jarass in Jarass/Pieroth, Rn. 50 zu Art. 2

[166] BVerfGE 56, 54, 73 m.w.N; 77, 170 (214) m.w.N.; 88, 203 (251)

[167] vgl. BVerfGE 66, 39 (60); Jarass in Jarass/Pieroth Rn. 50 zu Art. 2

[168] Höppner/Grosse/Dreikorn in: Transplantationsmedizin 1994, 217 ff.

85 % bei Spendern unter Ehegatten, 82% bei Eltern-auf-Kind-Spenden, 81 % bei mit dem Empfänger weder verwandten, noch verheirateten Spendern, aber nur 70% bei der postmortalen Nierenspende beträgt[169]. Der Gesetzgeber oktroyiert dem Patienten damit - für den Fall, daß ihm beide Spendemöglichkeiten offen stehen - per Subsidiaritätsklausel die weniger erfolgreiche Therapie auf. Indem der Staat einem Kranken die schlechtere Behandlungsmethode auferlegt, wird er seiner Pflicht, die Gesundheit seiner Bürger zu fördern und zu schützen, nicht gerecht.

b. Art. 4 Abs. 1 GG

Ein weiterer Gesichtspunkt, der bei Betrachtung der Subsidiaritätsklausel nicht vernachlässigt werden darf ist, daß viele auf eine Organtransplantation angewiesene Patienten ernsthafte, moralische Vorbehalte haben, sich das Organ eines Toten implantieren zu lassen. Besonders problematisch ist dies bei der religiös fundierten Ablehnung einer Organentnahme. Aber selbst wenn die religiöse Fundierung einer ablehnenden Entscheidung fehlt, kann diese für den Betroffenen doch so bedeutsam sein, daß ihre rigorose Überwindung durch die Subsidiaritätsklausel nicht ohne weiteres vorgenommen werden kann. Aus christlicher Sicht gibt es keine grundsätzlichen Einwände gegen die postmortale Organspende. Dennoch kann nach reiflicher Überlegung beispielsweise auch ein Christ eine Gewissensentscheidung gegen die postmortale Organtransplantation treffen, etwa weil er es aus persönlichen, moralisch fundierten, Gründen mit seinem Gewissen nicht vereinbaren kann, das Organ eines Toten in seinem Körper zu wissen.

Schließlich ist auch die negative Glaubens- und Gewissensfreiheit[170] berührt, die es dem Einzelnen garantiert, seinen Glauben und seine Weltanschauung nicht offenbaren zu müssen.

2. Die verfassungsrechtliche Rechtfertigung der Grundrechtseingriffe

a. Rechtfertigung des Eingriffs in Art. 2 Abs. 2 S.1 GG

aa. Art. 2 Abs. 2 S. 3 GG

Das Grundrecht auf körperliche Unversehrtheit kann gemäß Art.2 Abs. 2 S.3 GG nur auf Grund eines - den Anforderungen des Verhältnismäßigkeitsgrund-

---

[169] Terasaki et al., New England Journal of Medicine 1994, S. 760 ff.; 1995, S. 752-753

[170] BVerfGE 56, 54 (73) = NJW 1981, 1655

satzes entsprechenden - Parlamentsgesetzes eingeschränkt werden. In formeller Hinsicht erfüllt das Transplantationsgesetz die Anforderungen eines Parlamentsgesetzes. Ob es hingegen auch verhältnismäßig ist, bedarf einer gesonderten Untersuchung.

bb. Verhältnismäßigkeit

Zweck der Subsidiaritätsklausel ist der Schutz der Gesundheit und körperlichen Unversehrtheit potentieller Organspender. Dieser Schutzaspekt ist legitim. Die Subsidiaritätsklausel ist auch geeignet und erforderlich dieses gesetzgeberische Ziel zu erreichen. § 8 Abs.1 S.1 Nr.3 TPG bewirkt als reine Verhaltensvorschrift mangels weiterer Sanktionsandrohungen einen relativ milden Eingriff. Fraglich ist jedoch, inwieweit die Subsidiaritätsklausel einer Prüfung der Verhältnismäßigkeit im engeren Sinne standhält. Hierbei gilt es abzuwägen, inwieweit das Grundrecht des Spenders auf Gesundheit, Art. 2 Abs.1 GG, trotz seiner Einwilligung in dessen Verletzung, das Grundrecht des Spendeempfängers auf Gesundheit überwiegt.

Das Grundrecht auf körperliche Unversehrtheit, welches, wie schon sein enger systematischer Zusammenhang mit dem Grundrecht auf Leben[171] zeigt, innerhalb der grundrechtlichen Ordnung einen besonderen Platz einnimmt[172], wird bei einer Lebendspende ohne medizinische Indikation beeinträchtigt. Der medizinische Eingriff beim Spender stellt keinen Heileingriff dar. In Anbetracht dessen muß auch berücksichtigt werden, daß im Falle des Eingreifens der Subisidiaritätsklausel regelmäßig das Organ einer Totenspende vorhanden sein wird und die Organtransplantation eines derartigen Organs als Behandlungsmethode ebenfalls allgemein anerkannt ist. Auch wenn gerade dieses Behandlungsalternative nicht ebenso viel Erfolg verspricht, ist ein Rückgriff auf sie, in Anbetracht des medizinisch nicht indizierten Eingriffs beim potentiellen Lebendspender, durchaus gerechtfertigt.

Problematisch ist jedoch, daß der Gesetzgeber vorgibt durch die Subsidiaritätsklausel ein Individualrecht zu schützen, obwohl der Individualrechtsgutträger freiwillig auf den Schutz seines Rechtsgutes verzichtet hat. Denn indem der Spender bei der Lebendspende freiwillig auf die Aufrechterhaltung seiner kör-

---

171 Nach dem Bundesverfassungsgericht (BVerfGE 39, 1, 42) stellt das Leben einen „Höchstwert" innerhalb der gesetzlichen Ordnung dar und ist die „vitale Basis der Menschenwürde und (..) Voraussetzung aller anderen Grundrechte"

172 BVerfG NJW 1999, 3399, 3401

perlichen Unversehrtheit zugunsten eines Dritten verzichtet, wird an sich das rechtliche Interesse am Schutz dieses Rechtsgutes genommen[173]. Es wurde bereits dargestellt, daß Art. 2 Abs. 2 GG neben dem Recht auf Schutz der Gesundheit, als positive Komponente die Freiheit über die eigene körperliche Unversehrtheit nach Belieben verfügen zu können, enthält[174]. Die positive Komponente des Grundrechtes (körperliche Selbstbestimmung) steht gleichberechtigt neben der negativen (Schutz der Gesundheit gegen Eingriffe). Inwieweit es legitim ist, daß der Gesetzgeber sich über diese freie Willensentscheidung des Spenders per Gesetz hinwegsetzt und eben jenes Rechtsgut auf dessen Schutz der Rechtsgutträger freiwillig verzichtet hat, zum Schutzzweck eines grundrechtseinschränkendes Gesetzes erhebt, stellt ein typisches Problem paternalistischer Gesetzgebungsakte dar und wird im folgenden unter dem Prüfungspunkt der Legitimität staatlichen Paternalismus erörtert. Die Frage der Angemessenheit der Klausel muß insoweit hier noch offen gelassen werden.

b. Art. 4 Abs. 1 GG

Die Glaubensfreiheit (Art. 4 Abs. 1 GG) findet nach allgemeiner Auffassung ihre Schranken im kollidierenden Verfassungsrecht und im Verhältnismäßigkeitsgrundsatz. Im Falle der Subsidiaritätsklausel steht der Glaubens- und Gewissensfreiheit des Spendeempfängers, das Grundrecht des Spenders auf körperliche Unversehrtheit gegenüber.

Es gilt somit abzuwägen, welches Individualrecht überwiegt. Einerseits muß berücksichtigt werden, daß der Spender freiwillig in die Verletzung seiner körperlichen Unversehrtheit einwilligt, sein Individualrecht somit an sich nicht mehr schutzbedürftig ist. Andererseits handelt es sich bei dem Grundrecht aus Art. 2 Abs.2 S.1 GG um ein Grundrecht von höchstem Verfassungsrang, welches auch Schutzpflichten des Gesetzgebers begründet.

Ob der Gesetzgeber die in § 8 Abs. 1 S. 3 TPG vorgenommene Abwägung zu Lasten der Glaubensfreiheit des Spendeempfängers vornehmen durfte, hängt wiederum insbesondere davon ab, ob die paternalistische Einschränkung des

---

[173] vgl. Hamburg NJW 69, 336

[174] Hubmann, S. 226, 227, wonach der Mensch aus einer Einheit von Körper und Geist besteht und das Recht am Körper und an der Gesundheit somit einen doppelten Inhalt hat: Neben der positiven Komponente steht die entsprechende negative Komponente: die Freiheit vor und das Freisein von Eingriffen in die körperliche Unversehrtheit

Selbstbestimmungsrechtes des Spenders verfassungsrechtlich zulässig ist. Insoweit wird auch hier auf den folgenden Prüfungspunkt verwiesen.

3. Legitimität paternalistischer Gesetzgebungsakte

Im Anschluß an die vorangegangenen Untersuchungen soll nun unter dem Gesichtspunkt der Legitimität paternalistischer Gesetzgebungsakte erörtert werden, inwieweit der Gesetzgeber in § 8 Abs. 1 S. 1 Nr. 3 TPG eine Abwägung zu Lasten der betroffenen Grundrechte vornehmen durfte.

Die Literatur differenziert in der Regel zwischen hartem und weichem Paternalismus[175]. Die Unterscheidung betrifft die Frage nach der Zuständigkeit für die Feststellung derjenigen Interessen, die auch gegen den Willen ihrer Inhaber zu deren Wohl durchgesetzt werden sollen. Der harte Paternalismus schiebt diese „Definitionsmacht" dem Staat oder der Gesellschaft zu[176]. Charakteristisch für den harten Paternalismus ist, daß nicht Wertvorstellungen des Rechtsgutinhabers zugrunde gelegt werden, sondern der Staat, bzw. die Gesellschaft den Wertmaßstab bestimmt. Das bedeutet, die Regelung besteht zum Schutz des Rechtsgutinhabers und schützt seine Interessen, schränkt jedoch seine Handlungsalternativen gegen seinen Willen völlig ein. Harter Paternalismus ist grundsätzlich mit einem liberalen Staats- und Rechtsverständnis nicht vereinbar, da in einem solchen auch immer der Wille und das Interesse des Rechtsgutinhabers beachtet und mitgeschützt wird.

Dagegen werden beim weichen Paternalismus die Interessen des Rechtsgutinhabers aus seiner Perspektive „für und gegen ihn" geschützt[177]. Der Staat tritt hier nicht als fürsorgender Machtinhaber auf, der am besten zu wissen vorgibt, was für seine Bürger vernünftig ist, sondern schützt den Rechtsgutinhaber auf einer Ebene, in der dieser als autonomer und vernünftiger Mensch in erster Linie selbst entscheiden und seine Werte selbst definieren kann.

Die Subsidiaritätsklausel schränkt die Handlungsmöglichkeiten des Rechtsgutinhabers bei Vorhandensein einer Totenspende gegen seinen Willen völlig ein. Sein Wille wird beim Schutz seiner Gesundheit nicht berücksichtigt. Der Gesetzgeber

---

175 Feinberg unterscheidet zwischen „hard and soft paternalism", vgl. in: „The Moral Limits of the Criminal Law", Vol. 3, Harm to Self, S. 12, 377

176 Merkel, Tötung auf Verlangen, S.82

177 Papageorgiou, Schaden und Strafe , S. 220 ff.

übergeht vielmehr die Interessen und die sich darin äußernden Vorstellungen des Spenders und ordnet diese der gesetzgeberischen Wertvorstellung vom Rechtsgut der körperlichen Unversehrtheit unter. Die Klausel soll den Spender vor einer übereilten Aufopferung seiner körperlichen Unversehrtheit, mithin vor Selbstschädigung schützen. Die Subsidiaritätsklausel stellt sich damit als hart paternalistischer Gesetzgebungsakt dar.

Zwar wendet sich die Vorschrift nicht direkt an den Individualrechtsgutträger. Aufgrund des dreipoligen Verhältnisses zwischen Organspender, Arzt und Organempfänger, die für eine erfolgreiche Organtransplantation zusammenwirken müssen, sind jedoch alle Beteiligten (grundrechtlich) von der Subsidiaritätsklausel betroffen[178]. Die Subsidiaritätsklausel ist somit indirekt paternalistisch.

Unser Rechtssystem kennt zumindest eine Norm, die ebenfalls als Akt des harten, indirekten Paternalismus bezeichnet werden könnte: § 216 StGB. Hier setzt sich der Staat auch über den Willen des Rechtsgutinhabers hinweg und macht damit deutlich, daß das Rechtsgut Leben nicht zur allgemeinen Disposition steht, selbst wenn der Rechtsgutinhaber dies gerne möchte. Im Falle des § 216 StGB kann der Selbstschädiger nicht alleine selbstschädigend vorgehen, sondern bedarf der Mitwirkung eines Dritten. Harter Paternalismus in seiner indirekten Form kann - wie § 216 StGB zeigt - ausnahmsweise im Interesse der „Funktionsfähigkeit der sozialen Gemeinschaft und des geordneten Zusammenlebens“[179] legitimiert sein. Dies bedarf jedoch der ausführlichen Begründung, insbesondere wenn es sich um einen Akt des Strafrechtspaternalismus handelt[180].

Gerade das Selbstbestimmungsrecht des Menschen ist in unserer Verfassung vielfältig und umfassend geschützt. Die Freiheit des Individualrechtsgutträgers frei über sein Rechtsgut verfügen zu können, ist wesentlicher Bestandteil eines liberalen Rechtsstaates. Die Grenzen dieser Freiheit können erst dort beginnen, wo die Fähigkeit des Menschen zur Autonomie in Frage gestellt werden kann: In der Autonomiefähigkeit[181]. Das heißt jemand, der noch nicht die erforderliche Verstandesreife besitzt oder dessen Entscheidungen auf Willensmängel beruhen, „will“ eigentlich gar nicht das, was er verlangt. In diesen Fällen kann der Wert

---

[178] BVerfGE 77, 84 (100)

[179] Nach Schmidt-Didezuhn kann der Gesetzgeber unter diesem Aspekt die kommerzielle Organspende, ebenso wie andere gefährliche Eingriffe in die Körperintegrität, verbieten. „Die Gemeinschaftsgebundenheit, die auch den materiellen Gehalt der Menschenwürde prägt, schlägt hier zu Buche“, so Schmidt-Didezuhn in ZRP 1991, 267.

[180] vgl. Schroth, JZ 97, 1153

[181] Papageorgiou, Schaden und Strafe , S. 220 ff.

der Autonomie minimalisiert werden, da er unter diesen Voraussetzungen gar nicht fähig ist, die ihm eigene Funktion zu erfüllen. Schränkt man dagegen die Freiheit über die Autonomiefähigkeit hinaus noch weiter ein, so schützt man nur noch die „äußere Hülle“[182] des Rechtsgutes.

Im Falle der Subsidiaritätsklausel begründet der Gesetzgeber seine Entscheidung, das Selbstbestimmungsrecht des Senders zu dessen Schutz einzuschränken, nicht mit einem Mangel an Autonomiefähigkeit. Im Gegenteil: Betrachtet man die Zulässigkeitsvoraussetzungen der Lebendspende, so hat der Gesetzgeber die Lebendspende durch die restlichen Regelungen des § 8 TPG bereits hinreichend dahingehend abgesichert, daß es sich bei den Spendern in der Regel um sorgfältig aufgeklärte, vernünftige und einwilligungsfähige Menschen handelt.

Für das Abwägungsergebnis nicht von Bedeutung ist es, daß es sich vorliegend nicht um einen Fall von Strafrechtspaternalismus handelt[183]. Der Eingriff in die betroffenen Grundrechte wirkt damit lediglich weniger nachhaltig. Ein Vergleich mit anderen reinen Verhaltensvorschriften unserer Rechtsordnung zeigt, daß diese ihre Einwilligungsvorbehalte regelmäßig an die Autonomiefähigkeit anknüpfen. Als Beispiele hierfür seien das Minderjährigenrecht, sowie die Betreuungsvorschriften genannt. Aufgrund des hohen Stellenwertes der Freiheitsrechte in unserer Verfassung, stellt die Subsidiaritätsklausel deshalb ungeachtet der Tatsache, daß sie als reine Verhaltensvorschrift den Individualrechtsgutträger verhältnismäßig gering tangiert, einen nicht gerechtfertigten Eingriff in die Grundrechte aus Art. 2 Abs. 2, sowie Art. 4 Abs. 1 GG dar.

4. Zwischenergebnis

Die Subsidiaritätsklausel stellt eine unverhältnismäßige Intervention des Staates in die Grundrechte des Bürgers aus Art. 2 Abs. 2 S. 1 GG, sowie Art. 4 GG dar. Staatlicher Paternalismus in der Form, wie ihn die Subsidiaritätsklausel verkörpert, ist unserer Rechtsordnung fremd und läßt sich nicht mit den liberalen Grundsätzen unseres Grundgesetzes in Einklang bringen. Zwar ist es in der Praxis so, daß die große Mehrheit der Spender-Empfänger-Paare, die eine Lebendspende in Erwägung ziehen, bei Vorhandensein eines postmortalen Spenderorgans dieses auch vorziehen würden, doch darf diese Entscheidung den jeweils Betroffenen nicht gesetzlich vorgeschrieben werden. Die Streichung der Subsi-

[182] Schroth, JZ 97, S.1154

[183] An einen Verstoß gegen §8 Abs.1 S.1 Nr.3 TPG sind keine Strafsanktionen gebunden sind

diaritätsklausel aus § 8 TPG, die aus verfassungsrechtlichen Gründen notwendig wäre, hätte somit nicht etwa eine explosive Zunahme der Lebendspenden zur Folge.

III. „Spender muß nach ärztlicher Beurteilung geeignet sein und nicht über das Operationsrisiko hinaus gefährdet werden", § 8 Abs.1 S.1 Nr.1c TPG

1. Verfassungsmäßigkeit der Regelung

§ 8 Abs. 1 S. 1 Nr. 1 c TPG stellt klar, daß die Übertragung eines Organs einer lebenden Person nur dann zulässig ist, wenn die Person nach ärztlicher Beurteilung ex ante als Spender geeignet ist und „voraussichtlich nicht über das Operationsrisiko hinaus gefährdet oder über die unmittelbaren Folgen des Eingriffs hinaus gesundheitlich beeinträchtigt wird". Gemeint ist laut Begründung zum TPG-Entwurf das „allgemeine" Operationsrisiko[184]. Demnach kann dem mündigem Bürger gemäß § 8 Abs.1 S.1 Nr. c TPG, entgegen seiner freien, nach umfassender Aufklärung erfolgten Einwilligung, die Organspende zugunsten einer ihm nahestehenden Person versagt werden, wenn der Maßstab des „allgemeinen Operationsrisikos"[185] überschritten wird.
Fraglich ist insoweit, ob es zulässig ist, das allgemeine Operationsrisiko als starres Limit der Spenderautonomie anzusetzen.
Art. 2 Abs.2 S.1 GG betont und verbürgt die Freiheit zur Selbstbestimmung. Die Bestimmung über seine leiblich-seelische Integrität gehört zum ureigensten Bereich der Personalität des Menschen. Gerade in diesem Bereich muß es dem Menschen aus der Sicht des GG frei sein, seine Maßstäbe zu wählen und nach ihnen zu leben und zu entscheiden[186].
In § 8 Abs. 1 S.1 Nr. 1 c TPG wird dem Spender nicht die Möglichkeit gegeben, eigene Wertmaßstäbe bei der Beurteilung seines Gesundheitsrisikos vor der Organentnahme miteinzubringen. Er ist dabei gänzlich an die Maßstäbe Dritter gebunden. Dies ist zwar grundsätzlich denkbar[187], jedoch dürfen diese Maßstäbe dann nicht zu eng sein. Sie müssen dem Einzelnen noch Raum zur Selbstbestimmung lassen. Die Festsetzung des „allgemeinen Operationsrisikos" als feste

---

[184] BT-Drs. 13/ 4355 (siehe oben FN 68) Begründung zu § 7 Abs.1 S.1 Nr. 1 c
[185] BT-Drs. 13/4355 (siehe oben FN 68), Begründung zu § 7 Abs.1 S.1 Nr. 1 c
[186] vgl. BVerfG NJW 1979, 1925 (1931): abweichende Meinung zu Fragen des Arzthaftungsprozeßes von den Richtern Hirsch, Niebler, Steinberger
[187] vgl. auch BVerfG NJW 79, 1932

Risikogrenze, läßt dem Spender jedoch nicht viel Raum zur Selbstbestimmung. Vielmehr ist er der Beurteilung nach streng medizinischen Kriterien durch den Arzt ausgeliefert. § 8 Abs.1 S. 1 Nr.1c TPG stellt somit ebenfalls eine paternalistische Regelung dar. Denn der Spender kann hier nicht nach eigenen Maßstäben beurteilen, welchen Risiken er sich freiwillig aussetzen möchte, sondern muß seine Entscheidung Maßstäben Dritter unterwerfen. Der Rechtsgutinhaber soll notfalls auch gegen seinen Willen und nach fremden Wertmaßstäben geschützt werden. § 8 Abs.1 S.1 Nr.1c TPG richtet sich an einen Dritten, den Arzt, so daß wiederum ein Fall des indirekten Paternalismus gegeben ist.
Die Beschränkung der Spenderautonomie durch das allgemeine Operationsrisiko - wie es § 8 Abs. 1 Nr. 1 c TPG vorsieht - ist daher im Hinblick auf Art. 2 Abs.2 GG verfassungsrechtlich bedenklich.

2. Alternativvorschlag

Eine Begrenzung des Risikos auf Seiten des Spenders ist jedoch durchaus sinnvoll. Schließlich kommen dem Staat hinsichtlich der Gesundheit seiner Bürger Schutzpflichten zu. Im folgenden soll daher ein alternativer Lösungsweg zur gesetzlichen Begrenzung des Spenderrisikos dargestellt werden:

Bereits § 8 Abs. 1 S.1 Nr. 2 TPG legt fest, daß der Eingriff zumindest beim Empfänger Erfolgschancen versprechen muß. Weiter gibt § 216 StGB dem Arzt eine klare Grenze der nicht mehr gestatteten Selbstgefährdung vor.
Im übrigen sollte man darauf abzustellen, daß der Lebendspender „nicht durch die Operation unverhältnismäßig" gefährdet werden darf[188]. Die Prüfung der Verhältnismäßigkeit ginge dann über eine rein medizinische Nutzen - Risiken Abwägung hinaus und würde alle relevanten und rationalen Ziele und Wertvorstellungen des Spenders in die Abwägung mit einbeziehen[189]. Eine derartige Regelung respektiert sowohl die Sicherheitsinteressen des Gesetzgebers, als auch die Autonomie des Spenders.

IV. Die Organtransplantation muß geeignet sein, das Leben zu retten oder die Gesundheit zu verbessern, § 8 I S.1 Nr. 2 TPG

§ 8 I S.1 Nr. 2 TPG erlaubt die Organentnahme nur, wenn das zu entnehmende Organ gesund ist und damit das Leben eines bestimmten Menschen erhalten

---

188 Gutmann in MedR 97, 153
189 so auch: Uhlenbruck in ders./Laufs, Handbuch des Arztrechts, S. 775

oder eine schwerwiegende Krankheit eines Menschen geheilt oder gelindert oder ihre Verschlimmerung verhütet werden kann. Abzustellen ist hierbei auf eine ärztliche ex-ante Beurteilung der Situation[190]. § 16 Abs. 1 S.1 Nr.4 TPG bestimmt, daß die Anforderungen an die erforderlichen Untersuchungen von der Bundesärztekammer in Richtlinien, entsprechend dem aktuellen Stand der Medizin, festgelegt werden können. Diese Richtlinien werden zur Zeit in von der Bundesärztekammer eingerichteten Fachgruppen erarbeitet[191].
Berücksichtigt werden soll dabei vor allem, daß der Gesundheitszustand des Spenders eine Organübertragung erlauben muß. So darf der Spender beispielsweise nicht an einer übertragbaren Krankheit leiden[192], die dem Empfänger gefährlich werden könnte - hier sei nur kurz das Problem des Transplantationstumors erwähnt. Weiter werden von der Bundesärztekammer die Kriterien, so zum Beispiel Gewebeverträglichkeit und Blutgruppengleichheit festgelegt, nach denen das zu entnehmende Organ für den Empfänger geeignet sein muß. Ergibt sich erst im Nachhinein, daß das gespendete Organ an sich ungeeignet war, hat der Arzt aber lege artis gehandelt und den Stand der medizinischen Wissenschaft, bzw. die Richtlinien der Bundesärztekammer beachtet, so ist die Organentnahme als nicht rechtswidrig anzusehen[193].

Dieses Erfordernis der Beachtung des medizinischen Risiko - Nutzen Verhältnisses ergibt sich aus dem Verhältnismäßigkeitsgrundsatz. Eine in diesem Sinne unverhältnismäßige Organtransplantation würde gegen die guten Sitten verstoßen und wäre daher nach § 228 StGB rechtswidrig[194]. Das Selbstbestimmungsrecht des Spenders wird davon nicht berührt. § 228 StGB limitiert die Verfügungsbefugnis des Rechtsgutinhabers nur insofern, als daß das Rechtsgut gegenüber Beeinträchtigungen durch Dritte nicht schlechthin, sondern nur innerhalb eines tolerierbaren Rahmens zur Disposition des einzelnen gestellt wird[195].

---

190 BT-Drs. 13/ 4355 (siehe oben FN 68), Begründung zu § 7 Abs.1 S.1 Nr. 1 c

191 Hinsichtlich der gemäß § 16 TPG zu erarbeitetenden Richtlinien wurden von der von der Bundesärztekammer eingerichteten, interdisziplinär besetzten, „Ständigen Kommission Organtransplantation", bisher lediglich Richtlinien zur Aufnahme in die Warteliste und zur Organvermittlung erarbeitet. Vgl dazu Deutsches Ärzteblatt 97, Heft 7, 18. Februar 2000, S.A- 396 ff.

192 vgl. auch schon v. Bubnoff GA 1968, 65

193 BT-Drs. 13/4355 (siehe oben FN 68), Begründung zu § 7 Abs. 1 S. 1 Nr. 2

194 siehe hierzu die Ausführungen oben 3. Kapitel B.I.2.b.aa); vgl. auch v. Bubnoff, GA 68, 69f.; sowie Brenner in: Mergen, Die juristische Problematik in der Medizin, 127 (135f.), wonach das Risiko des Mißerfolgs bei der Beurteilung der Frage der Sittenwidrigkeit einer Organexplantation entscheidende Bedeutung zukommt

195 Siehe 3. Kapitel B.I.2.b.aa; sowie Hirsch in LK Rn. 7 zu § 226a

Im Ergebnis stellt das in § 8 Abs.1 S.1 Nr. 2 TPG zum Ausdruck kommende Erfordernis der Verhältnismäßigkeit der Lebendspende eine in verfassungsrechtlicher Hinsicht unbedenkliche und gerechtfertigte Regelung dar.

V. Nachbetreuung, § 8 Abs.3 S. 1 TPG

1. Nachbetreuungspflicht

Gemäß § 8 Abs.3 S.1 TPG darf die Entnahme von Organen bei einem Lebenden erst durchgeführt werden, nachdem sich der Organspender und der Organempfänger zur Teilnahme an einer ärztlich empfohlenen Nachbetreuung bereit erklärt haben. Dadurch soll eine optimale ärztliche und psychische Betreuung der Betroffenen geschaffen werden, um den Erfolg der Transplantation auf Dauer zu sichern.[196]

a. Verpflichtung der Transplantationszentren zur Nachbehandlung des Spendeempfängers

Der Spendeempfänger ist gemäß § 8 Abs. 3 TPG verpflichtet sich einer ärztlich empfohlenen Nachbetreuung zu unterziehen[197].
Nach § 10 Abs.2 Nr.5 TPG gehört es zu den Aufgaben der Transplantationszentren vor und nach einer Organübertragung Maßnahmen für eine erforderliche psychische Betreuung der Patienten sicherzustellen. Der Danach wird zwar ausdrücklich nur die „psychischer" Nachbetreuung in die Hände gelegt. Doch würde es sowohl der Systematik des TPG hinsichtlich der Gleichstellung von Spender und Organempfänger, als auch der Intention des Gesetzgebers, eine optimale ärztliche und psychische Betreuung der Betroffenen zu schaffen, widersprechen, wenn man die weitergehende ärztliche Nachbetreuung vom Verantwortungsbereich der Transplantationszentren ausgrenzen würde. Eine ausdrückliche Zuweisung - wie sie das Gesetz für die Spender in § 10 Abs.2 Nr.6 TPG vorsieht - fehlt jedoch.

---

[196] BT-Drs. 13/4355 (siehe oben FN 68), Begründung zu §7 Abs. 3

[197] BT-Drs. 13/4355 (siehe oben FN 68), Einzelbegründung zu § 8, wonach § 8 Abs. 3 vor allem der Minimierung der gesundheitlichen Risiken für die Organempfänger dient

b. Verpflichtung der Transplantationszentren zur Nachbehandlung des Spenders

§ 10 Abs. 2 Nr. 6 TPG stellt klar, daß die Maßnahmen zur Qualitätssicherung auch die Nachbetreuung von Lebendspendern mit umfassen müssen. Diese Vorschrift knüpft an die Regelung des § 137 SGB V über die Qualitätssicherung in der stationären Versorgung an. In den Gesetzesmaterialien wird ausdrücklich darauf hingewiesen, daß sich diese qualitätssichernden Maßnahmen über die Behandlung, die Versorgungsabläufe und die Behandlungsergebnisse hinaus, unter anderem auch auf die medizinischen Kriterien für die Annahme zur Organübertragung, die Aufnahme in die Warteliste und die Führung der Warteliste nach § 10 Abs. 2 Nr. 1 erstrecken[198]. Zur Einhaltung dieser qualitätssichernden Maßnahmen sind die Transplantationszentren gemäß § 10 Abs. 2 TPG verpflichtet. Der Gesetzgeber hat in § 10 Abs.2 Nr.6 TPG ausdrücklich auch die Verantwortung über die Nachbetreuung in die Hände der Transplantationszentren gelegt, da er angesichts der gesundheitlichen Risiken einer Lebendorganspende besondere Maßnahme zur Qualitätssicherung der medizinischen Nachversorgung für erforderlich hielt[199]. Zudem handelt es sich bei der Transplantationschirurgie um „Hochleistungsmedizin“[200], die ein Spezialwissen voraussetzt, welches etwa einem Allgemeinmediziner fehlt. Auch wenn die Nachbetreuung ohne Komplikationen verläuft und ein „Hausarzt“ mit dieser Situation durchaus zurecht kommen würde, so ist im umgekehrten Fall bei Auftreten von Schwierigkeiten um so schneller Spezialwissen erforderlich.

c. Sanktionierbarkeit eines Verstoßes gegen die Nachbetreuungspflicht

Gemäß § 20 Abs.1 Nr.2 TPG handelt derjenige ordnungswidrig, der entgegen § 9 TPG ein Organ überträgt. § 9 Abs. 1 TPG regelt, daß bestimmte Organe, etwa Herz, Niere oder Leber, nur in Transplantationszentren übertragen werden dürfen. Würde man nun die Nachbetreuung als Bestandteil der Organübertragung i.S.d. § 9 TPG sehen, so würde ein Arzt, welcher die Nachbetreuung übernimmt ohne Mitglied eines Transplantationszentrums zu sein, ordnungswidrig i.S.d. § 20 Abs.1 Nr.2 TPG handeln.

---

[198] BT-Drs. 13/4355 (siehe oben FN 68) Begründung zu § 9 Abs. 2 Nr.5
[199] BT-Drs. 13/8017(siehe oben FN 74), Begründung zu § 9 Abs. 2 Nr.5
[200] BT-Drs. 13/4355 (siehe oben FN 68), Einzelbegründung zu § 9 Absatz 1

Zu prüfen ist im folgenden, ob der Begriff der „Übertragung" in § 9 S.1 TPG nach den herkömmlichen Auslegungsregeln so auszulegen ist , daß dieser auch die Nachbehandlung mit einschließt.

aa. Der Wortsinn

Der Wortsinn dient bei der Auslegung von Gesetzen sowohl als Ausgangsbasis, als auch als Grenze. Eine Deutung, die nicht mehr im Bereich des möglichen Wortsinns liegt, ist Umdeutung nicht „Ausdeutung"[201].

Der Begriff der „Übertragung" von Organen bezeichnet in der Terminologie des TPG die Verpflanzung des Organs auf den Spendeempfänger. In § 1 TPG wird der Geltungsbereich des TPG ausdrücklich auf die Spende, Entnahme, Übertragung von Organen und der Vorbereitung dieser Maßnahmen festgelegt. Von der Nachbehandlung ist in diesem Zusammenhang nicht die Rede. Da sich das TPG jedoch an verschiedenen Stellen (z.B. § 8 Abs. 3 S.1 TPG, § 10 Abs. 2 Nr. 5, 6 TPG) mit der Nachbehandlung befaßt, muß diese bereits begrifflich in der Entnahme, bzw. Übertragung von Organen enthalten sein.

Auch aus medizinischer Sicht kann die Transplantation eines Organs nicht ohne eine entsprechend professionelle Nachbehandlung gesehen werden, schließlich ist letztere kein minderer Garant für den Erfolg der Organtransplantation als die Explantation, bzw. Implantation selbst. Somit liegt eine Auslegung des Begriffs der Organübertragung in dem Sinne, daß man auch die Nachbehandlung des Spenders und Spendeempfängers darunter subsumiert, zumindest nicht jenseits des sprachlich möglichen Wortsinns.

bb. Der Bedeutungszusammenhang des Gesetzes

Das Kriterium des Bedeutungszusammenhangs verlangt die Berücksichtigung des Kontext. Die Bestimmungen einer Norm sind so auszulegen, daß sie sachlich übereinstimmen. Ferner ist die äußere Anordnung des Gesetzes und die ihr zugrunde liegende begriffliche Systematik zu beachten[202].

Voraussetzung einer Organübertragung nach § 9 S.1 TPG ist im Falle der Lebendorganspende immer eine zulässige Organentnahme nach § 8 TPG. In § 8 Abs. 3 S.1 TPG normiert der Gesetzgeber die Notwendigkeit einer Nachbehandlung sowohl für den Empfänger, als auch für den Spender als Zulässigkeitsvoraussetzung einer legalen Organentnahme. Ebenso wird in § 10 Abs. 2 Nr.6

---

201 vgl. Larenz/Canaris, Methodenlehre der Rechtswissenschaft, S. 141f.

202 Larenz/Canaris, Methodenlehre der Rechtswissenschaft, S. 145 f.

TPG ausdrücklich klargestellt, daß die qualitätssichernden Maßnahmen der Transplantationskliniken auch die Nachbetreuung mit umfassen müssen. Insofern liegt es nahe, die Nachbetreuung als notwendigen Teil einer Organtransplantation zu verstehen und den § 20 Abs. 1 Nr.2 TPG in diesem Sinne weit auszulegen. Hinzukommt, daß der Gesetzgeber zwar Organentnahme und Organübertragung in verschiedenen Vorschriften regelt (§ 8 TPG und § 9 TPG), daß Voraussetzung einer zulässigen Organübertragung jedoch immer eine zulässige Organentnahme sein muß. Auch dies spricht dafür, den Begriff der Organübertragung weit auszulegen und alle Tätigkeiten hierunter zu fassen, die im Rahmen einer zulässigen Organübertragung erforderlich sind.

cc. Teleologische Auslegungskriterien

Weiter ist nach Sinn und Zweck der Bußgeldvorschrift zu fragen. Das Ziel der Bußgeldvorschrift ist hier im Zusammenhang mit dem bußgeldbewehrten Verhalten zu sehen. § 9 S.1 TPG soll nach dem Willen des Gesetzgebers vor allem der Minimierung der gesundheitlichen Risiken der Organempfänger dienen[203]. Diese Risikominimierung soll dadurch erreicht werden, daß Organtransplantationen nur in dafür vorgesehenen Transplantationszentren, die strengen Zulassungsanforderungen unterliegen, durchgeführt werden dürfen.

Erst in der endgültigen Fassung des § 10 Abs. 2 Nr. 6 TPG wurde die Verpflichtung der Transplantationszentren zur Nachbetreuung von Lebendspendern ausdrücklich in den Tatbestand aufgenommen. In den Gesetzesmaterialien wurde dies damit begründet, daß die Nachbetreuung eines Lebendspenders „im Hinblick auf die gesundheitlichen Risiken einer Lebendspende in die Maßnahmen zur Qualitätssicherung einzubeziehen ist“[204]. Das Anliegen des Gesetzgebers ist daher auch bei der Nachbetreuung primär in der Reduzierung der gesundheitlichen Risiken für den Organspender zu sehen. Dadurch, daß der Gesetzgeber in § 8 Abs.3 S.1 TPG die Nachbehandlung als unabkömmliche Zulässigkeitsvoraussetzung einer Lebendorganspende normiert, will er zum Ausdruck bringen, daß erst dadurch eine „optimale ärztliche und psychische Betreuung der Betroffenen geschaffen wird“. Zweck der Nachbetreuungsverpflichtung sei es den „Erfolg der Transplantation auf Dauer zu sichern“[205].

Insofern muß die Nachbetreuung des Spenders als unverzichtbarer Bestandteil einer erfolgreichen Transplantation gesehen werden. Deshalb erfordert es auch

---

[203] BT-Drs. 13/4355 (siehe oben FN 68), Einzelbegründung zu § 8 des Entwurfs

[204] BT-Drs. 13/8017 (siehe oben FN 74), Begründung zu § 9 Abs.2 Nr.5

[205] BT-Drs. 13/4355 (siehe oben FN 68), Begründung zu § 7 Absatz 3

Zweck der Bußgeldvorschrift des § 20 Abs.1 Nr.2 i.V.m. § 9 TPG die Nachbehandlung des Spenders als Teil einer Organübertragung in den Tatbestand miteinzubeziehen. Schließlich ist es vorrangiges Ziel dieser Bußgeldvorschrift eine erfolgreiche Operation sicherzustellen und gesundheitliche Risiken zu minimieren.

dd. Regelungsabsicht, Zwecke und Normvorstellungen des historischen Gesetzgerbers

Stellt man im Wege der historischen Auslegung auf die Normvorstellungen und die Regelungsabsicht des Gesetzgebers ab, so weist vor allem die erst sehr spät eingefügte Gleichstellung der Nachbehandlung hinsichtlich der qualitätssichernden Maßnahme in § 10 Abs.2 Nr.6 TPG darauf hin, daß der Gesetzgeber auch die Nachbehandlung bewußt in die Hände der Transplantationszentren legen wollte, um dem Lebendspender die bestmögliche Versorgung zukommen zu lassen. Der Schutz der Gesundheit sowohl des Spender, als auch des Organempfängers standen für den Gesetzgeber bei Regelung der Lebendspende stets im Vordergrund. Die Sicherstellung einer fachgerechten Versorgung und die Sorge um das Wohl des Patienten lag auch der Regelung des § 9 S. 1 TPG zugrunde. Da der Gesetzgeber in der heutigen Fassung des TPG ausdrücklich auch die Nachbehandlung des Spenders im Hinblick auf die postoperativen gesundheitlichen Risiken in die Obhut der Transplantationszentren legt, spricht vieles dafür anzunehmen, daß der Gesetzgeber Operation und postoperative Behandlung aus der Sicht der medizinischen Versorgung als Einheit betrachtet haben wollte, um den Erfolg der Transplantation bis zuletzt sicherzustellen. Folglich ist es auch nach dem historischen Auslegungscanon vertretbar, die Vorschrift des § 20 Abs.1 Nr.2 TPG i.V.m. § 9 S.1 TPG auf die Nachbehandlung zu beziehen.

ee. Das Gebot verfassungskonformer Auslegung

Unter den rechtsethischen Prinzipien, an denen die Auslegung sich zu orientieren hat, kommt den in Verfassungsrang erhobenen Prinzipien eine gesteigerte Bedeutung[206] zu. Unter dem Gesichtspunkt der verfassungskonformen Auslegung ist zunächst zu prüfen, ob eine als verfassungswidrig erkannte Auslegung nach den üblichen Auslegungsmethoden die alleine mögliche ist - dies hätte die Ungültigkeit der Vorschrift zur Folge - oder ob auch eine im Ergebnis verfassungskonforme Auslegung möglich ist[207]. Ist hingegen nach den herkömmlichen Auslegungsregeln auch eine verfassungskonforme Auslegung möglich, so ist

---

[206] Larenz/Canaris, Methodenlehre der Rechtswissenschaft, S. 325

[207] vgl. BVerfGE 59, 350 ff.

diese jeder anderen, bei der die Bestimmung verfassungswidrig sein würde, vorzuziehen[208].

Würde man die Nachbehandlung unter den Begriff der „Übertragung" iSd §9 S.1 TPG subsumieren, so würde dies zur gesetzlichen Fiktion eines Übernahmeverschuldens führen. Ein Arzt, der keinem Transplantationszentrum angehört, würde bestraft werden, wenn er dennoch die Nachbehandlung übernimmt. Das Gesetz würde die Fiktion enthalten, daß er nicht über das nötige Wissen und Können verfügt, die Nachbehandlung durchzuführen und hieran zugleich Sanktionen knüpfen.

Zu untersuchen ist im folgenden, ob in Anbetracht dieser Konsequenzen, eine Auslegung, nach welcher der Begriff der „Übertragung" auch die Nachbehandlung mitumfasst, verfassungsrechtlich vertretbar ist.

(1) Exkurs: Übernahmeverschulden im Ordnungswidrigkeitenrecht

Gemäß § 10 OWiG ist die Ahndung fahrlässigen Verhaltens nur möglich, wenn das Gesetz dies ausdrücklich vorsieht. § 20 TPG erfaßt sowohl die vorsätzliche, als auch die fahrlässige Tatbestandsbegehung. Der Begriff der Fahrlässigkeit ist im OWiG nicht definiert. Nach der vom Bundesgerichtshof übernommenen Rechtsprechung des Reichsgerichts handelt fahrlässig, wer die Sorgfalt außer acht läßt, zu der er nach den Umständen und nach seinen persönlichen Verhältnissen verpflichtet und fähig ist und deshalb nicht erkennt, daß er einen Bußgeldtatbestand verwirklicht[209]. Auch die Rechtsfigur des Übernahmeverschuldens kann im Ordnungswidrigkeitenrecht einen Fahrlässigkeitsvorwurf begründen[210]. Allerdings unterliegt diese Rechtsfigur rechtsstaatlichen Grenzen, die im folgenden noch zu untersuchen sind.

(2) Die rechtsstaatlichen Grenzen der Rechtsfigur des Übernahmeverschuldens

Im Hinblick auf die rechtsstaatlichen Grenzen des Übernahmeverschuldens, ist auf die allgemeinen von Rechtsprechung und Literatur zum Übernahmeverschulden entwickelten Grundsätze zurückzugreifen, da weitere Fälle eines ge-

---

[208] so Larenz/Canaris, Methodenlehre der Rechtswissenschaft, S. 325
[209] vgl. RG 58, 134; 67, 18; BGHSt 10, 133; 12, 75
[210] so etwa Rengier in Karlsruher Kommentar zum OWiG, Rn. 24 zu § 10

setzlich normierten Übernahmeverschuldens - soweit ersichtlich - bisher noch nicht vorliegen.

Nach der Rechtsprechung des Bundesgerichtshofs liegt Übernahmeverschulden vor, wenn schon die Übernahme einer Tätigkeit den Vorwurf einer für den tatbestandsmäßigen Erfolg ursächlichen Fahrlässigkeit begründet, wenn nämlich der Täter nach seinen persönlichen Fähigkeiten und Kenntnissen hätte erkennen können, daß er den mit der übernommenen Tätigkeit verbundenen besonderen Anforderungen an Wissen und Können nicht gewachsen ist und daß diese seine Tätigkeit eben wegen dieses Mangels möglicherweise den in Frage stehenden Erfolg herbeiführen werde[211]. Die Rechtsfigur des Übernahmeverschuldens betrifft somit üblicherweise jene Fälle, in denen der Täter aufgrund eines körperlichen Defektes oder wegen objektiver Unvorhersehbarkeit und Unvermeidbarkeit nicht in der Lage war die drohende Rechtsgutverletzung zu verhindern, weil ihm die für die Erkennung der bei der Übernahme der Tätigkeit entstehenden Gefahren erforderlichen Fähigkeiten und Mittel, sowie das Erfahrungswissen fehlten[212]. Die Rechtsfigur der Übernahmefahrlässigkeit wird somit immer dann in Anspruch genommen, wenn bei der eigentlichen Tatbegehung ein Fahrlässigkeitsvorwurf nicht feststellbar ist.

Würde man den Begriff der Übertragung in § 9 S. 1 TPG so auslegen, daß er auch die Nachbehandlung erfaßt, würde eine Pönalisierung nicht nur dann erfolgen, wenn bei der eigentlichen Tatbegehung, der Nachbehandlung, kein Fahrlässigkeitsvorwurf feststellbar wäre, vielmehr würde sie selbst dann erfolgen, wenn der die Nachbehandlung übernehmende Arzt nach seinen persönlichen Fähigkeiten und Mitteln durchaus in der Lage wäre die Nachbehandlung lege artis durchzuführen.

Nach dieser Auslegungsart würde die Vorschrift die gesetzliche Fiktion beinhalten, daß ein Arzt, der keinem Transplantationszentrum angehört, nicht über das nötige Wissen und Können verfügt die Nachbehandlung durchzuführen. Diese Fiktion wäre bei Fehlen eines sonstigen Sorgfaltsverstoßes, einziger Anknüpfungspunkt für eine Pönalisierung.

---

[211] Vgl. BGH St 3, 62 (64); 12 , 75 (78); ebenso bereits RGSt 50, 37 (45); 59, 355 (356)
[212] vgl. Jescheck/Weigend, §§ 55 I 3 a, 57 II 2, 3

(3) Vereinbarkeit mit dem Rechtsstaatsprinzip (Art. 103 Abs.2 GG)

Eine derartige an eine gesetzliche Fiktion geknüpfte Begründung eines Fahrlässigkeitsvorwurfes wirft im Rahmen einer verfassungskonformen Auslegung insbesondere die Frage auf, ob diese Auslegungsvariante mit Rechtsstaatsprinzipien, insbesondere mit dem Schuldprinzip in Einklang zu bringen ist.

Zunächst ist zu klären, welche Stellung diesen Prinzipien von Verfassungsrang im Ordnungswidrigkeitenrecht zukommt. Die Geldbuße ist keine „echte" Strafe, da ihr das mit der „Kriminalstrafe notwendigerweise verbundene Unwerturteil" und damit der „Ernst des staatlichen Strafens" fehlt[213]. Ihr Zweck ist es nicht eine Tat zu „sühnen" in dem Sinne, einen Ausgleich für sozialethische Schuld herbeizuführen[214]; sie ist vielmehr in erster Linie darauf gerichtet, eine bestimmte Ordnung durchzusetzen[215] und stellt eine „nachdrückliche Pflichtenmahnung"[216] dar. Dennoch stimmen die Grundvoraussetzungen der Ordnungswidrigkeit mit denjenigen der Straftat überein[217]. Die Geldbuße ist ebenso wie die Freiheits- und Geldstrafe eine staatliche Unrechtsfolge. Das Rückwirkungsverbot und Bestimmtheitsgebot des Art. 103 Abs.2 GG gelten auch für Ordnungswidrigkeiten[218]. Auch die Ordnungsstrafe knüpft an die tatbestandsmäßige und rechtswidrige Tathandlung an[219]. Voraussetzung der Bußgeldstrafe ist mithin die persönliche Vorwerfbarkeit, die Schuld des Täters, die grundsätzlich zum Zeitpunkt der Tat gegeben sein muß (Schuldprinzip).

Der Schuldvorwurf hängt in den Fällen des Übernahmeverschuldens somit auch im Ordnungswidrigkeitenrecht davon ab, ob es dem Täter nach seinen individuellen Fähigkeiten möglich war, die ihm obliegende Sorgfaltspflicht zu erkennen und zu erfüllen und ihm dies auch zumutbar war[220]. Der Täter ist bei der Über-

---

213 BVerfGE 22, 78, 81; 27, 18, 33; 45, 272, 288; BGHSt NJW 1993, 3081; Maurach/Zipf § 1 III B2, S. 18

214 vgl. auch Schmidt, Strafrecht und Disziplinarrecht, S. 873, wonach die Verwaltungsstrafe „keinen ethischen Gehalt und keinen ethischen Beziehungsgegenstand" hat

215 Schall NStZ 1986, 6; Göhler Kommentar zum OWiG Rn.9 vor § 1

216 BVerfGE 27, 18, 33

217 Göhler, Kommentar zum OWiG, Rn. 10 vor § 1; Lemke, Kommentar zum OWiG, § 17 Rn.2

218 Schmidt-Bleibtreu Kommentar zum GG Rn. 10 zu § 103 GG m.w.N.

219 Göhler, Kommentar zum OWiG, Rn. 10 vor § 1; Lemke, Kommentar zum OWiG, § 17 Rn.2

220 zur Übernahmefahrlässigkeit im Strafrecht, vgl. BGH VRS 5 (1953), 477; OLG Hamm VRS 25 (1963), 455; Roxin, Strafrecht AT § 24 Rn. 34 ff., 113

nahmefahrlässigkeit „schuldunfähig nicht im Sinne des § 20 StGB", sondern „nur" im Sinne der „individuellen Leistunsfähigkeit"[221].

Über diesen Grundsatz würde sich eine Auslegung, welche die Übernahme einer ärztlichen Behandlung durch einen Arzt auch bei Einhaltung aller persönlicher Sorgfalt nur deshalb pönalisiert, weil der Arzt nicht einem Transplantationszentrum angehört, hinwegsetzen. Anknüpfungspunkt für eine Pönalisierung wäre nicht ein persönlicher Fahrlässigkeitsschuldvorwurf im eben erörterten Sinne, sondern alleine die gesetzliche Fiktion, daß ein Arzt, der keinem Transplantationszentrum angehört, nicht über die gleiche individuelle Leistungsfähigkeit verfügt wie der einem Transplantationszentrum angehörende Arzt.

Unter diesem Gesichtspunkt erscheint eine Auslegung, nach welcher der Begriff der „Übertragung" in § 9 Abs. 1 TPG so auszulegen ist, daß er auch die Nachbehandlung mit umfaßt, verfassungsrechtlich äußert bedenklich.

ff. Schlußfolgerung

Die vorangegangene Untersuchung hat ergeben, daß es Zielsetzung und Normvorstellungen des Gesetzgebers zwar ermöglichen, die Bußgeldvorschrift des § 20 Abs.1 Nr.2 i.V.m. § 9 S.1 TPG weit auszulegen und hierunter auch die Nachbehandlung zu fassen. Auch der konkrete Wortlaut, der stets als Grenze der erlaubten Auslegung beachtet werden muß, steht dem nicht entgegen. Jedoch wäre eine derartige Auslegung nur schwer mit Verfassungsprinzipien, insbesondere dem Schuldprinzip, in Einklang zu bringen. Es wäre nach den bisher entwickelten Grundsätzen zur Übernahmefahrlässigkeit nicht vertretbar, die Übernahme einer Tätigkeit nur auf der Grundlage einer gesetzlichen Fiktion und völlig losgelöst von der individuellen Leistungsfähigkeit des Übernehmenden zu pönalisieren.

Im Ergebnis ist daher die Übernahme der Nachbehandlung durch einen Arzt, der keinem Transplantationszentrum angehört, nicht nach Maßgabe der Vorschrift des § 20 Abs. 1 Nr. 2 i.V.m. § 9 Abs. 1 TPG sanktionierbar.

---

[221] so Roxin, Strafrecht AT § 24 Rn. 111

2. Aufklärungspflicht des Arztes

Mit der Nachbetreuungspflicht geht die Pflicht des Arztes einher, den Spender und Organempfänger bereits vor der Transplantation über die obligatorische Nachberatung zu informieren.

Fraglich ist, wie ein Verstoß des Arztes gegen diese Aufklärungspflicht rechtlich zu bewerten ist.

Hierfür kommt es darauf an, ob man die Aufklärung über die Nachbetreuung der Selbstbestimmungsaufklärung oder der therapeutische Aufklärung zuordnet.

Während die Selbstbestimmungsaufklärung als unmittelbare Voraussetzung einer wirksamen Einwilligungserklärung des Patienten erst zur Rechtmäßigkeit einer Organtransplantation führt, stellt ein Versäumnis bei der therapeutischen Aufklärung ein Behandlungsfehler dar[222].

Die Selbstbestimmungsaufklärung dient in erster Linie der Entscheidungsfindung des Patienten vor einem Eingriff[223]. Die Freiheit des Patienten über das eigene körperliche Geschick zu bestimmen, erfordert die Aufklärung über sämtliche Risiken, Chancen und Nebenwirkungen der Operation. § 8 Abs. 2 TPG statuiert die Anforderungen an die Selbstbestimmungsaufklärung des Lebendspenders.

Die therapeutische Aufklärung soll demgegenüber den Patienten zu gesundheitsgerechtem Verhalten anleiten oder ihm medizinische Aufschlüsse für eine verantwortungsvolle Lebensgestaltung vermitteln.

Die Aufklärung über die Nachbetreuungspflicht trägt nicht dazu bei, dem Patienten die Bedeutung, das Wesen und die Tragweite des ärztlichen Eingriffs vor Augen zu halten. Sie dient vielmehr dazu den Patienten zu gesundheitlichem Verhalten anzuleiten und ist insofern Bestandteil der Behandlung selbst. Da die professionelle Nachbehandlung nach einer Organtransplantation nach dem aktuellen Stand der Medizin sowohl für den Spender, als auch für den Spendeempfänger für den Erfolg einer Organtransplantation unabkömmlich ist, stellt ein Versäumnis des Arztes bei der Aufklärung über die Nachberatungspflicht,

---

[222] BGH NJW 1987, 2923 zur grundsätzlich schwierigen Abgrenzung von der Selbstbestimmungsaufklärung zur therapeutischen Aufklärung

[223] Laufs in Arztrecht, S. 91, Rn 168

einen Behandlungsfehler und keine Aufklärungspflichtverletzung dar. Im vorliegenden Fall würde ein derartiger Behandlungsfehler auch zur Begründung eines Fahrlässigkeitsvorwurfs führen, da die Nachbetreuung nach einer derart schweren Operation dem aktuellen Stand der Medizin entspricht und den Erfolg der Transplantation erst sicherstellt.

VI. Stellungnahme der Kommission, § 8 Abs. 3 S.2 TPG

Gemäß § 8 Abs.3 S.2 TPG hat eine Kommission dazu Stellung zu nehmen, ob begründete tatsächliche Anhaltspunkte dafür vorliegen, daß die Einwilligung in die Organspende nicht freiwillig erfolgte oder das Organ Gegenstand verbotenen Organhandels nach § 17 TPG ist.[224]. Während sich die Betreuung in Satz 1 auf die Zeit nach der Operation bezieht, regelt Satz 2 ein Verfahren, welches vor der Operation stattfinden muß. Die Beurteilung der Kommission soll anhand von psychodiagnostischen Mitteln und medizinisch-psychologischen Beratungsverfahren vorgenommen werden. In der Kommission selbst sollen mindestens je ein Jurist, Arzt und Psychologe vertreten sein. Das Nähere zur sonstigen Zusammensetzung der Kommission, zu ihrer Entscheidungsfindung, Finanzierung und Überprüfbarkeit soll durch Landesrecht bestimmt werden[225].

Die gutachterliche Stellungnahme der Kommission soll für den Arzt eine „zusätzliche verfahrensrechtliche Sicherheit“[226] darstellen. Sie entbindet ihn nicht von der Pflicht, sich selbst über das Vorliegen der rechtswirksamen Einwilligung zu vergewissern. Das wird auch durch die alleine den Arzt treffende Strafvorschrift des § 19 Abs. 2 TPG deutlich. Die Stellungnahme der Kommission hat daher rein empfehlenden Charakter. Der Arzt kann sich mithin im Hinblick auf die Kommissionsentscheidung auch nicht exkulpieren. Dies würde dem Zweck der Vorschrift widersprechen, wonach das Kommissionsverfahren einen erhöhten Schutz der betroffenen Rechtsgüter gewährleisten soll[227].

Der Kommission steht kein Vetorecht zu. Ein solches würde das Selbstbestimmungsrecht des Spenders in unzulässiger Weise beschränken. Würde man ein Vetorecht annehmen, könnte sich die Kommission ohne weiteres über die freie, wohl überlegte Entscheidung eines voll einsichtsfähigen Menschen

---

[224] Satz 2 trat gemäß § 26 Abs. 1 S.2 TPG erst am 1.12.1999 in kraft
[225] BT-Drs. 13/4355 (siehe oben FN 68), Begründung zu § 7 Abs. 3, S. 35
[226] BT-Drs. 13/4355 (siehe oben FN 68), Begründung zu § 7 Abs.3, S. 36
[227] Gutmann MedR 1997, 151

hinwegsetzen. Es kann jedoch nicht sein, daß der Gesetzgeber derart tiefe Grundrechtseingriffe „ganz nebenbei" in ein Gesetz einfließen läßt. Auch das Bundesverfassungsgericht stellt bei einer Grundrechtssicherung durch Verfahren weitaus höhere Anforderungen, etwa an die Entscheidungsfindung und an die Zusammensetzung einer derartigen Kommission, als dies bei dieser Kommission im TPG gewährleistet wird[228].

Andererseits kann es sich in der Praxis wohl kein Arzt erlauben, ein Organ zu entnehmen, wenn eine Kommissionsentscheidung ausdrücklich gegenteiliges bekundet[229], mit der Folge daß der Kommissionsentscheidung zumindest im internen Entscheidungsprozeß des Arztes eine sehr wichtige Rolle zu kommt[230].

Inwieweit sich das Kommissionsverfahren in der Praxis bewähren wird, hängt wohl nicht zuletzt von der Bereitschaft der Kliniken ab, sich - im Rahmen der Spenderevaluierung - darauf einzulassen. Eine zu optimistische Erwartung hinsichtlich der Effektivität der Kommission erscheint jedoch nicht angebracht, da dieser wohl kaum mehr als die offensichtlichen Irrläufer ins Netz gehen werden.

Gegen das Kommissionsverfahren spricht insbesondere die Eilbedürftigkeit vieler Fälle der Lebendspende. Dies gilt weniger für Nierenspenden, sondern betrifft mehr die Transplantation von Lebersegmenten. Hier kann ein sehr schnelles Vorgehen zur Rettung des Patienten unbedingt erforderlich sein. Fraglich ist, ob das Kommissionsverfahren dann entbehrlich ist. Da sich in § 8 Abs.3 TPG keine ausdrückliche Notstandsregelung befindet, sind die allgemeinen Notstandsgrundsätze des § 34 StGB heranzuziehen[231]. Das Abwägungsergebnis wird hierbei regelmäßig eindeutig sein: Die Notwendigkeit einer nur empfehlenden Stellungnahme darf nicht über Leben und Tod entscheiden. Dennoch wäre es vor allem für den Arzt aus Gründen der Rechtssicherheit wünschenswert gewesen, wenn Satz 3 eine Notstandsregelung enthalten würde.

---

[228] BVerfGE 69, 315 (355); 83, 130 (152)

[229] Schroth in Vorgänge 138 (1997), S.52

[230] Es gibt deshalb auch Befürchtungen, daß das Kommissionsverfahren eine negative Auswirkung auf das Verhältnis zwischen behandelnden Ärzten und Patienten hat; vgl. hierzu z.B. Wolff, Stellungnahme zur Anhörung des Gesundheitsausschusses des Deutsches Bundestages am 9.10.1996, Ausschußdrucksache 593/13, S.16

[231] In der Gesetzesbegründung befindet sich kein Hinweis darauf, daß § 34 StGB im Anwendungsbereich des TPG ausgeschlossen sein soll. Im Entwurf der Grünen/Bündnis 90 (BT-Drs. 13/2926, siehe oben FN. 72)) war noch vorgesehen, daß die Berufung auf §34 StGB bei fehlender Einwilligung ausgeschlossen werden sollte (§ 7 TPG-E). Eine derartige Regelung fehlt im jetzigen TPG. Es ist daher von der grundsätzlichen Anwendbarkeit des § 34 StGB im Anwendungsbereich des TPG auszugehen

Zusammenfassend läßt sich somit feststellen, daß die Kommissionsentscheidung als verfahrensrechtliche Sicherung des Arztes, dessen Entscheidung nicht ersetzten darf. Auch die Einwilligung des Spenders darf durch die Kommissionsentscheidung nicht berührt werden, da dies einem zu tiefen Einschnitt in Grundrechtspositionen gleichkommen würde. Die Effizienz des Kommissionsverfahrens hängt in hohem Maße von der Investition der Kliniken ab und wird sich demnach erst in Zukunft zeigen. Schließlich ist zu kritisieren, daß das Fehlen einer Notstandsregelung den Arzt wieder in eine Position der Rechtsunsicherheit drängt. Es stellt sich nach alledem daher die Frage, ob die Einrichtung einer Kommission überhaupt sinnvoll ist, zumal sie auch unter dem Gesichtspunkt eines effektiven Rechtsgüterschutzes nicht erforderlich ist.

B. Bedenken hinsichtlich der strafbedrohten Vorschriften des § 8 TPG

I. Die Einwilligung des Organspenders, § 8 Abs. 1 S.1 Nr. 1a, b i.V.m. Abs.2 TPG

1. Einwilligungsfähigkeit und Volljährigkeit, § 8 Abs. 1 S.1 Nr. 1a TPG

a. Inhalt

§ 8 Abs. 1 S.1 Nr. 1a TPG erlaubt die Organentnahme nur bei Personen, die zum Zeitpunkt der Einwilligung volljährig und einwilligungsfähig sind. Personen, die geistig, seelisch behindert oder psychisch krank sind, werden von der Möglichkeit der Lebendspende ausgeschlossen. Diese Regelung entspricht den Leitsätzen der Weltgesundheitsorganisation für die Transplantation menschlicher Organe[232]. Bei Zweifeln hinsichtlich der Einwilligungsfähigkeit des Spenders ist ein Facharzt für Psychiatrie einzubeziehen[233] .

Desweiteren muß die Einwilligung vom Spender höchstpersönlich erfolgen, da es sich bei der Organspende um einen medizinischen Eingriff in die höchstpersönlichen Rechte des Spenders handelt.[234] Nur dieser selbst kann einwilligen. Die

---

[232] vgl. Leitsatz 4 der von der WHO in ihrer 44. Versammlung am 13.5.1991 verabschiedeten 25 Leitsätze für die Transplantation menschlicher Organe

[233] BT-Drs. 13 / 4355 (siehe oben FN 68), Begründung Besonderer Teil zu § 8 Satz 1 Nr.1, S. 33

[234] Brenner in A. Mergen (Hg.) I, 126 ff., 129f.; Gramer, Das Recht der Organtransplantation, S.28; Laufs Arztrecht, S. 143

Erklärung des Einverständnisses muß ausdrücklich erfolgen. Konkludentes Verhalten reicht nach herrschender Ansicht nicht aus[235].

b. Nicht einwilligungsfähige Personengruppen

Gemäß § 8 Abs. 1 S. 1 Nr. 1a TPG muß der Lebendspender sowohl einwilligungsfähig, als auch volljährig sein. Zu untersuchen ist im folgenden, inwieweit der damit verbundene Eingriff in das körperliche Selbstbestimmungsrecht von Minderjährigen, denen durch das Volljährigkeitskriterium die Lebendorganspende untersagt wird, verhältnismäßig ist.

Eine Organentnahme - Knochenmarkspenden werden vom TPG nicht erfaßt - stellt einen irreversiblen, schwerwiegenden Eingriff in den Körper dar und bringt dabei für den Spender keinerlei Vorteile mit sich. Hier läßt sich ein Vergleich zur Sterilisation ziehen, die der Gesetzgeber mit Einfügung des § 1631c BGB[236] ebenfalls für Minderjährige für unzulässig erklärt hat, da sich die Erforderlichkeit und die Auswirkungen der Sterilisation bei Minderjährigen schwer beurteilen lassen[237]. Ähnlich wie bei der Sterilisation kann auch eine bezüglich eines Organverlustes getroffene Fehlentscheidung nicht mehr kompensiert werden. Als sicheres Indiz für die notwendige Verstandesreife und Weitsicht wurde daher die Volljährigkeit in das Gesetz aufgenommen. Ein Minderjähriger, der dennoch diesen Kriterien entspricht, kann diese Altersbegrenzung zwar als Eingriff in sein körperliches Selbstbestimmungsrecht sehen, doch wiegt diese Rechtsverletzung weniger schwer als ein, auf einer frühreifen, unüberlegten Fehlentscheidung basierender, lebenslanger Organverlust.

Hinzu kommt, daß die Lebendspende Minderjähriger oftmals einem Geschwisterteil helfen soll und dadurch gerade hier die Wahrscheinlichkeit innerfamiliärer Zwänge und Pressionen besonders hoch ist. Die Volljährigkeitsgrenze schützt den Minderjährigen daher auch vor familiärem Druck und eventuellen Schuldgefühlen.

Im Ergebnis kann der Volljährigkeit als Zulässigkeitskriterium der Lebendspende zugestimmt werden[238]. Insbesondere für den Arzt sorgt sie für Rechtsklarheit

---

[235] Gramer, Das Recht der Organtransplantation, S.30

[236] § 1631 c BGB wurde eingeführt durch das Betreuungsgesetz vom 12.09.1990, BGBL. I S.2002

[237] Diederichsen in Palandt, § 1631 c Rn. 1 m.w.N.

[238] ebenso: Uhlenbruck in : Laufs/Uhlenbruck, Handbuch des Arztrechts, 1992, § 131 m.w.N., D.Voll, Die Einwilligung im Arztrecht, S. 236 f. , Gutmann MedR 1997, S. 150 m.w.N.

und Rechtssicherheit. Die Volljährigkeit eines Patienten stellt ein leicht nachprüfbares Kriterium dar. Eine Prüfung hinsichtlich der individuellen Einsichtsfähigkeit mit all ihren Unsicherheitsfaktoren bleibt dem Arzt erspart.

Abgesehen von Schweden und Norwegen hat der Großteil der internationalen Staatengemeinschaft deshalb die Möglichkeit der Lebendspende auf Volljährige beschränkt[239].

Neben Minderjährigen ist auch den geistig Behinderten wegen § 8 Abs. 1 S. 1 Nr. 1a TPG eine Lebendspende verwehrt. „Altruismus und Selbstbestimmung stehen hier in einem unauflöslichen Widerspruch“[240]. Das sich aus § 8 Abs.1 S.1 TPG ergebende Erfordernis der Höchstpersönlichkeit der Zustimmung verbietet eine Vertretung und wirft somit die provokante Frage auf, ob der Altruismus geistig Gesunden vorbehalten bleiben soll.

Rein rechtlich jedenfalls kann ein geistig Behinderter für den eine Betreuung nach den §§ 1896 ff. BGB für den Bereich der Gesundheitsfürsorge angeordnet wurde, nicht selbst wirksam in eine Organexplantation einwilligen. Da der Staat mittels dieser strengen Einwilligungskriterien den nicht einwilligungsfähigen Bürger möglicherweise gegen seinen Willen vor sich selbst zu schützen versucht, stellt § 8 Abs. 1 S.1 TPG eine paternalistische Regelung dar, welche jedoch ausnahmsweise gerechtfertigt ist. Geistig behinderten Menschen ist selbstbestimmtes Handeln wenn überhaupt, nur in bestimmten Bereichen möglich. Ihre Autonomie ist daher von vornherein nur eingeschränkt fähig, die ihr eigenen Funktionen zu erfüllen. Das Kriterium der Einwilligungsfähigkeit stellt daher keine unzulässige Beschränkung des Selbstbestimmungsrechtes geistig behinderter Menschen dar. Der Gesetzgeber greift hier lediglich die Grenzen der Autonomiefähigkeit auf.

2. Sachgerechte und umfassende Aufklärung als materielle Voraussetzung der Einwilligung, § 8 Abs. 1 S.1 Nr. 1b i.V.m. Abs.2 S.1 TPG.

§ 8 Abs. 2 S.1 TPG stellt strenge Anforderungen an Aufklärung und Einwilligung. Der Arzt muß den Spendewilligen über die Art des Eingriffs, den Umfang und mögliche, auch mittelbare Folgen und Spätfolgen der beabsichtigten Organentnahme für seine Gesundheit aufklären, auch wenn die Wahrscheinlichkeit,

239 Gutmann MedR 1997 , S. 150, 151
240 Deutsch in ZRP 1982, S. 175

daß sie eintreten, gering ist. Weiter muß die Aufklärung die nach der medizinischen Wissenschaft zu erwartende Erfolgsaussicht der Transplantation, sowie sonstige Umstände umfassen, die für den Spender im Einzelfall von Bedeutung sind.

Diese äußerst umfassende Aufklärungspflicht ergibt sich aus dem hohen Gefährdungsgrad der Lebendspende für den Spender. Sie entspricht den Anforderungen, die man bereits vor Einführung des TPG an die Aufklärungspflicht des Arztes stellte[241]. Da die Transplantation vom lebenden Spender, aufgrund des Fehlens eines therapeutischen Zwecks, keine Heilmaßnahme[242] darstellt, erfordern es auch die allgemeinen strafrechtlichen Grundsätze, daß ihr eine umfassende Aufklärung vorausgeht[243].

Der Spender muß durch die Aufklärung in die Lage versetzt werden, alle Risiken abwägen zu können und so eine verantwortungsvolle Entscheidung zu treffen. Schließlich nimmt der Spender mit der Einwilligung nicht nur die allgemeinen Operationsrisiken in Kauf, er opfert vielmehr einen Teil seines Körpers und seiner Gesundheit zugunsten eines Dritten.

Der Arzt, der mit der Transplantatentnahme gegen Grundprinzipien ärztlichen Schaffens, nämlich das Prinzip des „primum non nocere", sowie des „salus aegroti suprema lex" verstößt und sich gemäß §19 Abs.2 TPG bei fehlender Einwilligung und mangelnder Aufklärung auch strafbar macht, ist gehalten sich mit besonderer Sorgfalt der Einwilligung des Spenders zu versichern.

Das strafbewehrte Verbot des § 19 Abs. 2 TPG schützt in besonderem Maße das Selbstbestimmungsrecht und die Entscheidungsfreiheit des Spenders. Der Gesetzgeber bedient sich hier des schärfsten Mittels, nämlich des Strafrechts, um einen Verstoß des Arztes gegen § 8 Abs. 1 S.1 Nr. 1a und b i.V.m. § 8 Abs. 2 S.1 TPG zu sanktionieren. Er schränkt zugleich auch das Selbstbestimmungsrecht der Spender ein, da diese nur in den Grenzen der Einwilligungsfähigkeit und vollständigen Aufklärung wirksam einwilligen können. Dieser gesetzgeberische Eingriff stellt eine indirekte, weich paternalistische Regelung dar. Ein Dritter, nämlich der Arzt, wird dazu angehalten das Individualrechtsgut aus der Sicht des

---

[241] vgl. z.B. Doris Voll, Die Einwilligung im Arztrecht, S.232, wo von einer „Totalaufklärung" bei der Lebendspende gesprochen wird, vgl. auch. Bockelmann, Strafrecht des Arztes, 1968, S. 103 ff.; v.Bubnoff, GA 68, 65ff (67); Laufs Arztrecht, S. 143

[242] Laufs, Arztrecht, S. 18, Rn. 29 "..im Grunde ist therapeutisch sinnloses Vorgehen kein Heileingriff, sondern unärztliches, rechtswidriges Tun" , m.w.N.

[243] Laufs, Arztrecht, Rn. 275, S. 142

Rechtsgutinhabers zu schützen. Sein Wille wird dabei zwar berücksichtigt, allerdings zu seinen Gunsten nur in den Grenzen seiner Autonomiefähigkeit. Eine derartige paternalistische Regelung ist deshalb auch mit einem liberalen Rechtsverständnis vereinbar, da hier der auf Verstandesreife und vernünftiger Überlegung gegründete Wille des Rechtsgutinhabers Beachtung findet.

Weiter ist auch die Freiwilligkeit der Einwilligung eine wesentliche Bedingung für die Zulässigkeit der Lebendspende. Das bedeutet, die Einwilligung muß ohne jeden psychischen oder physischen Druck, in Kenntnis aller nachteiligen Folgen, abgegeben werden. Wird der Spender unter Druck gesetzt oder getäuscht oder werden ihm wichtige Informationen vorenthalten, so muß ihm auch seine Autonomiefähigkeit abgesprochen werden, da davon ausgegangen werden muß, daß er bei vollkommener Entscheidungsfreiheit anders entschieden hätte. Der Rechtsgutinhaber „will“ dann gar nicht, daß was er tut. In einem derartigen Fall braucht der Wert der Autonomie auch nicht berücksichtigt zu werden, da er unter diesen Voraussetzungen gar nicht fähig ist, die ihm eigene Funktion zu erfüllen[244]. Es findet im Grunde gar keine Beschneidung des Selbstbestimmungsrechts des Rechtsgutinhabers statt, da er nicht fähig ist selbst zu bestimmen. § 19 Abs. 2 TPG ist somit - soweit hier die Einwilligung und eine umfangreiche Aufklärungspflicht abgesichert werden sollen - als Akt zulässigen weichen Paternalismus zu betrachten.

Die Frage, die sich hier stellt, ist jedoch, ob dieser Schutz durch das TPG notwendig ist, da das Selbstbestimmungsrecht des Patienten über seinen Körper frei verfügen zu können, bereits durch das Kernstrafrecht und die allgemeinen Einwilligungsgrundsätze hinreichend abgesichert ist [245].

Gemäß § 8 Abs.2 TPG hat der Arzt auch über alle „sonstigen Umstände“ aufzuklären, denen der Spender „erkennbar eine Bedeutung für die Organspende beimißt“. Über die bereits erwähnten Spät- und möglichen Nebenfolgen der Organentnahme hinaus, sind hiermit vor allem die Motivation des Spenders und seine persönlichen Vorstellungen gemeint, die dieser mit der Operation verbindet.

---

244 vgl. Papageorgiou, Schaden und Strafe, S. 225
245 Schroth in JZ 97, 1154

3. Einfluß der Motivation auf die Wirksamkeit, insbesondere auf die Freiwilligkeit der Einwilligung

Die Einwilligung in die Explantation von Organen kann nur dann ihre rechtfertigende Wirkung entfalten, wenn sie freiwillig gegeben wurde.
Fraglich ist, inwieweit sich die Motivation des Spenders auf die Freiwilligkeit seiner Einwilligungserklärung auswirkt.
Von einer unfreiwilligen, nicht rechtfertigenden Einwilligung ist beispielsweise dann auszugehen, wenn die Einwilligung auf Zwang basiert, so bei einem Strafgefangenen dessen Einwilligung zur Organexplantation mit Hafterleichterungen „erkauft" wird[246]. Allgemein bedarf bei Bestehen eines Abhängigkeitsverhältnisses das Merkmal der Freiwilligkeit einer besonders sorgfältigen Prüfung. Im Rahmen des gesetzlich zugelassenen Spenderkreises gilt dies insbesondere auch im Familienverband. Gerade dort bestehen vielfältige Abhängigkeitsverhältnisse, die oftmals auch dazu führen, daß Druck gegen ein Familienmitglied ausgeübt wird[247]. Gerade innerhalb der Familie ist die Gefahr von Pressionen hoch und für einen Außenstehenden schwer nachvollziehbar[248]. Andererseits wäre es unverhältnismäßig, Familienmitgliedern die Möglichkeit der Lebendspende gesetzlich zu verwehren.

Dagegen ist umstritten, inwieweit zum Beispiel kommerzielle Motive des Spenders das Merkmal der Freiwilligkeit berühren[249]. Einerseits bedeutet Freiwilligkeit das Freisein von Druck und Zwang. Der Spender soll in freier Willensentscheidung seine Einwilligung abgeben. Ist er dabei durch kommerzielle Vorteile motiviert, mag dies eine Frage der Sittenwidrigkeit sein, da der menschliche Körper nicht zur geldwerten Sache degradiert werden soll. Die Freiwilligkeit einer Willensentscheidung wird durch das Streben nach Geld aber nicht berührt. Denn die der Einwilligung zugrundeliegenden Motive haben, selbst wenn sie finanzieller Natur sind, keinen Einfluß auf die Rechtswirksamkeit einer Einwilligung, solange diese selbst nur freiwillig erfolgt. Außerdem entspringt eine derart gravierende Entscheidung meist nicht nur einem Motiv, sondern beruht auf einem Bündel

---

[246] v. Bubnoff, GA 68, 67 : erst, wenn Motive das Merkmal der Freiwilligkeit berühren, wie eben bei Strafgefangenen, sind sie von Bedeutung; Bockelmann, Strafrecht des Arztes, S. 104

[247] So wird sich die 18jährige Schwester wohl schwerlich dem Drängen der Eltern entziehen können, wenn es darum geht, dem Bruder eine Niere zu spenden, sobald dessen Überleben davon abhängt

[248] vgl. auch: Kramer, Rechtsfragen der Organtransplantation, S.173 ff.

[249] Rüping, GA 1978, S. 132; v. Bubnoff in GA 68, S.67; Hirsch/Schmidt-Didezuhn, Transplantation und Sektion, S.9.

von Motiven[250], das - wenn überhaupt - sowieso nur zwischen Organempfänger und Organspender offen zu tage tritt.

Dies hat der Gesetzgeber im Gesetz auch deutlich zum Ausdruck gebracht[251]. Das TPG stellt für die Zulässigkeit der Lebendspende nämlich gerade nicht auf die Motivation des Spenders ab, sondern leitet das Merkmal der Freiwilligkeit aus der Art der persönlichen Beziehung ab. Nicht die Art der Motivation soll Lebendspenden begrenzen, sondern die Art der persönlichen Beziehung[252]. Zwar sind finanziell motivierte Lebendspenden rechtswidrig. Doch ergibt sich die Rechtswidrigkeit aus dem Verbot des Organhandels und nicht aus dem Fehlen des Tatbestandsmerkmals der Freiwilligkeit der Lebendspende.

4. Verfahrensrechtliche Vorgaben der Einwilligungserklärung, § 8 Abs.2 S.2 bis 4 TPG

Die Aufklärung und die Einwilligungserklärung müssen nach Satz 2 in Anwesenheit eines weiteren Arztes erfolgen, der weder an der Organexplantation, noch an der Organimplantation beteiligt ist. Der hinzugezogene Arzt darf auch nicht den Weisungen eines der in die Transplantation involvierten Ärzte unterstehen. Das ergibt sich aus dem Verweis auf § 5 Abs. 2 S. 1 TPG. Die Dokumentation nach Satz 3 dient der Verfahrenssicherung. Satz 4 soll gewährleisten, daß der Spender vor Abgabe seiner Einwilligungserklärung krankenversicherungsrechtlich abgesichert ist.[253]

Gemäß Satz 5 kann der Spender seine Einwilligung jederzeit formlos und ohne Angabe von Gründen widerrufen. Durch diese Option des Spenders wird die Freiwilligkeit der Organspende sichergestellt. Dem Widerruf soll nach der Gesetzesbegründung[254] keine rückwirkende, sondern nur eine in die Zukunft gerichtete Rechtswirksamkeit zukommen. Das bedeutet, ärztliche Maßnahmen, die im Hinblick auf die bevorstehende Organexplantation bereits vorgenommen wurden, wie beispielsweise die Entnahme von Gewebeproben, etc., verlieren mit einem Widerruf nicht ihre Rechtmäßigkeit. In der Gesetzesbegründung heißt es weiter, daß eine gewisse Wartezeit zwischen Einwilligungserklärung und Opera-

---

[250] Schroeder, ZRP 1997, 267

[251] BT-Drs. 13/4355 (siehe oben FN 68), Begründung A.(Allgemeiner Teil) Ziff. V. 3 , sowie Begründung zu § 7 Abs. 1 Satz 2

[252] Schroth, MedR 1999, 67 f.

[253] BT-Drs. 13/8017 (siehe oben FN 74) vom 23.06.1997 Beschlußempfehlung und Bericht des Gesundheitsausschuß, Besondere Begründung zu § 7 Abs.2 TPG

[254] BT-Drs. 13 /4355 (siehe oben FN 68), Begründung Besonderer Teil zu § 8 Absatz 2

tion einzulegen ist, die dem Spender als Bedenkzeit dienen soll. Eilige Fälle, die aus medizinischen Gründen keinen Aufschub dulden, sind hiervon ausgenommen.

Das entspricht - zumindest vereinzelt - ebenfalls der bisherigen Praxis. Im Münchner Uniklinikum Großhadern beispielsweise wurden Personen, die eine Lebendspende erwogen, zunächst über einen Zeitraum von zwei Monaten beraten. Daraufhin wurde eine Überlegungszeit von vier Wochen angesetzt, erst dann wurde die Transplantationsvereinbarung schriftlich fixiert[255].

5. Grenzen der Einwilligung

Im materiellen Strafrecht sind der rechtfertigenden Wirkung der Einwilligung Grenzen gesetzt. So entfällt die rechtfertigende Kraft der Einwilligung, wenn die Tat gegen die guten Sitten verstößt, § 228 StGB. Im Rahmen des §228 StGB wird die „Sittenwidrigkeit" einer Tat dann angenommen, wenn ihre gesetzgeberische Mißbilligung aus der Rechtsordnung klar hervorgeht[256].

Es wurde bereits erörtert[257], daß nach wohl überwiegender und zutreffender Auffassung in der Literatur kommerzielle Motive des Spenders im Rahmen des § 228 StGB nicht berücksichtigt werden können[258], da sie lediglich dessen Einwilligungserklärung berühren, nicht jedoch geeignet sind, die Sittenwidrigkeit des körperlichen Eingriffs selbst zu begründen[259].

Die Sittenwidrigkeit der altruistischen Organspende, trotz Vorliegens einer wirksamen Einwilligung, kommt nur dann in Betracht, wenn sich der Spender durch die Entnahme eines lebenswichtigen Organs einer schweren Eigengefährdung aussetzen würde[260]. Nach dem Kernstrafrecht würde sich der dennoch operierende Arzt dann - trotz Vorliegens der ausdrücklichen Einwilligung des Verletzten - einer Körperverletzung strafbar machen, vgl. § 228 StGB[261].

---

[255] vgl. Ärztezeitung vom 18.02.1997, S. 4: „Gute Erfahrung mit Nierenspenden vom Ehepartner"
[256] Schroth, JZ, 1997, 1152; Roxin, Strafrecht AT; § 13 Rn. 37
[257] siehe die Ausführungen oben 3.Kapitel B.I.2.b.aa)
[258] Sk-Horn § 228 Rn. 8a, Schroth JZ 1997, 1149, Haft Strafrecht AT, S. 111, Voll, S. 234, König, Strafbarer Organhandel, S.63 m.w.N.
[259] vgl. SK-Horn § 228 Rn.8, König, Strafbarer Organhandel, S. 63
[260] siehe hierzu oben 3.Kapitel B.I.2.b.aa)
[261] Rieger, Lexikon des Arztrechts, Rn. 1766

Im Rahmen des Anwendungsbereichs des Transplantationsgesetzes wäre in diesem Fall die Lebendspende nach § 8 Abs. 1 S.1 Nr.1c TPG unzulässig. Diese Verhaltensvorschrift verbietet es dem Arzt, eine Organentnahme beim Spender vorzunehmen, obwohl der Spender nach ärztlicher Beurteilung für eine derartig gravierende Operation - etwa aufgrund nicht kompatibler Organe - gar nicht geeignet ist und über das Operationsrisiko hinaus gefährdet wird[262]. Ebensowenig schützt nach dieser Vorschrift eine ausdrückliche Einwilligung des Spenders, wenn der Arzt die Transplantatentnahme unter billigender Inkaufnahme des Todes des Spenders vornimmt. Ein Verstoß gegen diese Vorschrift ist zwar nicht von der strafrechtlichen Absicherung der Lebendspende in § 19 Abs.2 TPG erfaßt. Doch definiert § 8 Abs.1 S.1 Nr. 1c TPG die Grenzen der Sittenwidrigkeit für die altruistische Lebendspende. Ein Chirurg würde sich in den eben geschilderten Fällen - wegen § 228 StGB - daher nach den §§ 223 ff., bzw. §§ 212, 216 StGB strafbar machen[263].

II. Eingriff muß von einem Arzt vorgenommen werden, § 8 Abs. 1 Nr. 4 TPG

Weitere Voraussetzung für die Zulässigkeit einer Lebendspende ist, daß die Organentnahme von einem Arzt vorgenommen wird. Diese Regelung dient dem Schutz des Organspenders und im Hinblick auf die sachgerechte Entnahme des Organs, auch dem Schutz des Empfängers.[264]

Gemäß § 9 S.1 TPG muß die Übertragung von bestimmten Organen in einem Transplantationszentrum stattfinden. Hierunter fällt unter anderem auch die Übertragung von Nieren, so daß von dieser Vorschrift auch die Lebendspende erfaßt wird und insofern § 8 Abs. 1 Nr.4 TPG ergänzt. Da es sich bei diesen Organtransplantationen um „Hochleistungsmedizin" handelt, muß der transplantierende Arzt einem Transplantationszentrum angehören, damit sowohl die Verfahrens- als auch die Ergebnisqualität der Transplantation gesichert ist[265].

---

[262] vgl. hierzu auch Trödle Rn. 10 zu § 228

[263] Schreiber in Kaufmann (Hrsg.), „Medizin und Strafrecht", 1989, S. 73 (74)

[264] so BT-Drs. 13/4355 (siehe oben FN 68), Einzelbegründung zu § 7 Satz 1 Nr.4, S. 34

[265] BT-Drs. 13/4355 (siehe oben FN 68), Einzelbegründung zu § 9 Absatz 1

III. Eingeschränkter Spenderkreis bei nicht regenerierungsfähigen Organen, §8 Abs.1 S.2 TPG

Wie bereits eingangs erwähnt, haben Vorbehalte gegen die Lebendspende in Deutschland Tradition. Dies zeigt sich am deutlichsten in der Diskussion um den Spenderkreis.

Aus Angst davor, eine generelle „Freigabe" der Lebendspende würde den Organhandel beflügeln und wäre aus Spenderschutzgründen notwendig, versucht man, den Kreis potentieller Spender bei der Übertragung nicht regenerierbarer Organe[266] bereits per Gesetz zu begrenzen. Gemäß § 8 Abs.1 S. 2 TPG ist die Organspende nur zulässig „zum Zwecke der Übertragung auf Verwandte ersten oder zweiten Grades, Ehegatten, Verlobte oder andere Personen, die dem Spender in besonderer Verbundenheit offenkundig nahestehen". Im Gegensatz zu seinen restriktiveren Vorläufern[267], stellt diese Regelung einen entscheidenden Fortschritt dar, zumal ein generelles Verbot der Lebendspende unter Nichtverwandten aus verfassungsrechtlicher Sicht nicht zu rechtfertigen wäre.

Verwandtschaftsgrad der Nieren - Lebendspenden 1998 [268]

Verwandtschaftsgrad	**Anzahl**
Mutter	25 %
Ehefrau	22 %
Vater	13 %
Ehemann	11 %
Schwester	11 %
Bruder	9 %
Nicht verwandt (Freund 6, Freundin 3, Lebenspartner 4, Lebenspartnerin 2, geschiedene Ehefrau 1, zukünftiger Schwager 1, Arbeitskollegin 1)	5 %
Familienangehörige (Cousine 1, Cousin 1, Neffe 1, Tante 2, Onkel 1, Schwager 1, Großmutter 1, Stiefvater 1, Schwiegermutter 2, Schwiegertochter 1)	3%
Sohn, Tochter	1 %

266 nach dem Gesetzesentwurf zählt man hierzu insbesondere die Nieren, Lungenlappen, sowie Teile der Bauchspeicheldrüse, vgl. BT-Drs. 13/4355 (siehe oben FN 68), Einzelbegründung zu § 7 Satz 2, S. 34

267 siehe hierzu im folgenden unter 4.Kapitel B.III.1

268 Angaben der Deutschen Stiftung Organtransplantation, Organspende und Transplantation in Deutschland 1998, S. 26, Abb. 43

1. Entwicklung und Entwürfe zum Spenderkreis bis heute

Grundsätzlich ablehnend stand der Kodex der Arbeitsgemeinschaft der Transplantationszentren in der BRD e.V. der Lebendspende gegenüber.[269] Ausnahmen, beispielsweise Lebendspenden zwischen Ehegatten, waren nur mit strenger Begründung möglich. An den Kodex knüpft auch der Gesetzesentwurf der Arbeitsgemeinschaft aus dem Jahre 1991 an, der die Lebendspende nicht regenerierbarer Organe auf „nahe Verwandte" beschränkt[270]. 1992 legte eine Arbeitsgruppe leitender Medizinalbeamter einen Entwurf zur Regelung der Materie vor, der noch enger war und eine Beschränkung des Spenderkreises auf „genetische Verwandte" vorsah, wonach die Spende zwischen Adoptiveltern und -kindern ausgeschlossen wäre[271]. Dennoch wurde der Entwurf von der Gesundheitsministerkonferenz der Länder als geeignet begrüßt. Verfassungsrechtliche Bedenken führten dann dazu, daß dieser Musterentwurf im April 1993 in einer überarbeiteten Fassung die liberalere Formulierung enthielt, daß nicht regenerierbare Organe „in der Regel nur bei Verwandten des Empfängers oder der Empfängerin" entnommen werden dürften.[272] Nichtsdestotrotz tauchten auch weiterhin Entwürfe auf, die an einer restriktiveren Handhabung des Spenderkreises festhielten. So enthielt ein Entwurf der Länder Bremen und Hessen, den diese im Juni 1994 in den Bundesrat einbrachten, sowie ein von der Bundestagsfraktion BÜNDNIS 90/DIE GRÜNEN vorgelegter Gesetzesantrag die Forderung, die Zulässigkeit der Übertragung nicht regenerierbarer Organe auf „genetische Verwandte"[273], bzw. „auf Verwandte ersten und zweiten Grades" einzugrenzen. Ähnlich forderte zu dieser Zeit auch ein Entschließungsantrag der SPD-Fraktion im Deutschen Bundestag eine Beschränkung des Spenderkreises auf „genetische Verwandte"[274].

Die zahlreichen Anhänger einer restriktiven Formulierung des Spenderkreises berufen sich vor allem auf den von der Weltgesundheitsorganisation (WHO)

---

[269] Kodex der Arbeitsgemeinschaften der Transplantationszentren 1987/91, S.3 f., Punkt 6; vgl. den überarbeiteten Kodex in: Transplantationsmedizin 7 1995, 154f.

[270] Arbeitsgemeinschaft der Transplantationszentren in der BRD e.V., Entwurf eines Transplantationsgesetzes, Essen/Neu-Isenburg, 1991, § 7 II

[271] Arbeitsgemeinschaft der Leitenden Medizinalbeamten der Länder, Entwurf eines Mustergesetzes der Länder über die Entnahme und Übertragung von Organen (Transplantationsgesetz), Anlage zur Erlebnisniederschrift über die 65. Sitzung der Gesundheitsministerkonferenz am 5./6. 11.1992, § 9 II

[272] Arbeitsgemeinschaft der Leitenden Medizinalbeamten der Länder, Entwurf eines Transplantationsgesetzes, Stand: 5.4.1993, § 8 II

[273] Gesetzesantrag der Länder Bremen und Hessen: Entwurf eines TPG, BR-Drs. 682/94 vom 30.6.1994, § 9 II

[274] BT-Drs. 12/8063 vom 21.6.1994, Ziff. 4.d.

aufgestellten „Leitsatz 3 für Organtransplantationen am Menschen", der ebenfalls die genetische Verwandtschaft zwischen Spender und Empfänger als ausschlaggebendes Zulässigkeitskriterium einer Lebendspende vorsieht.[275] Dieser 1992 aufgestellte Leitsatz zielt vor allem auf die Probleme der großen Zahl der Entwicklungs- und Schwellenländer ab, wo es die Bekämpfung des Organhandels erfordert, den Kreis potentieller Spender gering zu halten. In den Industrieländern hingegen gewinnt, im Rahmen der Diskussion um die Lebendspende, das Selbstbestimmungsrecht des Spenders an Gewicht[276]. Dem Leitsatz der WHO haben sich aus diesem Grund auch nur wenige Staaten angeschlossen[277]. Nachdem dem Bund mit der Grundgesetznovelle vom 27.10.1994 explizit die Gesetzgebungskompetenz zum Erlaß eines Transplantationsgesetzes zugewiesen wurde (Art. 74 I Nr.26 GG), wurden im Bundesgesundheitsministerium mehrere Entwürfe erstellt und vorgelegt, die im Hinblick auf den Spenderkreis weniger restriktiv waren als ihre Vorgänger.[278] Im April 1996 brachte das Ministerium den Entwurf als gemeinsamen Antrag der Fraktionen CDU/CSU, SPD und F.D.P. in den Bundestag ein. Die den Spenderkreis regelnde Vorschrift, § 7 Abs. 1 S. 2, erlaubt die Lebendspende von Organen, die sich nicht wieder neu bilden,

---

[275] World Health Organisation, Human Organ Transplantation. A report on developments under the auspices of the WHO (1987-1991) 1992, S. 5-11 („Organs for transplantation should be removed preferably from the bodies of deceased persons. However, adult living persons may donate organs, but in general such donors should be genetically related to the recipients. Exceptions may be made in the case of transplantation of bone marrow and other acceptable regenerative tissues")

[276] vgl. United Network for Organ sharing 1991 Ethics Committee, Transplantation Proceedings 24 (1992), 2236-2237: The donor.....has a right to take a reasonable risk in order to achieve substantial benefit for the recipient. This is true even if the donor and the recipient are not related"

[277] neben Argentinien, Costa Rica, Honduras, Venezuela, der russischen Föderation sind hier nur Großbritannien und seit 1994 auch Frankreich zu nennen. Der Lebendspender muß in Frankreich Elternteil, Kind, Bruder oder Schwester des Empfängers sein. Im „Notfall" ist die Spende zwischen Ehegatten zugelassen ; Loi 94- 654, 29.7.1994, Neufassung von ch.I, titre III du livre VI du code de la santé publique, hier art. L 671-3. In England hingegen müssen Spender und Empfänger zueinander in gesetzlich näher definierten Verwandtschaftsverhältnissen bis zum vierten Grad stehen. Das Verwandtschaftsverhältnis muß darüber hinaus vor dem Eingriff durch ein ministeriell festgelegtes Testverfahren nachgewiesen werden., vgl. The Human Organ Transplants Act 1989, Sect. 1.

[278] Der erste Diskussionsentwurf des Ministeriums vom 16.11.93 wollte die Lebendspende erlauben „wenn der Spender mit dem vorgesehenen Empfänger verheiratet oder im 1. oder 2. Grad verwandt ist", § 7 I S.2 Am 31.1.1994 wurde ein Entwurf vorgelegt, der die Übertragung auf "Verwandte 1. oder 2. Grades, den Ehegatten oder eine volljährige Person, die mit dem Spender in einer auf Dauer angelegten häuslichen Lebensgemeinschaft lebt", §6 III. Ein 1995 verabschiedeter Entwurf schließlich erlaubte die Lebendspende zwischen „Verwandten 1. oder 2. Grades, Ehegatten, Verlobte oder andere Personen...., die mit dem Spender in besonderer Weise persönlich verbunden sind", § 7 III

nun zwischen „Verwandten ersten und zweiten Grades, den Ehegatten, Verlobten oder anderen Personen, die dem Spender in besonderer persönlicher und sittlicher Verbundenheit offenkundig nahestehen“[279]. Es handelt sich hierbei um eine Formulierung aus dem Steuerrecht. Gemeint ist maßgeblich eine Lebensgemeinschaft mit gemeinsamer Lebensplanung. Das alleinige Abstellen auf familienrechtliche Kriterien für die Begrenzung des Personenkreises[280] erschien dem Gesetzgeber nicht mehr sachgerecht und wohl zu recht verfassungswidrig[281]. Vorhandene enge persönliche Bindungen, die nicht auf vermögenswerten Vorteilen, sondern auf einer innerlich akzeptierten sittlichen Pflicht beruhen, schienen sowohl unter dem Gesichtspunkt des Selbstbestimmungsrechts als auch der Freiwilligkeit der Einwilligung besser zur Begrenzung des Kreises möglicher Organempfänger geeignet.

So hat man sich schließlich zur heutigen Regelung des § 8 Abs. 1 S.2 TPG durchgerungen. Danach zählen Verwandte ersten und zweiten Grades, Ehegatten, Verlobte und andere Personen, die dem Spender in besonderer persönlicher Verbundenheit offenkundig nahestehen, zum zulässigen Spenderkreis.

2. Formelle Verfassungskonformität des § 8 Abs. 1 S. 2 TPG

a. Zitiergebot des Art. 19 Abs. 1 S. 2 GG

Das Zitiergebot des Art. 19 Abs. 1 S. 2 GG setzt voraus, daß ein Gesetz, welches ein Grundrecht einschränkt, das Grundrecht unter Angabe des Artikels nennt. Da § 8 Abs. 1 S. 2 TPG in das Grundrecht auf Leben und körperliche Unversehrtheit (Art. 2 Abs. 2 S. 1 GG) eingreift, ist fraglich, ob dieses Grundrecht im Gesetz genannt hätte werden müssen. Nach der ständigen Rechtsprechung des Bundesverfassungsgerichts findet das Zitiergebot Anwendung auf diejenigen Grundrechte, die aufgrund ausdrücklicher Ermächtigung vom Gesetzgeber eingeschränkt werden dürfen[282]. Art. 2 Abs. 2 S. 1 GG stellt eine derartige Ermächtigung dar. Das Bundesverfassungsgericht hat darüber hinaus stets eine enge Auslegung der Formvorschrift des Art. 19 Abs.1 S.2 GG gefordert, um den „die verfassungsmäßige Ordnung konkretisierenden Gesetzgeber in seiner Arbeit nicht unnötig [zu] behindern“[283]. Mit dieser Begründung wendete das Bundesverfassungsgericht das Zitiergebot nur auf solche Gesetze an, die darauf

[279] § 7 Abs. 1 S. 2 E-TPG, vgl. BT-Drs. 13/4355 (siehe oben FN 68)
[280] BT-Drs. 13/4355 (siehe oben FN 68), Begründung Allgemeiner Teil V. 3 (S. 21)
[281] BT-Drs. 13/4355(siehe oben FN 68), Begründung Allgemeiner Teil V. 3 (S. 21)
[282] vgl. BVerfGE 83, 130 (154)
[283] vgl. BVerfGE 28, 36 (46)

abzielten, ein Grundrecht über die in ihm selbst angelegten Grenzen hinaus einzuschränken[284].

In seinem Beschluß vom 11.08.1999[285] stellte das Bundesverfassungsgericht darüber hinaus für die Anwendbarkeit des Art. 19 Abs. 1 S.2 GG auf das Vorliegen eines „zielgerichteten (finalen) Grundrechteingriffs“[286] ab. In Bezug auf § 8 Abs. 2 S. 1 TPG konnte das Bundesverfassungsgericht keinen finalen Grundrechtseingriff feststellen und kam mit dieser Begründung zu dem Ergebnis, daß das Zitiererfordernis in diesem Fall nicht ausgelöst worden sei. Ein zielgerichteter Eingriff in das Grundrecht aus Art. 2 Abs. 2 S. 1 GG läge nicht vor, da die, deren Grundrecht auf körperliche Unversehrtheit durch die Spenderkreisregelung betroffen ist - nämlich die potentiellen Organempfänger - nicht Adressaten der Regelung seien. Vielmehr würde sich § 8 Abs. 1 S.2 TPG an den transplantierenden Arzt wenden. Ferner sei es nicht Ziel der Regelungen des Transplantationsgesetzes, die durch Art.2 Abs.2 S.1 GG geschützten Rechtsgüter zu beeinträchtigen. Da insofern kein zielgerichteter Grundrechtseingriff erkennbar sei, würde auch das Zitiergebot des Art.19 Abs. 1 S.2 GG keine Anwendung finden.

Bisher hat das Bundesverfassungsgericht bei der Frage der Finalität gesetzgeberischer Eingriffe die objektive, durch Interpretation dem Tenor der Norm zu entnehmende Intention für maßgeblich gehalten[287]. Teilweise wird vertreten[288], daß danach ein zielgerichteter Eingriff in Art. 2 Abs. 2 S. 1 GG eindeutig vorläge. Es sei offensichtlich, daß mit dem Verbot der Entnahme eines nichtregenerierbaren Organs bei einem potentiellen Spender zum Zwecke der Übertragung auf einen bestimmten Empfänger, bei dem die Voraussetzungen des § 8 Abs. 1 S.2 TPG nicht vorliegen, zugleich und ebenfalls unmittelbar final intendiert ist, daß diesem Empfänger damit ein bestimmtes Spenderorgan nicht zur Verfügung stehen soll[289].

Allerdings darf hierbei die in den Gesetzesmaterialien belegte Intention des Gesetzgebers nicht außer Acht gelassen werden. Danach kam es dem Gesetzgeber gerade darauf an, die Rechtsgüter des Art. 2 Abs.2 S.1 GG zu schützen und

---

[284] vgl. BVerfGE 28, 36 (46)
[285] BVerfG, Beschluß vom 11.8.1999 - 1 BvR 2181-83/98 = BVerfG NJW 1999, 3399 - die Verfassungsbeschwerden gegen § 8 Abs. 1 S. 2 und § 19 Abs. 2 TPG betreffend
[286] BVerfG NJW 1999, 3399 (3400)
[287] Stern, Staatsrecht der Bundesrepublik Deutschland III/2, 1994, S. 117, 142; Eckhoff, Der Grundrechtseingriff, 1992, S. 188 f.
[288] Gutmann in NJW 1999, 3387 f. (3388)
[289] Gutmann in NJW 1999, 3387 f. (3388)

durch mehr Rechtssicherheit die Zurückhaltung bei der Organspende zu überwinden[290]. Der Eingriff in Art. 2 Abs.2 S.1 GG ist deshalb nur als eine notwendige Folge der Anwendung des § 8 Abs. 1 S.2 TPG anzusehen. Folgen, die unbeabsichtigt durch ein - eigentlich auf ganz andere Ziele gerichtetes - Staatshandeln ausgelöst werden, können jedoch nicht als final bezeichnet werden.

Die Tatsache, daß der Organempfänger nicht Adressat der Norm ist, muß für die Frage der Finalität des Eingriffs hingegen außer Betracht bleiben, denn unter dem Aspekt des Eingriffs- und Regelungsergebnisses ist der Organempfänger dem Arzt gleichgestellt. Bei der Lebendorgantransplantation handelt es sich um einen Regelungsgegenstand, der seiner Natur nach dreipolig ist, was bedeutet, daß der Organempfänger von dem Verbot ebenso grundrechtlich betroffen ist, wie der Arzt[291]. Da es bei mehrpoligen Regelungsverhältnissen letztendlich im freien Belieben des Gesetzgebers steht, welchen Handlungsbeitrag er untersagt oder welchen betroffenen Beteiligten er zum formalen Adressaten der Norm ernennt, kann es hierauf bei der Beurteilung der Finalität des Eingriffs nicht ankommen.

Unter der vom Bundesverfassungsgericht aufgestellten Prämisse, daß das Zitiererfordernis des Art. 19 Abs. 1 S. 2 GG erst im Falle eines finalen und unmittelbaren Grundrechtseingriffs eingreift, verstößt § 8 Abs. 1 S.2 TPG nicht gegen das Zitiergebot.

b. Bestimmtheitsgrundsatz, Art.103 Abs.2 GG

Zu untersuchen ist weiter, ob § 8 Abs.1 S.2 TPG dem rechtsstaatlichen Bestimmtheitserfordernis, sowie dem Gesetzlichkeitsprinzip (Art. 103 Abs. 2 GG) entspricht. Der Gesetzgeber hat an die Verletzung des § 8 Abs. 1 S. 2 TPG eine Strafdrohung geknüpft und insoweit ein hohes Maß an Kriminalisierung mit ihr verbunden[292].

Gesetzliche Regelungen, insbesondere Straftatbestände müssen so gefaßt sein, daß der Betroffene seine Normunterworfenheit und die Rechtslage so konkret erkennen kann, daß er sein Verhalten danach auszurichten vermag. Dies bedeu-

---

[290] so auch in BT- Drs. 13/4355 (siehe oben FN 68), Begründung Allgemeiner Teil V. 3 (S. 21)
[291] vgl. BVerfGE 77, 84 (100)
[292] vgl. auch Deutsch, das Transplantationsgesetz vom 6.11.1997, in: NJW 1998, 777, 782

tet nicht, daß es keine Probleme bei der Auslegung der Norm geben darf. Dem Bestimmtheitserfordernis ist vielmehr genüge getan, wenn diese mit herkömmlichen juristischen Methoden bewältigt werden können[293]. Selbst im Strafrecht darf das Verlangen nach Bestimmtheit nicht überspannt werden[294]. Generalklauseln und unbestimmte Rechtsbegriffe sind jedenfalls dann verfassungsrechtlich nicht zu beanstanden, wenn die Norm mit Hilfe der herkömmlichen Auslegungsmethoden eine zuverlässige Grundlage für ihre Auslegung und Anwendung bietet oder sie eine gefestigte Rechtsprechung übernimmt und damit aus dieser Rechtsprechung hinreichende Bestimmtheit gewinnt[295].

Problematisch ist unter diesem Aspekt im Rahmen des § 8 Abs. 1 S.2 TPG in erster Linie das Tatbestandsmerkmal der „Personen, die dem Spender in besonderer persönlicher Verbundenheit offenkundig nahestehen".
Zu untersuchen ist im folgenden, ob die bekannten Auslegungsmöglichkeiten eine dem Bestimmtheitsgrundsatz gerecht werdende Anwendung des § 8 Abs. 1 S. 2 TPG ermöglicht.

aa. Wortsinn
Der aus dem allgemeinen Sprachgebrauch zu entnehmende Wortsinn bildet den Ausgangspunkt und bestimmt zugleich die Grenze der Auslegung, da das, was jenseits des Wortsinnes liegt, mit ihm auch bei „weitester" Auslegung nicht mehr vereinbar ist und nicht mehr als Inhalt des Gesetzes gelten kann[296].

Von einer persönlichen Verbundenheit kann man nur dann sprechen, wenn Zusammengehörigkeitsgefühle bestehen. Die Formulierung entspricht einem Terminus aus der Psychologie. Die „enge persönliche Verbundenheit" („close personal relationship") gilt als Kriterium, welches solche Beziehungen ausscheidet, die keine gefühlsmäßige Bindung zwischen Spender und Empfänger und eine hieraus resultierende Spendebereitschaft beinhalten[297]. Erst die gefühlsmäßige Bindung, die Zusammengehörigkeitsgefühle, machen aus einer Verbundenheit eine persönliche Verbundenheit. Ein Näheverhältnis alleine reicht dagegen nicht aus.
Die persönliche Verbundenheit muß weiter „offenkundig" sein. Das bedeutet sie muß entweder für jeden erkennbar oder ersichtlich sein und sich anhand von

---

293 vgl. BVerfGE 83, 130 (145)
294 BVerfGE 75, 329, (342)
295 vgl. BVerfGE 96, 68 (97f.)
296 so Larenz/Canaris, Methodenlehre der Rechtswissenschaft, S. 163, 164
297 so Gutmann MedR 1997, S. 149

Tatsachen, wie beispielsweise ein enges Freundschaftsverhältnis mit häufigen engen persönlichen Kontakten über einen längeren Zeitraum, äußern[298]. Das Merkmal der Offenkundigkeit erfordert es, daß einer außenstehenden Person die besondere persönliche Verbundenheit, das Nahestehen zwischen Spendeempfänger und potentiellem Spender anhand von Tatsachen erkennbar ist.

bb. Bedeutungszusammenhang

Da der Wortsinn des § 8 Abs.1 S.2 TPG immer noch Raum für zahlreiche Bedeutungsvarianten läßt, ist weiter auf den Bedeutungszusammenhang abzustellen. Der Bedeutungszusammenhang des Gesetzes, der „Kontext", ist unentbehrlich, um die spezifische Bedeutung eines Ausdrucks oder eines Satzes gerade in diesem Textzusammenhang zu verstehen.

Aus dem Textzusammenhang des §8 Abs. 1 S.2 TPG ergibt sich, daß der Gesetzgeber als Auswahlkriterium für einen potentiellen Lebendspender nicht auf die Motivation des Spenders abstellt, sondern alleine die Art der Beziehung. Hierbei ist zunächst bemerkenswert, daß der Gesetzgeber Spenderpaare, die sich in „besonderer persönlicher Verbundenheit nahestehen" ausdrücklich nicht den verwandten, verheirateten oder verlobten Spenderpaaren gleichsetzt, wie er es etwa durch das Einfügen des Wortes „ähnlich" hätte tun können. Auch anders gelagerte emotionale Beziehungen können somit, zumindest dem Bedeutungszusammenhang nach, unter diese Formulierung gefaßt werden.

Auf den Kontext des Gesetzes verweist auch der Wortlaut des §8 Abs. 1 S.2 TPG. Mit Einfügen des „darüber hinaus" wird verdeutlicht, daß die Restriktion des Spenderkreis nur eine Ergänzung der davor geregelten Grundvoraussetzungen der Lebendspende sein soll.

In § 8 Abs. 1 S. 1 Nr. 1b, Abs. 2 TPG, sowie auch in dem Verbot des Organhandels (§ 17 TPG) sind bereits das Erfordernis der Freiwilligkeit, sowie das Bewußtsein über die Spätfolge verankert. In § 8 Abs. 1 S. 2 TPG geht es darüber hinaus lediglich um die strikte Beschränkung des Spenderkreises, die der Gesetzgeber aufgrund bestimmter Prognosen vorgenommen hat[299]. Der Gesetzgeber bringt damit deutlich zum Ausdruck, daß er sich bei nicht regenerierungsfähigen Organen nicht auf eine schwer nachprüfbare altruistische Motivationslage des

---

[298] Walter in FamRZ 1998, S. 203; BT-Drs. 13/4355 (siehe oben FN. 68), Begründung zu § 7 Abs.1 S.2 (S. 34)

[299] so auch König, Strafbarer Organhandel, FN. 1123

Spenders verlassen möchte, sondern alleine auf die Art der persönlichen Beziehung[300].

cc. Historisch-teleologische Auslegung

Bei der Historisch-teleologischen Auslegung wird die Auslegung der Norm ermittelt, die der Regelungsabsicht des Gesetzgebers, sowie dem Zweck der Norm am ehesten gerecht wird. Abzustellen ist dabei nicht auf das Ziel, das der Gesetzgeber mit dem gesamten TPG verfolgen wollte, sondern auf das Ziel, das er mit der Vorschrift des §8 Abs.1 S.2 TPG verfolgen wollte. Mit §8 Abs.1 S.2 TPG wollte der Gesetzgeber der Gefahr des Organhandels entgegenwirken, indem er ein normatives Kriterium, nämlich die Art der Beziehung zwischen Organspender und Spendeempfänger, zur Zulassungsvoraussetzung erhob[301].

Anhaltspunkte, welche Anforderungen der Gesetzgeber dabei an die Art der Beziehung stellt, finden sich in den Gesetzesmaterialien zum TPG[302]. Danach können sowohl innere, als auch äußere Merkmale eine besondere persönliche Verbundenheit begründen:

- Häusliche Gemeinschaft

So wird in der Gesetzesbegründung ausdrücklich darauf hingewiesen, daß eine häusliche Gemeinschaft alleine noch kein Indiz für eine besondere persönliche Bindung liefert. Bloß ökonomisch motivierte Zweckwohngemeinschaften, wie z.B. studentische Wohngemeinschaften, werden deshalb nicht von der Formulierung des § 8 Abs.1 S.2 TPG erfaßt[303]. Die studentische Wohngemeinschaft ist ein gutes Beispiel dafür, daß nicht jeder Schicksalsgemeinschaft Zusammengehörigkeitsgefühle zugrunde liegen.

- Gewisse Zeitdauer der Beziehung

Mit der offenen Formulierung des § 8 Abs.1 S.2 TPG versucht der Gesetzgeber vor allem der Vielfalt von modernen Beziehungen gerecht werden, die sich nicht in die traditionellen Familienmodelle Ehe oder Familie einordnen lassen. Vor allem Personen, die mit dem Organspender in einer auf Dauer angelegten häuslichen Lebensgemeinschaft verbunden sind, sollen anhand dieser Formulierung

---

[300] vgl. Schroth in MedR 1998, S. 253

[301] vgl. Schroth in MedR 1999, 67 f.

[302] vgl. König, Strafbarer Organhandel, S. 232, wonach gerade auch die „tautologischen Ausführungen" der Gesetzesmaterialien Zeugnis dafür bieten, daß es sich hier um einen in hohem Maße unbestimmten Begriff handelt.

[303] BT-Drs 13/4355 (siehe oben FN. 68) Begründung zu § 7 Abs. 1 Satz 2 (S. 34)

mit einbezogen werden[304]. Als Grundlage für eine solche Verbindung wird eine gemeinsame Lebensplanung mit innerer Bindung angesehen, was auch bei in räumlicher Trennung lebenden Personen gegeben sein könnte, wenn die Bindung über einen längeren Zeitraum gewachsen ist. Der Gesetzgeber stellt somit auch auf eine gewisse Zeitdauer ab, auf eine biographisch gewachsene persönliche Verbundenheit.
Auch wenn ein eindeutiger Hinweis auf das Erfordernis einer gewissen Zeitdauer fehlt, ginge es doch zu weit, gänzlich davon abzusehen. Aus der Gesetzesbegründung geht ganz klar hervor, daß der Gesetzgeber eine Bindung meint, die „über einen längeren Zeitraum gewachsen“ ist[305].
Zwar fordert §8 Abs.1 S.2 TPG auch hinsichtlich des Ehegatten- und Verlobtenverhältnisses keine Mindestdauer, jedoch haben sich die Paare hier zumindest für die Zukunft auf Dauer gegenseitig verpflichtet. Dagegen kann man bei einer bloßen Bekanntschaft oder Freundschaft über drei bis vier Wochen noch nicht von einer persönlichen Verbundenheit sprechen. Eine gefühlsmäßige Bindung, die das Erwachsen von Zusammengehörigkeitsgefühlen erfordert, kann nicht von heute auf morgen entstehen, wenn sie Bestand haben will. Die Zeit als solche, die diese Bindungen festigt, spielt hier eine wesentliche Rolle, da nur sie die Garantie dafür bietet, daß die Bindung nicht auf oberflächlichen Gefühlen beruht.

Problematisch ist freilich in diesem Zusammenhang, wie die häufigen persönlichen Kontakte letztlich verläßlich festgestellt werden können und was der Gesetzgeber unter „häufig“ verstanden haben möchte. Auch ab welchem Zeitraum von einem „längerem Zeitraum“ gesprochen werden kann, bleibt, wie angesprochen, offen[306].

- *Freisein von wirtschaftlichen Erwägungen*
Weiter ergibt eine historische Auslegung des Merkmales der „besonderen persönlichen Verbundenheit“ in §8 Abs.1 S.2 TPG, daß dieses Merkmal eng auszulegen ist und eine altruistische Motivation des Spenders voraussetzt.
Es wurde bereits dargestellt, daß sich Juristen und Ärzte in den letzten Jahrzehnten gegen eine zu weite Öffnung des Spenderkreises bei der Lebendspende aussprachen. Erst in den Entwürfen zum jetzigen TPG wandte man sich, im

---

[304] Begründung zu E- TPG vom 16.04.1996; BT.Drs.13/4355 (siehe oben FN.68), Begründung zu § 7 Abs. 1 Satz 2 (S. 34)
[305] BT-Drs. 13/4355 (siehe oben FN. 68), Begründung B. (Besonderer Teil) zu § 7 Abs. 1 Satz 2, S. 34
[306] so auch König, Strafbarer Organhandel, S. 232

Hinblick auf das grundgesetzlich garantierte körperliche Selbstbestimmungsrecht, von einer familienrechtliche Beschränkung des Spenderkreises ab. Insbesondere den Mitgliedern moderner Familienmodelle, wie beispielsweise der nichtehelichen Lebensgemeinschaft, sollte dadurch die Möglichkeit der Lebendspende eröffnet werden[307].

Der hier zu untersuchende Satz der „...persönlichen Verbundenheit..." tauchte erstmals im TPG - Entwurf von 1996 auf [308] und enthielt damals noch die Formulierung „in besonderer persönlicher und sittlicher Verbundenheit". In der endgültigen Fassung des TPG wurde das Wort „sittlich" gestrichen, da die Formulierung „ in besonderer Verbundenheit" das Sittliche der Verbundenheit zwischen Organspender und Organempfänger inhaltlich bereits einschließe, so die Begründung des Änderungsantrags[309]. Hinzukommt, daß die Beibehaltung des Wortes „sittlich" durchaus nicht unproblematisch gewesen wäre. Insbesondere, da unklar war, wie der Begriff zu verstehen war. Nimmt man als Anknüpfungspunkt für die Betrachtung einer derartigen Beziehung „die guten Sitten", so könnte man unter einer „sittlichen Verbundenheit" nur eine Verbundenheit verstehen, die dem Anstandsgefühl aller billig und gerecht Denkenden entspricht. Zwar sind homosexuelle Lebensgemeinschaft heute gesellschaftlich anerkannt, doch wäre man noch vor ein paar Jahren zu dem Ergebnis gekommen, daß sie wohl nicht der herrschenden Sozialmoral entsprechen. Ein Abstellen auf die herrschenden Moralvorstellungen bei der Beurteilung eines Spenderpaares würde in jedem Fall einen zu tiefen Eingriff in die Intims- und Privatssphäre des Einzelnen darstellen.

Anders dagegen die Begründung zum TPG-E. Dort heißt es, durch den Begriff sollen die auf „vermögenswerten Vorteilen"[310] gegründeten Bindungen ausgeschlossen werden. Maßgeblich allein sei eine „auf einer innerlich akzeptierten sittlichen Pflicht gegründete persönliche Bindung." Insofern verwirrte das lediglich zum Ausschluß finanzieller Motive gewählte Adjektiv „sittlich" mehr als daß es für Klarheit sorgte[311].

---

[307] BT-Drs. 13/4355 (siehe oben FN. 68), Begründung A. (Allgemeiner Teil) V. 3 (S. 21); sowie Begründung B. (Besonderer Teil) zu § 7 Abs. 1 Satz 2 (S. 34)

[308] BT-Drs. 13/4355 vom 16.4.1996 (siehe oben FN. 68)

[309] BT-Drs.13/8017 vom 23.06.1997 (siehe oben FN. 74), Begründung zu § 7 Abs. 1

[310] BT-Drs. 13/4355 (siehe oben FN. 68), Begründung A. (Allgemeiner Teil) V. 3 (S. 21)

[311] In der Begründung des Änderungsantrages heißt es nunmehr, daß die Formulierung der "besonderen persönlichen Verbundenheit" das Sittliche dieser Beziehung inhaltlich einschließe, vgl. BT-Drs. 13/8017 vom 23.06.1997 (siehe oben FN. 74), zu § 7 Abs. 1

dd. Verfassungskonforme Auslegung

Im folgenden ist zu untersuchen, inwieweit § 8 Abs.1 S.2 TPG vor allem im Hinblick auf das in Art. 20 Abs.1 GG verankerte Sozialstaatsprinzip einer verfassungskonformen Auslegung zugänglich ist.

Das Sozialstaatsprinzip ist in hohem Maße der besonderen Ausgestaltung bedürftig[312] und richtet sich deshalb vor allem an den Gesetzgeber, indem es diesen verpflichtet, die „Mindestvoraussetzung für ein menschenwürdiges Dasein seiner Bürger“ [313] zu schaffen. Dazu gehört vor allem die Bewältigung sozialer Notlagen und Beeinträchtigungen, wie sie beispielsweise durch Krankheit herbeigeführt werden können[314]. Das bedeutet, daß möglichst vielen auf eine Organspende angewiesenen Patienten, bei Vorhandensein eines spendewilligen Spenders die Organtransplantation ermöglicht werden muß, solange keine gewichtigen Bedenken entgegenstehen. Problematisch ist insbesondere der Fall einer zurückgewiesenen Lebendspende, bei dem das Spenderpaar in einer zwar innigen, jedoch kurzen Beziehung miteinander verbunden ist. Vereinzelt wird vertreten[315], daß es in diesen Fällen nicht auf die Dauer des Näheverhältnisses ankommen kann. Dies müsse insbesondere dann gelten, wenn die „Spendebereitschaft aus einer persönlichen Verbundenheit, die den lebenden Spender auch mögliche Folgen und Spätfolgen der Operation in kauf nehmen (lasse), aus Freiwilligkeit resultiere und von jeglichem finanziellen Interesse unbeeinflußt“[316] sei. Dieses Problem stelle sich insbesondere bei der sog. Cross-Spende[317]. Hier liege nach allgemeiner Lebenserfahrung die persönliche Verbundenheit vor, weil sich „zwei Menschen mit dem gleichen elementaren, den täglichen Lebensrythmus beherrschenden Leiden auf Anhieb einander verbunden“[318] fühlten. Angesichts der Schwere der Erkrankung und der besonderen persönlichen Härte, die eine Abweisung der Lebendspende bedeuten kann, ist fraglich, inwieweit in diesen Fällen das Gebot verfassungskonformer Auslegung eine weite Auslegung des § 8 Abs. 1 S.2 TPG gebieten kann.

---

312 BVerfGE 10, 370f. ; Seifert/ Hörnig, Grundgesetz für die BRD, Art.20 Rn.4, S. 218f.

313 BVerfGE 44, 353 (375); Schmidt-Bleibtreu Klein., Art. 20 Rn. 20 m.w.N.

314 Seidenath MedR 98, 255; Seifert/Hörnig, Art. 20 Rn 2

315 insbesondere Seidenath, MedR 98, 253 ff.

316 Seidenath MedR 98, 255

317 Von einer Cross-Spende spricht man, wenn sich mindestens zwei Paare, beispielsweise zwei Ehepaare wechselseitig - sozusagen über Kreuz - jeweils ein Organ spenden. Der gesunde Teil spendet dem kranken Teil des anderen Paares ein Organ und umgekehrt

318 Seidenath, MedR 98, 256

Zu beachten ist, daß als Grenze auch der verfassungskonformen Auslegung stets der Wortlaut, sowie der in diesem Fall klar erkennbare Wille des Gesetzgebers zu sehen[319]. In den angeführten Fällen wird man daher eine Lebendspende als unzulässig ansehen müssen. Man würde dem Willen des Gesetzgebers, der im Rahmen des § 8 Abs. 1 Satz 2 klar und deutlich auf die Art der Beziehung zwischen dem Spenderpaar abstellt, sicherlich nicht gerecht werden, würde man bereits bei Vorliegen einer Schicksalsgemeinschaft eine persönliche Verbundenheit typischerweise als gegeben ansehen. Mit einem Verzicht auf das in den Gesetzesmaterialien deutlich zum Ausdruck kommenden Erfordernisses einer gewissen Zeitdauer der persönlichen Verbundenheit, würde man sich mit einer derart weiten Auslegung des § 8 Abs. 1 Satz 2 TPG darüber hinaus klar über den Willen des Gesetzgebers hinwegsetzen.

ee. Fazit

Im Ergebnis hat die vorangegangene Untersuchung ergeben, daß auch nach einer Heranziehung der herkömmlichen Auslegungsregeln noch Fragen hinsichtlich des Anwendungsbereiches des § 8 Abs. 1 Satz 2 TPG offen geblieben sind.

Fest steht, daß sich die Nähebeziehung zwischen Spender und Spendeempfänger anhand von Indizien nach außen hin manifestieren und feststellen lassen muß. Als äußere Merkmale einer „besonderen persönlichen Verbundenheit" kommen nach den gesetzgeberischen Vorstellungen das Bestehen einer häuslichen Gemeinschaft, wenn diese nicht nur als Zweckgemeinschaft anzusehen ist, sowie häufige Kontakte und eine gewisse Zeitdauer der Beziehung in Betracht. Nach dem Willen des Gesetzgebers soll die Beziehung zwischen Spender und Spendeempfänger im Biographischen wurzeln. Welche genauen Anforderungen der Gesetzgeber hieran knüpft, kann anhand der herkömmlichen Auslegungsmöglichkeiten einer Norm nicht geklärt werden. Die hieraus resultierenden Unsicherheiten in der Praxis werden sich wohl zu Lasten der auf eine Organspende angewiesenen Patienten auswirken. Die transplantierenden Ärzte sind insoweit einem hohen Bestrafungsrisiko aus §8 Abs.1 S.2 i.V.m. §19 Abs. 2 TPG ausgesetzt.

Die Tatbestandsfassung dieser Strafvorschrift ist daher auch massiven Bedenken unter dem Blickwinkel des Bestimmtheitsgebotes ausgesetzt[320].
Nach dem Beschluß des Bundesverfassungsgerichtes vom 11.08.1999 erscheint es jedoch unwahrscheinlich, daß die Fassung dieser Vorschrift in naher Zukunft

---

[319] BVerfGE 71, 81, 105; 18, 97, 111; 67, 382, 390; 86, 288, 320
[320] Schroth, JZ 1997, 1153; König, Organhandel, S. 234

einer Nachbesserung unterzogen wird: In jenem Beschluß erklärte das Bundesverfassungsgericht, daß die im Rahmen des § 8 Abs. 1 S.2 TPG verbleibende Auslegungsschwierigkeiten „nicht das rechtsstaatlich hinnehmbare Maß an Unbestimmtheit oder die Grenzen des Art. 103 Abs. 2 GG" übersteigen[321]. Die aufgezeigten Unsicherheiten werden somit bis auf weiteres bestehen bleiben. Sicher ist nur, daß jedenfalls Lebendspenden, wie etwa die aus Japan berichtete Spende eines Arbeitgebers für seinen Arbeitnehmer[322], selbst in Anbetracht der bestehenden Auslegungsschwierigkeiten hierzulande ohne jeden Zweifel wegen § 8 Abs.1 S.2 TPG als rechtswidrig anzusehen wären.

3. Materielle Verfassungskonformität des § 8 Abs. 1 S. 2 TPG

a. Verfassungsmäßigkeit des § 8 Abs.1 S.2 TPG unter dem Aspekt des Art.2 Abs.2 GG

aa. Eingriff

In materieller Hinsicht ist § 8 Abs. 1 S. 2 TPG vor allem hinsichtlich des Grundrechtes auf Gesundheit aus Art. 2 Abs.2 GG bedenklich. Dieses Grundrecht ist tangiert, wenn staatliche Regelungen dazu führen, daß einem kranken Menschen eine nach dem Stand der medizinischen Forschung prinzipiell zugängliche Therapie, mit der eine Verlängerung des Lebens, mindestens aber eine nicht unwesentliche Minderung des Leidens verbunden ist, versagt bleibt. Verfassungsrechtlich bedenklich ist unter diesem Gesichtspunkt vor allem der Fall, daß ein Organ aus einer Fremdspende zur Verfügung steht, dem potentiellen Spendeempfänger die rettende Implantation im Hinblick auf § 8 Abs. 1 S. 2 TPG aber verwehrt wird[323], obwohl bei dem potentiellen Organspender keine Anhaltspunkte dafür festzustellen sind, daß die Einwilligung in die Organspende unfrei-

---

[321] BVerfG, Beschluß vom 11.8.1999 - 1 BvR 2181-83/98 = BVerfG NJW 1999, 3399

[322] Zu bemerken ist hierzu, daß das Zusammenwirken von konfuzianistischer Tradition mit Schintoismus und Buddhismus Körper und Geist als spirituelle Einheit betrachtet werden. Der Leichnam ist nach einer derart buddhistischen Tradition als Einheit zu bewahren. Im Schintoismus wird der Leichnam als etwas unreines betrachtet, die Annahme einer Organspende eines Toten ist danach fragwürdig. In anderen hinduistisch und buddhistisch geprägten Teilen Asiens und Japans hingegen bestehen keine Bedenken gegen die Organspende. Im Gegenteil: Die Organspende wird als höchste Form angesehen Verdienste für ein späteres Leben zu erlangen

[323] Schroth in JZ 97, 1153

willig erfolgte oder das Organ Gegenstand verbotenen Handeltreibens nach § 17 TPG ist.

Zwar liegt kein zielgerichteter und finaler Eingriff in die Rechtsgüter des Art. 2 Abs. 2 GG vor, doch schützt das Grundrecht den Einzelnen auch als Abwehrrecht gegen staatliche Maßnahmen, die lediglich mittelbar zu einer Verletzung des Lebens oder der körperlichen Unversehrtheit führen[324]. Aus der „objektiven Grundrechtsseite"[325] des Art. 2 Abs. 2 GG läßt sich für den Staat die Pflicht ableiten, „sich schützend und fördernd vor das Leben zu stellen"[326] Gleiches gilt auch zugunsten der körperlichen Integrität und Gesundheit. Diese Schutzpflicht verstärkt, nach ständiger Rechtsprechung des Bundesverfassungsgerichts, das subjektive Abwehrrecht des Einzelnen gegenüber staatlichen Eingriffen[327].

Nach der Rechtsprechung des Bundesverfassungsgerichtes muß bei der Krankenversorgung jeder Patient sicher sein, „daß sein Grundrecht auf körperliche Unversehrtheit aus Art. 2 Abs. 2 S. 1 GG nach allen Regeln der ärztlichen Kunst gewahrt wird"[328]. In Anbetracht der Bedeutung der Schutzverbürgung des Art. 2 Abs. 2 S. 1 GG erreichen die von § 8 Abs. 1 S. 2 TPG ausgehenden Beeinträchtigungen der Therapie- und Heilungsmöglichkeiten von Patienten, die auf eine Organspende angewiesen sind, Eingriffsqualität. Sie übersteigen das Maß einer als sozialadäquat einzustufenden Beeinträchtigung. Der Gesetzgeber beeinträchtigt die Therapiemöglichkeiten dieser Patienten kausal zurechenbar und nachhaltig, da ihnen trotz Vorhandensein eines Ersatzorganes im Hinblick auf die Regelung des § 8 Abs. 1 S. 2 TPG die rettende Transplantation versagt wird.

bb. Schranke

Gemäß Art. 2 Abs. 2 S.3 GG kann das Grundrecht „auf Grund eines Gesetzes" eingeschränkt werden. Das einschränkende Gesetz muß „seinerseits im Lichte des Grundrechts gesehen werden"[329] und geeignet, erforderlich und angemessen sein.

---

[324] vgl. BVerfGE 66, 39 (60)
[325] Jarass in Jarass/Pieroth Rn. 50 zu Art. 2
[326] BVerfGE 56, 54, 73 m.w.N; 77, 170 (214) m.w.N.; 88, 203 (251)
[327] vgl. BVerfGE 66, 39 (60); Jarass in Jarass/Pieroth Rn. 50 zu Art. 2
[328] BVerfGE 57, 70, (99)
[329] BVerfGE 17, 108 (117)

cc. Verhältnismäßigkeit

Dem Gesetzgeber steht bei der Abwägung der bei einer Lebendspende betroffenen Rechtsgüter und Interessen ein weiter Beurteilungs - und Gestaltungsspielraum zu[330]. Jede Regelung der Organtransplantation stellt eine Gratwanderung zwischen medizinischen Möglichkeiten, ethischen Anforderungen und gesellschaftlichen Vorstellungen dar. Aufgabe des Gesetzgebers ist es, hier einen Ausgleich zu schaffen.

(1) Gesetzgeberische Zielsetzung

Ziel der Einschränkung des Spenderkreises ist die Bekämpfung des Organhandels, die Sicherung der Freiwilligkeit der Organspende, sowie der Schutz der körperlichen Unversehrtheit und Gesundheit potentieller Spender. Dies sind sachgerechte und vernünftige Ziele, die grundsätzlich eine Einschränkung des Grundrechts rechtfertigen.

(2) Zur Legitimation paternalistischer Zielsetzungen

Lediglich der Schutz des Menschens vor sich selbst, als Rechtfertigungsgrund staatlicher Maßnahmen in Ausdehnung der durch Art. 2 Abs. 1 GG verbürgten allgemeinen Handlungsfreiheit, bedarf seinerseits einer besonderen Rechtfertigung. Paternalistische Zielsetzungen dieser Art sind in einem liberalen Rechtsstaat - wie bereits erörtert - nicht ohne weiteres hinnehmbar. Schließlich ist auch selbstgefährdendes Verhalten Ausübung grundrechtlicher Freiheit. Die Vorstellung, es könne ein legitimes Anliegen des liberalen Rechtsstaates sein, erwachsene, einsichtsfähige und hinreichend informierte Menschen gegen ihren erklärten Willen vor sich selbst zu schützen, ist zumindest aus rechtsphilosophischer Sicht äußerst bedenklich[331].

Eine solche Begründung staatlichen Handelns sieht sich einem grundsätzlichen Legitimitätsdefizit gegenüber, weil sie die Verstandesreife und Entscheidungsfähigkeit von Menschen nicht ernst nimmt und von einem Grundrechtsverständnis ausgeht, wonach Grundrechte die Funktion haben, „Spielräume zur

[330] BVerfG NJW 1999, 3399 (3401)

[331] vgl. hierzu etwa Sartorius, Paternalism, 1983; Feinberg, Harm to Self. The Moral Limits of the Criminal Law III, 1986; Van De Veer, Paternalistic Interventions, 1986; Wolfgang Enderlein, Rechtspaternalismus und Vertragsrecht, 1996

eigenverantwortlichen Suche nach den je individuellen Maßstäben des richtigen und gelungenen Lebens zu garantieren“[332].

Auch in der verfassungsrechtlichen Literatur wird immer wieder hervorgehoben, daß die grundrechtliche Freiheit auch die Möglichkeit beinhalte, derartige Entscheidungen über die eigene körperliche Integrität zu treffen, die auch die Inkaufnahme von Risiken und Schäden für die eigene Person bedeutet, soweit sie nicht sozialschädlich sind[333].

Demgegenüber argumentiert das BVerfG regelmäßig, der Gesetzgeber sei durchaus dazu befugt, Menschen davor zu bewahren, sich selbst einen größeren Schaden zuzufügen[334]. Bei den hierbei vom BVerfG bereits entschiedenen Fällen handelt es sich jedoch entweder um Sachverhalte, in denen die Betroffenen tatsächlich oder präsumtiv (noch) nicht selbstverantwortlich zu handeln vermögen[335], oder aber um die Regelung von meist nicht ausreichend reflektierten Alltagshandlungen, die ohne persönlichkeitskonstitutiven Bezug, wohl aber potentiell, auch fremdschädigend - und somit sozialschädlich - sind[336].

Eine altruistische Organspende unterscheidet sich von diesen Fällen nicht nur durch ihre Fremdnützigkeit, sondern auch dadurch, daß es sich bei den Spendern um einsichtsfähige und erwachsene Personen handelt, deren Spendebereitschaft auf einem, nach umfassender ärztlicher Aufklärung gefällten, rationalen und sorgfältig abgewägtem Entschluß basiert.

Es handelt sich somit bei § 8 Abs. 1 S. 2 TPG um einen Akt des harten, direkten Paternalismus. Wie bereits ausgeführt, ist Paternalismus dieser Art nur in engen Grenzen möglich, nämlich dann, wenn etwa fehlende Einsichtsfähigkeit einen rationalen Entschluß des Grundrechtsträgers erst gar nicht möglich macht, oder Dritte, bzw. die Allgemeinheit durch den Entschluß zur Selbstschädigung in

---

332 Gutmann in NJW 1999, 3388

333 vgl. Isensee in: Isensee/Kirchhof; HdbStR V, §111 Rn.113; Dreier in Dreier/Bauer, Art. 2 Abs. 1 Rn. 26; Hillgruber, Der Schutz des Menschen vor sich selbst, S. 158 ff., vgl hierzu auch Kargl in JZ 2002, 389 ff.

334 BVerfGE 60, 123 (132 m.w.N.)

335 BVerfGE 10, 302(Unterbringung eines volljährigen Entmündigten in einer geschlossenen Anstalt) und BVerfGE 22, 180 (ebenfalls zur Unterbringung von sich selbst gefährdenden, psychisch kranken Personen) , sowie BVerfGE 60, 123 (Mindestalter von 25 Jahren für die sog. „große“ Lösung bei der Geschlechtsumwandlung)

336 BVerfGE 59, 275 (Schutzhelmpflicht); BVerfG NJW 1987, 180 (Gurtanlegepflicht); BVerfGE 90, 145 (Cannabis-Entscheidung zum Drogenkonsum)

Mitleidenschaft gezogen wird[337]. Diesen Fallgruppen kann aus oben genannten Gründen die altruistische Organspende nicht mehr zugeordnet werden. Eine darüber hinausgehende Rechtfertigung paternalistischer Gesetzgebungsakte ist mit einem liberalen Rechtsstaatverständnis nicht vereinbar. Insofern stellt der Schutz des Spenders vor sich selbst, ein gesetzgeberisches Ziel dar, welches einen derartigen Eingriff in das Grundrecht auf Leben und Gesundheit bei einer dritten Person (dem kranken Organempfänger) nicht zu rechtfertigen vermag.

(3) Geeignetheit

Zu untersuchen ist weiter, ob das generelle Verbot einer fremdgerichteten Lebendspende an andere Empfänger als die in § 8 Abs. 1 S.2 TPG genannten geeignet ist, die gesetzgeberischen Ziele der Bekämpfung des Organhandels und der Sicherung der Freiwilligkeit der Organspende zu fördern.

Das Risiko der Einflußnahme Dritter auf die Entscheidung des Spenders kann im Rahmen einer familiären oder familienähnlichen Beziehung aufgrund der vielfältigen psychischen und faktischen Abhängigkeiten nicht als geringer angesehen werden als bei fremden Personen. Vielmehr erscheint diese Gefahr bei Personen, die frei von innerfamiliären Beziehungsgeflechten sind, geringer. Um die Freiwilligkeit der Spende sicherzustellen, erscheint es unter diesem Gesichtspunkt kein geeignetes Mittel, Personen, die eine altruistische Fremdspende wünschen, vom potentiellen Spenderkreis auszuschließen.

Vielmehr sollten Überlegung angestellt werden, ob es nicht doch möglich ist, als Kriterium für eine zulässige Lebendspende auf die altruistische Motivation des Spenders und weniger auf die Art der Beziehung abzustellen. So spricht zwar bei einer besonderen persönlichen Verbundenheit des Spenderpaares viel für eine altruistische Motivation des Spenders, doch ist andererseits fraglich, ob nicht gerade innerhalb familiärer Beziehungen, die Möglichkeit sich für ein Organ eine Gegenleistung versprechen oder gewähren zu lassen, stärker ist als außerhalb.

(4) Erforderlichkeit

Im übrigen ist auch fraglich, inwieweit § 8 Abs. 1 S. 2 TPG erforderlich ist, um die vom Gesetzgeber verfolgten Ziele zu erreichen. Erforderlich ist ein Gesetz,

---

337 zur Problematik des Rechtsgüterschutzes gegen den Rechtsgutinhaber vgl. auch Kargl in JZ 2002, 389ff. der die Probleme der Strafbegründung bei Einwilligung des Geschädigten am Beispiel des Dopings darstellt

wenn der Gesetzgeber nicht ein anderes, gleich wirksames, aber das Grundrecht nicht oder weniger stark einschränkendes Mittel hätte wählen können[338]. Auch insoweit kommt dem Gesetzgeber ein weiter Beurteilungs- und Gestaltungsspielraum zu[339].

1. Alternative: Verfahren zur Überprüfung der Freiwilligkeit

Ein geeignetes Verfahren, mittels dem in jedem Einzelfall das Vorliegen der gesetzlichen Voraussetzungen des § 8 TPG geprüft wird, könnte ein gleich wirksames, aber weniger belastendes Mittel zur Erreichung der gesetzgeberischen Ziele darstellen.

Bei verwandten Spendern sieht das TPG eine entsprechende Prüfung der Freiwilligkeit der Organspende bereits vor (vgl. § 8 Abs. 3 S. 2 bis 4 TPG). In gleicher Weise könnte bei der fremdgerichteten, altruistischen Organspende die Freiwilligkeit und Motivation des Spenders geprüft werden. Die Schwachstelle dieser Alternative liegt in dem Problem, der begrenzten Einsichtsmöglichkeit in die innere Willensbildung eines potentiellen Spenders. Der Gesetzgeber ist den sicheren Weg gegangen, indem er auf die Art der Beziehung abstellt und nicht auf die Motivation. Er geht davon aus, daß die Freiwilligkeit einer Lebendspende grundsätzlich nur bei verwandtschaftlichem oder sonstigem Näheverhältnis angenommen werden kann. In Anbetracht der Tatsache, daß derzeit kein Verfahren, so ausgereift es auch sein möge, für sich genommen in der Lage wäre, außenstehenden Dritten die innersten Willensbildungsmomente eines Menschen vor Augen zu führen, ist man geneigt, dem Gesetzgeber Recht zu geben. Ein Rückgriff auf die § 8 Abs. 3 S. 2 bis 4 TPG erscheint unter diesem Gesichtspunkt auch nicht geeignet, die Freiwilligkeit eines Willensentschlusses zu verifizieren. Die Kommission soll gemäß § 8 Abs. 3 S. 2 bis 4 TPG die Freiwilligkeit der Spenderentscheidung nicht positiv feststellen, sondern sie prüft allein, ob im konkreten Fall „begründete tatsächliche Anhaltspunkte dafür vorliegen, daß die Einwilligung in die Organspende nicht freiwillig erfolgt oder das Organ Gegenstand verbotenen Handeltreibens nach § 17 TPG ist“. In der Ablehnung einer derartigen Verfahrenseinrichtung zur Feststellung der Motivation des Spenders hat der Gesetzgeber eine Einschätzung vorgenommen, die in Anbetracht seines weiten Beurteilungs- und Ermessensspielraum auch zu respektieren ist. Allerdings darf dabei nicht übersehen werden, daß sowohl die Freiwilligkeit der

---

[338] BVerfGE 90, 145 (172)

[339] BVerfG NJW 1999, 3399 (3402)

Organspende, als auch die Bekämpfung des Organhandels bereits durch anderen Vorschriften geschützt werden (§§ 8 Abs. 1 Nr. 1b, 17, 18, 19 Abs.2 TPG).

2. Alternative: Fremdspende „to whom it may concern"

Eine ebenso effektive, aber weniger einschneidende Lösung wäre es auch, die Gefahr der Kommerzialisierung der Organspende zu bannen, indem man die Kommunikation zwischen Spender und Empfänger verhindert. Vorstellbar ist eine Fremdspende „to whom it may concern" an den Organpool der Vermittlungsstelle, die durch eine streng anonyme Vergabe der Organe per Computer ähnlich den Grundsätzen der postmortalen Organspende stattfindet[340]. So gilt bei der postmortalen Organspende strenger Datenschutz. § 13 Abs. 1 und Abs.2 TPG sehen eine strafbewehrte Verschlüsselungspflicht für personenbezogene Daten des Organspenders vor und §14 Abs. 2 TPG ein strafbewehrtes Offenbarungsverbot von personenbezogenen Daten der Organspender und Organempfänger. Eine entsprechende Anonymisierung wäre auch bei der Lebendspende denkbar und würde dabei die Möglichkeit der Organspende jedem offenhalten.

Setzt man sich näher mit einem derartigem Modell auseinander, so stellt sich weiter die Frage, ob alle Spenden gleichermaßen anonym behandelt werden müssen. Dies hätte die praktische Konsequenz, daß die Bereitschaft zur Organspende bei emotional motivierten Spendern eindeutig zurückgehen würde, da diese Spendergruppe sich dadurch des Ziels ihrer Spende, nämlich durch ihre Spende dem persönlich verbundenen Empfänger zu helfen, beraubt sähe. Auch ihre Spende wäre anonym. Da erklärtes Ziel des TPG jedoch auch gerade die Ankurbelung der Spendebereitschaft ist[341], wäre es effektiver, lediglich die Organspenden von nicht emotional verwandten Spendern in einem Organpool zu sammeln. Es wäre durchaus denkbar, jene Spendewilligen, die nicht in den in § 8 Abs.1 S.2 TPG genannten Spenderkreis fallen, über einen Organpool der Vermittlungsstelle unter den bereits genannten Datenschutzvorschriften zu anonymisieren. Bei entsprechender Kontrolle der Vermittlungsstellen, würde ein derartiges Verfahren die Freiwilligkeit und den Altruismus von Organspenden ebenso effektiv sicherstellen. Damit wäre eine Lösung gefunden, die weniger in die allgemeine Handlungsfreiheit, bzw. das Selbstbestimmungsrecht des Spenders aus Art. 2 Abs.1 i.V.m. Art.1 Abs.1 GG eingreift, jedoch genauso effektiv

---

340 Gutmann in MedR 1997, 150

341 BT-Drs. 13 / 4355 (siehe oben FN. 68), A. Problem (S. 1); sowie Begründung zu A.(Allgemeiner Teil) I. (S. 14f.)

ist. Demjenigen, der sein Organ einem anonymen Organpool zur Verfügung stellt und damit weder weiß, wer sein Organ bekommt, noch für seine Spende entlohnt wird, kann kein kommerziell motiviertes Handeln unterstellt werden. Andererseits ist auch nicht zu erwarten, daß der nicht emotional, aber dennoch altruistisch Handelnde seine Gesundheit leichtfertig und vorschnell aufs Spiel setzt. Die Bestrafung des kommerziell motivierten Spenders ist hingegen durch die Organhandelsvorschriften der §§ 17 und 18 TPG hinreichend abgesichert.

(5) Verhältnismäßigkeit i.e.S.

Schließlich ergeben sich auch hinsichtlich der Verhältnismäßigkeit im engeren Sinne Bedenken. Das Leben als „Höchstwert" im Gefüge der grundgesetzlichen Ordnung ist „die vitale Basis der Menschenwürde und die Voraussetzung aller anderen Grundrechte"[342]. Schon der enge systematische Zusammenhang räumt auch dem Grundrecht auf körperliche Unversehrtheit einen besonderen Rang unter den Grundrechten ein.

Der auf eine Organspende wartende Patient wird durch das Verbot der fremdgerichteten Lebendspende in seiner Existenz bedroht und schwersten gesundheitlichen Beeinträchtigungen ausgesetzt. Demgegenüber ist die Freiwilligkeit der Spenderentscheidung in den meisten Fällen nach menschlichem Ermessen nicht gefährdet, bzw. bereits durch andere Vorschriften hinreichend abgesichert. Dies gilt auch für das mit der Spenderkreisregelung verfolgte Ziel des Verbots der Kommerzialisierung der Lebendspende. Hier bieten die §§ 17, 18 TPG bereits einen umfassenden Schutz für die bedrohten Rechtsgüter.

Andererseits muß auch berücksichtigt werden, daß die mit § 8 Abs. 1 S. 2 TPG verfolgten Ziele dazu beitragen, in einem sensiblen Bereich wie der Transplantationsmedizin ein Höchstmaß an Seriosität und Rechtssicherheit herzustellen. Das ist unabdingbare Voraussetzung, wenn - um des Lebensschutzes willen - die Bereitschaft der Menschen zur Organspende langfristig gefördert werden soll. Für die Verhältnismäßigkeit im engeren Sinn spricht ferner auch, daß die Lebendspende für den potentiellen Organempfänger in aller Regel nicht die einzige Therapiemöglichkeit darstellt. Auch die postmortale Organspende bietet eine wirkungsvolle Alternativbehandlung.

---

[342] BVerfGE 39, 1 (42)

Allerdings rechtfertigen die gesetzgeberischen Ziele auch in Anbetracht dieses Abwägungsergebnisses ein Verbot der Lebendspende wegen § 8 Abs.1 S. 2 TPG nicht, wenn die Übertragung des Organs von altruistischen Fremdspendern medizinisch zur Lebenserhaltung oder Krankheitslinderung des potentiellen Empfängers indiziert ist und eine den Anforderungen des § 8 Abs. 3 S.3 TPG entsprechende Kommission die Freiwilligkeit der Spenderentscheidung feststellt und ausgeschlossen ist, daß kein Fall von Organhandel vorliegt. In diesen Fällen überwiegt das Interesse an der Erhaltung des Lebens und der Gesundheit derart, daß die Klausel nicht mehr als angemessen i.e.S. betrachtet werden kann. Erforderlich wäre eine § 8 Abs. 1 S. 2 TPG ergänzende Härtefallregelung.

dd. Zusammenfassung

Die verfassungsrechtlichen Bedenken hinsichtlich der Spenderkreisregelung des § 8 Abs. 1 S. 2TPG sind erheblich. Das Bundesverfassungsgericht, dem - zumindest aus praktischer Sicht - die Beurteilung der Verfassungsmäßigkeit eines Gesetzes obliegt, erklärte in seinem Beschluß vom 11.08.1999[343], § 8 Abs. 1 S. 2 TPG greife zwar in das Grundrecht auf Leben und Gesundheit (Art. 2 Abs.2 S. 1 GG) ein, der Eingriff sei jedoch gerechtfertigt und verhältnismäßig. Insbesondere die in diesem Beschluß zum Ausdruck kommende Billigung eines - über die bisher akzeptierten Grenzen hinausgehenden - Paternalismus des Gesetzgebers, kollidiert mit einem liberalen Rechtsverständnis. Das vorgeschlagene Modell einer anonymen Fremdspende „to whom it may concern" stellt für den Betroffenen ein wesentlich milderes Mittel dar. Trotz des weiten Beurteilungs- und Ermessensspielraum des Gesetzgebers, muß die Spenderkreisregelung deshalb gerade in Anbetracht ihres gravierenden paternalistischen Eingriffs in das Selbstbestimmungsrecht des Spenders einerseits und des Eingriffs in das Recht auf Gesundheit und körperliche Unversehrtheit andererseits als unverhältnismäßig angesehen werden.

b. Verfassungsmäßigkeit des § 8 Abs.1 S.2 TPG unter dem Aspekt des allgemeinen Gleichheitssatzes (Art. 3 Abs. 1 GG)

Auch unter dem Aspekt des allgemeinen Gleichheitssatzes ergeben sich verfassungsrechtliche Bedenken hinsichtlich der Limitierung des Spenderkreises.

---

343 BVerfG NJW 1999, 3399 ff.

Art. 3 Abs. 1 GG gebietet es, alle Menschen vor dem Gesetz gleich zu behandeln. Das Grundrecht ist daher vor allem dann verletzt, wenn eine Gruppe von Normadressaten im Vergleich zu anderen Normadressaten anders behandelt wird, obwohl zwischen beiden Gruppen keine Unterschiede von solcher Art oder solchem Gewicht bestehen, daß sie die ungleiche Behandlung rechtfertigen können[344].

Personeller Anknüpfungspunkt für die Regelung des § 8 Abs. 1 S. 2 TPG ist die Gruppe von Patienten, denen zwar ein Spendewilliger zur Verfügung stünde, dieser jedoch in keinem Näheverhältnis zum Empfänger steht. Zwar bewirkt § 8 Abs. 1 S. 2 TPG vordergründig nur eine Ungleichbehandlung von Sachverhalten (Lebendspende zwischen Personen, die in einem Näheverhältnis stehen, und Lebendspenden zwischen Personen, die in keinem Näheverhältnis stehen). Diese Ungleichbehandlung von Sachverhalten zieht mittelbar jedoch eine schwerwiegende Ungleichbehandlung von Personen nach sich. So sind die Heilungschancen von Dialysepatienten höchst unterschiedlich. Insofern werden diejenigen Patienten benachteiligt, die zwar die weiteren Voraussetzungen des § 8 TPG erfüllen und denen auch ein geeigneter Spender zur Verfügung steht, dieser jedoch nicht den Anforderungen des § 8 Abs. 1 S.2 TPG entspricht. Ihnen wird die erfolgsversprechendere Heilmethode versagt. Demgegenüber erhalten Patienten, die ein Näheverhältnis im Sinne des § 8 Abs. 1 Satz2 TPG aufweisen können, durch eine Transplantation bessere Heilungschancen.

Das Bundesverfassungsgericht sieht - soweit es von einer Benachteiligung ausgeht - die Rechtfertigung dieser Ungleichbehandlung durch § 8 Abs. 1 S. 2 TPG in der Einschätzung des Gesetzgebers, daß eine verwandtschaftliche oder entsprechende enge persönliche Beziehung grundsätzlich die einzige Gewähr für die Erreichung der gesetzgeberisch verfolgten legitimen Ziele sei[345].

Dem ebenso effektiven, jedoch für den Betroffenen wesentlich milderen Modell der anonymisierten Fremdspende hat sich der Gesetzgeber bisher nicht angeschlossen, obwohl diese Methode eine ebenso sichere Gewähr für die Sicherstellung einer freien und nicht kommerziell motivierten Spenderentscheidung darstellen würde. Trotz des weiten Beurteilungs- und Ermessensspielraums des Gesetzgebers bei der Beurteilung dieser Frage, ist die Spenderkreisregelung deshalb auch im Hinblick auf das Gleichbehandlungsgebot als unverhältnismäßiger Grundrechtseingriff anzusehen.

---

[344] BVerfGE 98, 1 (12)
[345] BVerfG NJW 1999, 3402

c. Verfassungsmäßigkeit des § 8 Abs.1 S.2 TPG unter dem Aspekt der Art. 2 Abs.1 GG in Verbindung mit Art. 1 Abs.1 GG

Obwohl die in § 8 Abs.1 S.2 TPG getroffene Regelung einen entscheidenden Fortschritt zu früheren weitaus restriktiveren[346] Formulierungen darstellt, grenzt sie immer noch einen bestimmten Personenkreis von der Möglichkeit der Lebendspende aus. Zu klären bleibt insofern die Frage, inwieweit § 8 Abs.1 S 2 TPG im Einklang mit der grundgesetzlich verankerten Handlungsfreiheit und dem Selbstbestimmungsrecht des potentiellen Spenders aus Art. 2 Abs.1 GG und Art. 1 Abs.1 GG steht.

In den Gesetzesmaterialien zum TPG heißt es ausdrücklich, daß die Erweiterung des Spenderkreises dem Selbstbestimmungsrecht des Organspenders aus Art. 2 Abs.1 GG gerecht werden solle[347]. Dennoch können noch nicht alle diesbezüglichen verfassungsrechtlichen Bedenken beiseite geschoben werden, da immer noch bestimmte Personen von der Möglichkeit der Lebendspende ausgeschlossen sind.

aa. Schutzbereich und Schrankentrias des Art. 2 Abs.1 GG

Zu gesetzlichen Regelungen, die in das Grundrecht der freien Entfaltung der Persönlichkeit und der Handlungsfreiheit (Art. 1 Abs. 1 GG i.V.m. Art. 2 Abs.1 GG) eingreifen, ist der Gesetzgeber befugt, wenn überwiegende Belange des Gemeinwohls, wie sie mit den Schranken des Art. 2 Abs.1 GG bestimmt sind, es gebieten und die Einschränkung des Grundrechts der Prüfung der Verhältnismäßigkeit standhält.
Gemäß Art. 2 Abs.1 GG ist eine Einschränkung der Handlungsfreiheit nur dann erlaubt, wenn jemand die Rechte eines anderen verletzt, gegen die verfassungsmäßige Ordnung oder gegen das Sittengesetz verstößt. Da der Lebendspender weder die Rechte eines anderen verletzt, noch gegen die verfassungsmäßige Ordnung verstößt, kommt als Rechtfertigung der Einschränkung nur ein Verstoß gegen das Sittengesetz in Betracht. Aus dem Kontext der Verfassung ist der Begriff des Sittengesetzes wiederum so zu verstehen, daß hierunter nur solche

---

[346] vgl hierzu oben 4. Kapitel B.III.1.

[347] BT-Drs. 13/4355 (siehe oben Fn. 68), Begründung A. (Allgemeiner Teil) Ziff. V. 3 (S. 21)

elementaren Normen fallen, deren Einhaltung nicht um ihrer selbst, sondern auch um der Vermeidung sozialschädlicher Wirkungen willen geboten ist[348].

Die Beschränkung des Spenderkreises soll eine Expansion des Organhandels verhindern. Indem der Gesetzgeber die Art der Beziehung zwischen Spender und Organempfänger zur Zulassungsvoraussetzung erhebt, meint er, eine altruistische Motivation bei der Lebendspende sicherstellen zu können, um so eine sozialschädliche Ausbreitung des Organhandels zu verhindern[349]. Das Verbot des Organhandels soll wiederum vor einer Ausbeutung von Notlagen des Spenders oder des Organempfängers schützen. Da der Gesetzgeber vom Arzt nicht verlangen kann, daß dieser im Einzelfall erst das Vorliegen einer derartigen Situation nachprüft und dies auch kaum praktikabel wäre, hat er sich darauf beschränkt die typische Gefährlichkeit einer Organspende zwischen emotional nicht verbundenen Menschen zu pönalisieren, ohne auf den Eintritt des konkreten Gefährdungserfolgs abzustellen. Die Vorschrift dient dazu, das Eingehen von abstrakten Gefahren hinsichtlich eines Verbots, das vor abstrakten Gefahren schützen will, unter Strafe zu stellen[350]. Pönalisiert wird ein Verhalten, nämlich die Vornahme einer Organexplantation von einem emotional unverbundenen Spender, welches aufgrund einer gesetzlichen Vermutung für typischerweise gefährlich gehalten wird. Problematisch ist in diesem Zusammenhang insbesondere die Vereinbarkeit mit dem Schuldprinzip. Nicht jedem emotional nicht im Sinne des §8 Abs.1 S.2 TPG verbundenen Spendewilligen kann der Vorwurf des Organhandels und des verwerflichen Ausnützens einer Notsituation gemacht werden. Hingegen macht §8 Abs.1 S.2 TPG solidarisches Handeln für jemanden, der nicht in den gesetzlichen Spenderkreis fällt, unmöglich. Solidarisches Handeln hat jedoch nichts sozialschädliches an sich. Im Gegenteil, es besteht deshalb die Gefahr, daß eine derartige Einschränkung des Spenderkreises nicht nur sozialschädliches, sondern vielmehr auch sozialnützliches Verhalten verhindert[351]. Das Sittengesetz als Schranke sozialnützlich motivierten Verhaltens heranzuziehen, widerspräche sich selbst.

Doch auch wenn man alleine auf die sozialschädliche, abstrakte Gefahr des Organhandels und des Ausnützens einer Notlage abstellt und somit §8 Abs.1 S.2 TPG als unter das Sittengesetz fallende Schranke der allgemeinen Handlungs-

---

[348] Rudolphi, Honig-FS, S. 161; Roxin Strafrecht AT § 2 IX, Rn.35
[349] BT-Drs. 13/4355 (siehe oben FN. 68), Begründung zu § 7 Abs. 1 Satz 2 (S. 34)
[350] so auch Schroth in JZ 1998, 507
[351] vgl. Schroth in JZ 1998, 507

freiheit subsumieren kann, stellt sich die Frage, ob diese Vorschrift den Anforderungen des Verhältnismäßigkeitsgrundsatzes entspricht.

bb. Verhältnismäßigkeit des Eingriffs

Die Entwurfsbegründungen rechtfertigen die Einschränkung damit, daß eine allgemeine Freigabe die Gefahr des Organhandels eskalieren lassen könnte[352]. Die Möglichkeit einer sog. „anonymen Lebendspende" wurde aus diesem Grund kategorisch abgelehnt. Diese Zwecksetzung steht mit dem Grundgesetz durchaus im Einklang, da damit vor allem die körperliche Integrität der Organspender, die Menschenwürde und das Pietätsgefühl der Allgemeinheit geschützt wird[353]. Während ein generelles Verbot der Lebendspende zwischen Nichtverwandten, wie bereits erörtert, an der Verhältnismäßigkeit i.e.S. scheitern würde, da die Tiefe eines derartigen Eingriffs in das Selbstbestimmungsrecht des Spenders angesichts des doch recht fragwürdigen Nutzens für das Ziel der Bekämpfung des Organhandels in keinerlei abgewogenem Verhältnis zueinander stehen und damit die Angemessenheit des Eingriffs zu verneinen wäre, sieht das Verhältnis bei der neuen Regelung des § 8 Abs. 1 S.2 TPG doch anders aus. Man kann nicht mehr unbedingt von einer unzumutbaren Härte sprechen, wenn einem emotional unabhängigen Spendewilligen die Organspende verboten wird. Schließlich geht es um einen ziemlich erheblichen körperlichen Eingriff bei der Organspende und wenn keine emotionalen Bindung vorliegt, stellt sich natürlich die Frage, was einen Spendewilligen dann zu einer Transplantation bewegt. Da die Motive des Spenders für einen Arzt nur sehr schwer zu ergründen sind, hat der Gesetzgeber bei § 8 TPG ausdrücklich nicht die Motivation, sondern die Art der Bindung zwischen Spendeempfänger und Spender zur Zulässigkeitsvoraussetzung der Lebendspende erhoben. Dies erscheint angesichts der Schwere des Eingriffs in die körperliche Integrität auch angemessen. Selbst wenn im Einzelfall ein Fremder aus reiner Nächstenliebe eine Niere spenden möchte, so ist die Verletzung seines Selbstbestimmungsrechts doch nicht so hoch zu bewerten wie die Gefahr des leichtfertigen, lebenslangen Organverlustes oder die Gefahr einer unkontrollierten Expansion des Organhandels. Daß dem Recht auf körperliche Selbstbestimmung Grenzen gesetzt sind, zeigt bereits die Vorschrift des § 228 StGB.

---

352 BT-Drs. 13/4355 (siehe oben FN. 68), Begründung zu § 7 Abs. 1 Satz 2 (S. 34)

353 BT-Drs. 13/4355, (siehe oben FN. 68), Begründung zu § 16 Absatz 1 Satz 1; Schroth JZ 1997, S. 1150

Problematisch könnte jedoch die Beurteilung der Erforderlichkeit der Einschränkung sein. Die Prüfung der Erforderlichkeit konzentriert sich darauf, aufzuzeigen, ob es Alternativen gibt, mittels denen der erstrebte Zweck in einfacherer, gleich wirksamer, aber die Grundrechte weniger fühlbar einschränkender Weise erreicht werden kann[354].

Ein alternativer, bereits mehrfach angesprochener, Lösungsweg wäre, die Gefahr der Kommerzialisierung der Organspende zu bannen, indem die Kommunikation zwischen Spender und Empfänger verhindert wird. Das bereits mehrfach angesprochene Modell einer Fremdspende „to whom it may concern" an einen Organpool der Vermittlungsstelle[355] stellt im Rahmen der Güterabwägung eine wesentlich mildere, aber ebenso effektive Methode zur Sicherstellung des Altruismus und der Freiwilligkeit der Lebendspende dar.

d. Verfassungsmäßigkeit des § 8 Abs.1 S.2 TPG unter dem Aspekt der Berufsfreiheit des Arztes (Art. 12 Abs. 1 GG)

Die Organexplantation steht - zusammen mit der Transplantation selbst - im Mittelpunkt der Tätigkeit eines Transplantationschirurgen. Vor Inkrafttreten des TPG war der Chirurg in seinen beruflichen Tätigkeiten und Entscheidungen frei und nur an die ärztlichen Standesregeln, sowie die allgemeinen, insbesondere strafrechtlichen Bestimmungen gebunden gewesen.

Ein fundamentales Element ärztlicher Tätigkeit ist die Orientierung an der Standesethik, welche in erster Linie der Erhaltung und Wiederherstellung der Gesundheit verpflichtet ist. Die Limitierung des Spenderkreises auf den in § 8 Abs. 1 S.2 TPG genannten Personenkreis zwingt den Arzt, von der vornehmbaren und realisierbaren Therapie Abstand zu nehmen. In diesen Fällen läuft die Vorschrift den fundamentalen Prinzipien ärztlicher Berufsausübung zuwider.

§ 8 Abs. 1 S. 2 TPG greift damit in den Schutzbereich des Grundrechtes aus Art. 12 Abs. 1 GG ein. Die Berufsfreiheit ist jedoch nicht vorbehaltslos gewährleistet. Als Berufsausübungsregelungen müssen § 8 Abs. 1 S. 2 TPG (und auch § 19 Abs. 2 TPG) durch vernünftige Erwägungen des Gemeinwohls gerechtfertigt sein und dürfen Art. 12 Abs. 1 GG nicht unverhältnismäßig einschränken[356].

---

[354] Zur Prüfung der Erforderlichkeit, vgl. BVerfGE 80, 137(160)
[355] Gutmann in MedR 1997, 150
[356] vgl. BVerfGE 97, 228 (255)

Zu berücksichtigen ist dabei, daß die ärztliche Tätigkeit als solche durch das Verbot der Vornahme einer Organtransplantation in den Fällen, die nicht unter § 8 Abs.1 S. 2 TPG fallen, nicht über die Maße eingeschränkt wird. Der Eingriff in die Berufsfreiheit wiegt deshalb nicht besonders schwer. Im übrigen kann eine am Patientenwohl orientierte Berufsausübung des Arztes nur solche Behandlungsmethoden rechtfertigen, die andere, ebenfalls grundgesetzlich geschützte Rechtsgüter, nicht unverhältnismäßig beeinträchtigt[357].

e. Verfassungsmäßigkeit des § 8 Abs.1 S.2 TPG unter dem Aspekt der Glaubens- und Gewissensfreiheit (Art. 4 Abs. 1 GG)

Das ärztliche Prinzip des primum non nocere gebietet es, daß es einem Arzt freisteht, seinerseits Respekt für die Autonomie seiner moralischen Entscheidung zu beanspruchen[358]. Dem Arzt wird jedoch in den Fällen, in denen die rettende Organtransplantation aufgrund des § 8 Abs. 1 S.2 TPG nicht zulässig ist, untersagt, was sein Gewissen und sein ärztliches Ethos fordern. Auch macht es die Vorschrift einem Arzt unmöglich, anderen aus Gründen christlicher Nächstenliebe und christlichem Glauben zu helfen. Der Arzt wird vielmehr vor die Wahl gestellt, entweder das Gesetz zu mißachten oder seinem sittlichen Gebot nicht zu folgen.

Das Grundrecht aus Art. 4 Abs. 1 GG schützt über die glaubensbezogenen Handlungen im engeren Sinne hinaus, auch das Recht des Einzelnen, sein gesamtes Verhalten an den Lehren seiner religiösen oder weltanschaulichen Überzeugung auszurichten und dieser Überzeugung gemäß zu handeln[359]. Die verfassungsrechtlich garantierte Gewissensfreiheit umfaßt nicht nur die Freiheit, ein Gewissen zu haben, sondern grundsätzlich auch die Freiheit, von der öffentlichen Gewalt nicht verpflichtet zu werden, gegen Gebote oder Verbote des Gewissens zu handeln[360].

Das vorbehaltslos gewährte Grundrecht aus Art. 4 Abs. 1 GG unterliegt jedoch verfassungsimmanenten Schranken.

Die Ziele, denen § 8 Abs. 1 S. 2 TPG dient, sind selbst in der Verfassung verwurzelt: So entspricht es dem Bild des Grundgesetzes von der Würde und

---

357 BVerfG NJW 1999, 3399 (3403)
358 vgl. Gutmann in Zeitschrift. für Transplantationsmedizin 1993, S. 78
359 BVerfGE 33, 23 (28)
360 BVerfGE 78, 391 (395)

Selbstbestimmtheit des Menschen, daß die Entscheidung zu einer Organspende freiwillig und ohne kommerzielle Motive zu erfolgen hat. Die in § 8 Abs. 1 S. 2 TPG vorgenommene Abwägung dieser grundgesetzlich abgesicherten Ziele gegen die Gewissensfreiheit des transplantierenden Arztes dürfte jedoch angesichts der fehlenden Nachhaltigkeit der Beeinträchtigung der ärztlichen Gewissensfreiheit verfassungsrechtlich nicht zu beanstanden sein.

4. Ergebnis:

Die Regelung des Spenderkreises in § 8 Abs.1 S.2 TPG stellt zwar eine erhebliche Verbesserung gegenüber früheren Entwürfen zur Einschränkung des Spenderkreises dar. Die vorangegangenen Untersuchungen haben jedoch ergeben, daß § 8 Abs.1 S. 2 TPG in vielerlei Hinsicht verfassungsrechtlichen Bedenken ausgesetzt ist. In seinem Beschluß vom 11.08.1999[361] bejaht das Bundesverfassungsgericht die Verfassungskonformität der Vorschrift. Doch sind insbesondere die Erwägungen des Gerichtes zur Verhältnismäßigkeit angreifbar. Der mit der Limitierung des Spenderkreises verbundene Eingriff in Grundrechte des Spendewilligen, vor allem in dessen Selbstbestimmungsrecht, sowie der Eingriff in das Grundrecht des Spenders auf Gesundheit, sind nicht verhältnismäßig. Auch unter dem Gesichtspunkt des Sozialstaatsprinzipes aus Art. 20 Abs.1 GG ist § 8 Abs.1 S.2 TPG nur verfassungsgemäß, wenn eine extensive Auslegung des Merkmals der „besonderen persönlichen Verbundenheit" vorgenommen wird.

Eine anonyme Fremdspende würde die gesetzgeberischen Ziele mindestens ebenso effektiv, aber wesentlich milder verwirklichen. Das Problem, das der Gesetzgeber mit der Limitierung des Spenderkreises zu beseitigen versuchte, wird nicht gelöst, sondern verschoben: Mehr oder weniger freiwillige Spender und mafiaähnliche Organisationen warten im Ausland nur auf Bedürftige, die in Deutschland keine Chance haben ein Spenderorgan zu erhalten. Derjenige, der wirklich entschlossen ist und über die entsprechenden Mittel verfügt, wird sich immer zu helfen wissen. Ein wirksames Anonymspendeverfahren im Zusammenspiel mit erhöhten verfahrensrechtlichen Anforderungen an die Lebendspende würde zu einem Anstieg legaler Spenderorgane führen und damit ein effektiveres und milderes Mittel zur Bekämpfung des Mißbrauchs darstellen, als die momentane Spenderkreisregelung.

---

[361] 1 BVR 2181/98 u.a. in NJW 1999, 399 ff.

C. Die Strafvorschriften des § 8 i.V.m. § 19 Abs. 2 TPG unter dem Aspekt des Übermaßverbotes und des Gebotes schuldangemessenen Strafens

Nach dem mit Verfassungsrang ausgestatteten Schuldgrundsatz setzt jede Strafe Schuld voraus[362]. Nach dem Gebot des schuldangemessenen Strafens muß die angedrohte Sanktion im gerechten Verhältnis zur Schwere der Tat und zum Verschulden der Täter stehen. Insoweit deckt sich der Schuldgrundsatz in seinen die Strafe begrenzenden Auswirkungen mit dem Übermaßverbot[363].

Da die meisten Tatbestände bereits durch die Vorschriften des Kernstrafrechtes und die Organhandelsvorschriften der §§ 17, 18 TPG abgedeckt sind, stellt sich in erster Linie die Frage, ob der für § 19 Abs. 2 in Verbindung mit § 8 Abs. 1 S. 2 TPG verbleibende erreichbare Rechtsgüterschutz in einem angemessenen Verhältnis zur Strafandrohung steht. Zu beachten ist dabei, daß die Strafvorschrift des §19 Abs. 2 TPG i.V.m. § 8 Abs.1 S.2 TPG regelmäßig die Fälle einer altruistischen und freiwilligen Organspende miterfassen wird, bei der ein vorwerfbares sozialschädliches Handeln unter keinem Blickwinkel gegeben ist und in diesen Fällen ein in hohem Maße fremd- und sozialnützliches Verhalten pönalisiert wird.

Dem Gesetzgeber ist es vorbehalten, zum Schutze wichtiger Gemeinschaftsgüter eine strafrechtliche Sanktion - unabhängig von einer konkreten Gefährdung oder gar Verletzung von Schutzgütern - in den Bereich einer abstrakten Gefährdung vorzuverlagern[364]. Das einzige von der Wissenschaft hierfür aufgestellte Erfordernis, ist die Wahrung des Schuldgrundsatzes[365]. Uneinigkeit besteht hingegen immer noch im Hinblick auf die Art und Weise, nach der sich die klassischen abstrakten Gefährdungsdelikte mit dem Schuldgrundsatz in Einklang bringen lassen[366].

Beim abstrakten Gefährdungsdelikt wird ein Verhalten mit Strafe bedroht, welches als generell gefährlich erscheint. Diese Gefährlichkeit ist bestimmend für das Unrecht der Tat; sie begründet oder erhöht die Strafbarkeit des betreffenden

---

362 BVerfGE 80, 244 (255)

363 BVerfGE 73, 206 (253)

364 BVerfGE 90, 145 (184)

365 Roxin, Strafrecht Allgemeiner Teil, S. 356

366 ausführlich zu diesem Streit siehe Wolter, Objektive und personale Zurechnung von Verhalten, Gefahr und Verletzung in einem funktionalem Strafrechtssystem, S. 276 ff.; Im folgenden seien nur die wichtigsten Standpunkte kurz dargestellt

Deliktes. Der Täter wird bestraft, selbst wenn im konkreten Fall gar keine Gefahr vorgelegen hat[367]. Seine Schuld wird insofern (un)widerleglich vermutet[368]. Die Vornahme einer Organtransplantation entgegen den Voraussetzungen des § 8 Abs. 1 S.2 TPG wird ebenfalls unabhängig von einer konkreten Gefährdung des Schutzobjekts pönalisiert. Die Gefährlichkeit der Tathandlung ist nicht Tatbestandsmerkmal, sondern nur Grund für die Existenz der Strafvorschrift des § 19 Abs. 2 TPG[369]. § 19 Abs.2 TPG i.V.m. § 8 Abs.1 S.2 TPG ist daher im Hinblick auf die Intensität der Rechtsgutbeeinträchtigung als abstraktes Gefährdungsdelikt zu qualifizieren.

Ein Teil der Literatur fordert nun im Hinblick auf die vom Gesetzgeber aufgestellte Vermutung einer generellen Gefährlichkeit bestimmter Verhaltensweisen bei abstrakten Gefährdungsdelikten, den „Gegenbeweis der Ungefährlichkeit" zuzulassen, „wenn der Tatbestand dem Schutz bestimmter konkretisierter Objekte dient, bei denen im Einzelfall mit Sicherheit festgestellt werden kann, ob sie tatsächlich in Gefahr gebracht worden sind"[370]. Dies würde jedoch bedeuten, daß eine unklare Beweislage wegen der gesetzlichen Verschuldensvermutung zu einer Verurteilung führen würde, was wiederum ein Verstoß gegen den Grundsatz in dubio pro reo darstellen würde[371]. Darüber hinaus würde man das abstrakte in ein konkretes Gefährdungsdelikt verwandeln, würde man vom Gericht den Nachweis einer tatsächlichen Gefährdung verlangen[372].

Nach einer weitere Theorie soll die abstrakte Gefahr als „Wahrscheinlichkeit einer konkreten Gefahr" bestimmt werden[373]. Danach besteht der Rechtsgüterangriff abstrakter Gefährdungsdelikte darin, „daß durch das verbotene Verhalten ein Zustand geschaffen wird, in dem eine (konkrete) Gefährdung des geschützten Rechtsgutes wahrscheinlich ist" [374], abstrakte Gefährdung bedeute die

---

[367] A. Kaufmann, JZ 1963, 431, 432

[368] A. Kaufmann, JZ 1963, 431, 432

[369] vgl. BT-Drs 13/4355 (siehe oben FN. 68), Begründung zu § 7 Abs.1 Satz 2, wonach als Grund für die zusätzlich Einschränkung der Lebendspende hinsichtlich der möglichen Empfänger, neben der Sicherung der Freiwilligkeit , die Bekämpfung des Gefahr des Organhandels genannt wird. Im gesetzlichen Tatbestand des § 19 Abs.2 TPG i.V.m. § 8 Abs.1 S.2 TPG findet eine Pönalisierung unabhängig von dem Vorliegen einer derartigen Gefahr oder Rechtsgutverletzung statt

[370] Schröder, ZStW 81 (1969), 14 ff. (17), vgl. auch BGHSt 10, 247 (= JZ 58, 123), wo auch der BGH „in Ausnahmefällen" einen Gegenbeweis zulassen will

[371] vgl. Roxin, Strafrecht Allgemeiner Teil, S. 357

[372] Schünemann, JA 1975, 797; Kindhäuser, Gefährdung als Straftat, S. 243 ff.

[373] Cramer S. 67 ff.

[374] Cramer S. 67 ff. , S. 74

„Wahrscheinlichkeit einer Rechtsgütergefährdung“ [375]. Doch ist auch diese Umgrenzung verschwommen. Schließlich ist das Moment der Wahrscheinlichkeit im Gefahrenbegriff bereits enthalten. Die Gefahr als Wahrscheinlichkeit der Gefahr zu bezeichnen, hilft nicht weiter. Eine Präzisierung erfährt der Gefahrenbegriff nur, wenn man ihn als Wahrscheinlichkeit des Eintritts unerwünschter Folgen umschreibt[376]. Korrigiert man diese Theorie dementsprechend, so würde der diesem Erklärungsansatz zugrundeliegende Begriff der abstrakten Gefahr im Ergebnis wohl mit einer konkreten Gefahr von minderer und schwer bestimmbaren Intensität gleichzusetzen sein[377].

Schließlich gibt es noch ein Modell, nach der die Strafbarkeit bei abstrakten Gefährdungsdelikten von einer Sorgfaltswidrigkeit im Sinne der Fahrlässigkeitsdelikte abhängig gemacht wird[378]. Man geht also alleine von einer Erfolgsgefahr aus, ohne daß es auf den Erfolg der Gefahr ankommt, so daß im Ergebnis abstrakte Gefährdungsdelikte „Tatbestände folgenloser Fahrlässigkeit“[379] darstellen würden. Modifiziert man dieses Modell noch dahingehend, daß es nicht auf die objektive, sondern alleine auf die subjektive Sorgfaltswidrigkeit ankommt, so stellt sich das abstrakte Gefährdungsdelikt regelmäßig als fahrlässiger Versuch dar[380]. Eine Strafbarkeit wäre danach bereits zu bejahen, wenn der Täter nur die subjektiv aus seiner Sicht gebotenen Vorsichtsmaßnahmen außer acht läßt, mögen die getroffenen Vorkehrungen auch objektiv unter allen Umständen zu Beseitigung der Gefahr ausreichen[381]. Geht man mit Schünemann davon aus, daß „was gerade noch schuldangemessen ist, ... der das Schuldprinzip vernachlässigenden legislatorischen Entscheidung am nächsten (kommt) “[382], so ergeben sich hinsichtlich der Ausdehnung der Strafbarkeit, bei Anwendung des eben geschilderten Konzeptes der „folgenlosen Fahrlässigkeit“, keinerlei Bedenken[383].

Im übrigen stimmen die vorgenannten Ansichten allesamt dahingehend überein, daß sie den Zweck der abstrakten Gefährdungsdelikte im Rechtsgüterschutz

---

[375] Cramer S. 67 ff. , S. 74

[376] Welzel, Strafrecht, S. 44, Maurach/Zipf, Strafrecht, AT 1, S. 255

[377] A. Kaufmann in JZ 1963, 433; Kindhäuser, Gefährdung als Straftat, S. 246 ff.

[378] Horn, Konkrete Gefährdungsdelikte, S. 28, 94f.; Brehm, Zur Dogmatik des abstrakten Gefährdungsdelikts, S. 126 ff.

[379] vgl. auch Roxin, Strafrecht Allgemeiner Teil, S. 357

[380] vgl. Schünemann in JA 1975, 798

[381] vgl. Roxin, Strafrecht Allgemeiner Teil, S. 357

[382] Schünemann JA 1975, 798

[383] vgl. auch Roxin, Strafrecht Allgemeiner Teil, S. 375

sehen, ein Rechtsgutbezug somit immer noch erkennbar sein muß[384]. Das Prinzip einer am Rechtsgüterschutz orientierten Strafgesetzgebung bleibt mithin gewahrt.

Der BGH hat zur Berechtigung derartiger Einschränkungen noch nicht abschließend Stellung genommen, sich ihnen gegenüber jedoch offen gezeigt. Voraussetzung für die Vermeidung einer abstrakten Gefährdung im Falle des § 306 Nr. 2 StGB sei jedenfalls „daß eine Gefährdung von Menschenleben nach der tatsächlichen Lage absolut ausgeschlossen" sei und daß sich der Täter darüber „durch absolut zuverlässige lückenlose Maßnahmen" vergewissert habe[385].

Überträgt man diese Grundsätze auf die Fälle der Organtransplantation, so muß der Arzt alles in seiner Macht stehende tun, um auszuschließen, daß er kein Organ transplantiert, welches Gegenstand verbotenen Handeltreibens ist. Ein Bemühen reicht hier nicht aus, erforderlich sind ausreichende Sicherungsmaßnahmen, die derartiges verhindern. Nur wenn der Arzt aus seiner subjektiven Sicht gemäß der im Verkehr erforderlichen Sorgfalt alles in seiner Macht stehende getan hat, eine kommerziell motivierte Organspende zu verhindern, würde seine Bestrafung gegen den Schuldgrundsatz verstoßen.

D. Ergebnis:

Die in § 8 i.V.m. § 19 Abs. 2 TPG geregelten Zulässigkeitsbeschränkungen unterliegen zum Teil erheblichen verfassungsrechtlichen Bedenken. Folgende Erkenntnisse haben sich aus der vorangegangenen Untersuchung ziehen lassen:

In der Reihe der Verhaltensvorschrift stellt die Subsidiaritätsklausel (§ 8 Abs. 1 S. 1 Nr. 3 TPG) im Hinblick auf das körperliche Selbstbestimmungsrecht des Spenders, einen gesetzgeberischen Akt des indirekten harten Paternalismus dar, welcher über die Grenzen der Autonomiefähigkeit in einem liberalen Rechtsstaat grundsätzlich nicht zu rechtfertigen ist. Eine Streichung der unter diesem Gesichtspunkt verfassungswidrigen Klausel ist auch im Hinblick auf die bisher in diesem Bereich gesammelten positiven Erfahrungen, die einen Mißbrauch nicht erwarten lassen, zu befürworten.

---

384 Demgegenüber vertritt Kindhäuser die Ansicht, daß abstrakte Gefährdungsdelikte nur Sicherheit vermitteln, jedoch keinen Rechtsgüterschutz verfolgen müssen, vgl. hierzu Kindhäuser, Gefährdung als Straftat, S. 280 ff.

385 BGHSt 26, 121 (124f.)

Daneben empfiehlt es sich, die bisher in § 8 Abs. 1 Nr. 1 c TPG aufgestellte Grenze des „allgemeinen Operationsrisikos" dahingehend umzuformulieren, daß der Spender durch die Operation nicht unverhältnismäßig gefährdet werden darf. Der bisherige Wortlaut des § 8 Abs. 1 Nr. 1c TPG läßt keinen Platz für eine Abwägung, in der auch die Maßstäbe und Vorstellungen des Spenders einfließen können. Aus diesem Grunde trägt auch § 8 Abs. 1 Nr. 1 c TPG Züge einer nicht zu rechtfertigenden paternalistischen Regelung.

In der Reihe der strafrechtlich abgesicherten Zulässigkeitsvoraussetzungen der Lebendspende stellt die Limitierung des Spenderkreises in § 8 Abs. 1 S. 2 TPG eine verfassungswidrige Regelung dar. Insbesondere der mit der gesetzlichen Einschränkung des potentiellen Spenderkreises verbundene Eingriff in Grundrechte des Spendewilligen, vor allem in dessen Selbstbestimmungsrecht, sowie der Eingriff in das Grundrecht des Spenders auf Gesundheit halten einer Prüfung am Maßstab des Verhältnismäßigkeitsgrundsatzes nicht stand. Weiter kann § 8 Abs. 1 S. 2 TPG auch unter dem Gesichtspunkt des Sozialstaatsprinzips nur als verfassungskonform betrachtet werden, wenn eine extensive Auslegung des Merkmals der „besonderen persönlichen Verbundenheit" vorgenommen wird. Mit einem wirksamen Anonymspendeverfahren ist hingegen eine Alternative zur Spenderkreisregelung denkbar, welche die gesetzgeberischen Ziele ebenso effektiv, jedoch unter Wahrung der Grundrechte der Betroffenen, verwirklichen würde.

Schließlich erfordert es der Schuldgrundsatz, daß von einer Bestrafung des Arztes dann abgesehen wird, wenn feststeht, daß er gemäß der im Verkehr erforderlichen Sorgfalt alles ihm mögliche unternommen hat, um sicherzugehen, daß der von ihm operierte Spender, sowohl freiwillig, als auch altruistisch in die Organentnahme eingewilligt hat.

5. Kapitel: Die Konkurrenzproblematik des § 19 Abs. II TPG zu §§ 223 ff. StGB - Weiterbestehender Schutz durch das Kernstrafrecht ?

Gemäß § 19 Abs. 2 TPG wird mit Freiheitsstrafe bis zu 5 Jahren oder mit Geldstrafe bestraft, wer gegen die Tatbestände des § 8 TPG verstößt, welche die Einwilligungsfähigkeit, die Aufklärungspflicht, die Vornahme des Eingriffs durch einen Arzt, sowie die Begrenzung des Spenderkreises regeln.

Soweit diese Vorschrift die körperliche Integrität, die Einwilligung und die hinreichende Aufklärung des Organspenders schützt, stellt sich damit ein Konkurrenzproblem zu den §§ 223 ff. StGB[386], welche in diesen Fällen ebenfalls ihre Schutzwirkung entfalten.

Eine gesetzliche Regelung dieser Konkurrenzproblematik gibt es im TPG nicht.

Demgegenüber hieß es in der Entwurfsbegründung zum TPG noch, daß *„soweit die aus den Zulässigkeitsvoraussetzungen nach §8 Abs.1 folgenden Verbote die Befugnis des Spenders einschränken, in eine Verletzung seiner körperlichen Integrität einzuwilligen"*, ein Verstoß gegen § 8 Abs. 1 auch als Körperverletzung strafbar sein könne[387]. In der Beschlußempfehlung nahm der Gesetzgeber diese Formulierung zurück. Man hielt es für angebrachter, die Klärung des Konkurrenzverhältnisses der §§223 ff. StGB und §19 Abs.2 TPG Rechtsprechung und Wissenschaft zu überlassen[388]. Damit wurden auch die Probleme obsolet, die sich aus der in der Entwurfsbegründung zunächst gewählten Formulierung ergaben.

Es stellte sich nämlich die Frage, welche Zulässigkeitsvoraussetzungen als Einschränkungen der Einwilligungsbefugnis anzusehen sind. Man könnte hierunter etwa nur die Einwilligungsfähigkeit und die Notwendigkeit einer umfassenden Aufklärung zählen, da sie die Wirksamkeit der Einwilligung selbst betreffen. Andererseits beschränken darüber hinaus alle Zulassungsvoraussetzungen der Lebendspende die Einwilligungsbefugnis des Spenders. So kann beispielsweise trotz Vorliegens einer wirksamen Einwilligung, die Lebendspende unzulässig sein, weil ein postmortales Spenderorgan zur Verfügung steht. Auch die Subsidiaritätsklausel stellt eine Einschränkung der Befugnis des Spenders dar, in die Verletzung seiner körperlichen Integrität einzuwilligen. Dasselbe gilt für die übrigen Zulässigkeitsvoraussetzungen der Lebendspende. Da die Einwilligung alleine für eine rechtmäßige Lebendspende nicht ausreicht, unterliegt die Einwilligungsbefugnis allen in §8 TPG normierten Zulassungsbeschränkungen. Das würde aber bedeuten, daß jeder Verstoß gegen eine Vorschrift des § 8 TPG zugleich eine Strafbarkeit nach den §§ 223 ff StGB mit sich ziehen würde. Ein Arzt, der gegen die Subsidiaritätsklausel verstößt, würde sich der Körperverletzung nach § 223 StGB schuldig machen, wenn man ein Organ als wichtiges Glied ansieht sogar einer besonders schweren Körperverletzung. Eine derartige

---

386 in Verbindung mit den allgemeinen Grundsätzen der tatbestandsausschließenden oder rechtfertigenden Einwilligung

387 BT-DRS. 13/4355 (siehe oben FN. 68), Besondere Begründung zu § 18 Abs. 2 E-TPG

388 BT-Drs. 13/8017 (siehe oben FN. 74), Begründung zu § 18 Abs. 2

Bestrafung des Arztes wäre jedoch nicht zu rechtfertigen und mit dem Schuldprinzip unvereinbar. Eine derartige Ausdehnung der Strafbarkeit würde zudem der Intention des Gesetzgebers, nur bestimmte Verstöße gegen § 8 TPG zu pönalisieren, entgegenlaufen.

Aus dieser Diskussion läßt sich, im Hinblick auf die nunmehr fehlende gesetzliche Regelung der Konkurrenzproblematik, zumindest die Erkenntnis ziehen, daß der Gesetzgeber die Organtransplantation mit Einführung des TPG nicht gänzlich aus dem Bereich der Körperverletzungsdelikte aussparen wollte. Dies hätte nämlich nach allgemeinen Rechtsanwendungsgrundsätzen (vgl. Art. 1 EG-StGB) einer ausdrücklichen gesetzlichen Aufhebung bedurft[389]. Da eine solche Aufhebung nicht stattgefunden hat, ist § 19 Abs. 2 TPG als eine Spezialregelung anzusehen, die für den Umfang und die Dauer ihrer Geltung die generellen Regelungen in §§ 223 ff. StGB zwar zurücktreten läßt, aber nicht beseitigt[390]. Die §§ 223 ff. StGB stellen sozusagen die „Reserve“[391] für den Fall der Aufhebung des § 19 Abs.2 TPG dar[392]. Es liegt ein Fall von Gesetzeskonkurrenz vor:

Die gesetzlichen Tatbestände des § 19 Abs. 2 i.V.m. § 8 TPG wurden im Hinblick auf die engen Zulässigkeitsvoraussetzungen einer Lebendspende als abschließend konzipiert. Eine über das TPG hinausgehende Zulässigkeit der Lebendspende verbietet sich daher. Ferner deckt sich der Strafrahmen und zum Teil auch die Schutzrichtung beider Strafvorschriften: Sowohl § 19 Abs. 2 TPG, als auch die §§ 223 ff. StGB schützen die körperliche Unversehrtheit des Menschen; § 19 Abs.2 TPG bezweckt darüber hinaus die Bekämpfung des Organhandels[393].

---

389 wie beispielsweise in § 2 JGG oder § 3 WStG

390 Es stellt sich hier eine ähnliche Konkurrenzproblematik wie bei den Streilisationstatbeständen, vgl. Schwalm in A.Mergen, Die juristische Problematik in der Medizin, Bd. III, 1971, S. 201 ff. (211)

391 Schwalm verwandte diesen Begriff im Zusammenhang mit der Konkurrenzproblematik des § 226b StGB - welcher durch das Gesetz vom 26.5.1933 in das StGB eingefügt worden ist, um eine Grundlage für die Beurteilung freiwilliger Sterilisationen zu schaffen - zu den Körperverletzungsvorschriften, in A. Mergen, Die juristische Problematik in der Medizin, Bd. III, 1971, S. 201 ff. (211)

392 Auf der Tatbestandsebene bleibt der Eingriff in die körperliche Unversehrtheit des Spenders stets eine tatbestandsmäßige Körperverletzung i.S.d. § 223 StGB. Sieht man das Organ als wichtiges Glied des Körpers an, so erfüllt der Eingriff den Tatbestand einer schweren Körperverletzung i.S.d. § 226 Abs. 1 Nr.2 StGB

393 Daher stellt sich bei einem Verstoß gegen die Spenderkreisregelung des §8 Abs.1 S.2 TPG, dessen Pönalisierung ebenfalls durch § 19 Abs. 2 Alt.2 TPG erfolgt, die direkte Konkurrenz-

Im Ergebnis ist die Lebendorganspende mangels einer ausdrücklichen Aufhebungsvorschrift nicht aus dem Bereich der Körperverletzungsvorschriften herausgenommen worden. Vielmehr erfüllt jeder ärztliche Eingriff beim Lebendspender nach wie vor den Tatbestand einer Körperverletzung. Die Strafvorschrift des § 19 Abs. 2 TPG stellt für den Bereich der Lebendspende lediglich eine spezialgesetzliche Regelung dar, welche die §§ 223 ff. StGB im Wege der Gesetzeskonkurrenz verdrängt.

6. Kapitel: Das Erfordernis einer nicht-kommerziellen Lebendspende

Gemäß § 17 Abs.1 S.1 TPG darf eine Lebendspende dann nicht stattfinden, wenn das Organ Gegenstand verbotenen Handeltreibens ist. § 18 TPG bedroht im Falle eines involvierten Organhandels sowohl den Spender, den Spendeempfänger, den Organhändler, als auch den Arzt mit Strafe. Die Lebendorganspende findet ihre Grenzen damit auch im Verbot des Handeltreibens mit Organen. Ob diese Grenze gerechtfertigt ist und welche Beschränkungen sie den an einer Organtransplantation Beteiligten auferlegt, ist Gegenstand der Untersuchung dieses Kapitels.

Um die Notwendigkeit eines Verbots des kommerziellen Organhandels in Deutschland zu dokumentieren, soll zunächst auf die Gefahren und Erscheinungsformen des kommerziellen Organhandels eingegangen werden. Die darauf folgende Untersuchung widmet sich der Frage, ob § 18 TPG den Anforderungen des am Rechtsgüterschutz orientierten Strafrechts gerecht wird oder ob die Vorschrift eher als symbolischer Gesetzgebungsakt zu charakterisieren ist. In diesem Zusammenhang wird auf die grundsätzliche Zulässigkeit symbolischer Gesetzgebungsakte in unserem Rechtssystem eingegangen. Neben einer kurzen Skizzierung der möglichen Tathandlungen des § 18 Abs.1 TPG, gilt die weitere Untersuchung der Rechtsfolgenseite und den praktischen Konsequenzen des § 18 TPG. Geprüft wird, ob die Privilegierung des § 18 Abs. 4 TPG dem verfassungsrechtlichen Bestimmtheitsgrundsatz (Art. 103 Abs. 2 GG) entspricht,

problematik zu den §§ 223ff. StGB nicht. Nimmt der Arzt eine Organexplantation vor, obwohl er weiß, daß der Spender nicht zum gesetzlich vorgeschriebenen Spenderkreis gehört, erfüllt er zwar den Tatbestand der Körperverletzung, diese ist aber durch die Einwilligung des Spenders gerechtfertigt. Ein Verstoß gegen die Spenderkreisvorschrift berührt die Wirksamkeit einer Einwilligungserklärung nicht.

welche Auswirkungen § 18 TPG im materiellen Strafrecht hat und welche wirtschaftlichen Folgen das absolute Verbot einer finanziellen Gegenleistung für den Organspender hat.

A. Erscheinungsformen des Organhandels

Im Hinblick auf den akuten Mangel an Spenderorganen wächst die Versuchung, aus wirtschaftlichen Motiven die gesundheitliche Notlage lebensgefährlich erkrankter Patienten in besonders verwerflicher Weise auszunützen. Bei entsprechendem finanziellen Hintergrund versuchen nicht wenige auf eine Organspende angewiesenen Patienten, sich in eigensüchtiger Weise ihre Gesundheit zu erkaufen. Dabei machen sie sich bewußt oder unbewußt, die wirtschaftliche Notlage der potentiellen Spender zu nutze und nehmen eine Gefährdung von deren Gesundheit in Kauf. Die moderne Transplantationsmedizin birgt die Versuchung in sich, den menschlichen Körper in ein Ersatzteillager umzufunktionieren. Von Augenhornhäuten, Innenohren, Kieferknochen, Herzen, Herzklappen, Lungen, Bändern, Knorpel, Haut, Lebern, Nieren, Bauchspeicheldrüsen, bis hin zu Hirnhäuten, Trommelfellen, etc. ist die Liste der Teile des menschlichen Körpers, die ersetzbar sind, beachtlich[394]. Nur wenige dieser Körperteile können im Hinblick auf die strengen Anforderungen des TPG auf legalem Wege gespendet werden.

Vor allem die Dritte Welt und Osteuropa bergen für skrupellose Organhändler einen schier unerschöpflichen Vorrat an „freiwilligen" Spendern. Bedingt durch Armut und Verschuldung sind die Spender bereit ihre Organe zu verkaufen, um kurzzeitig der wirtschaftlichen Not zu entkommen. Hinzu kommen unterschiedliche religiös-weltanschauliche Perspektiven. So betrachten Buddhisten und Hinduisten Körperorganspenden als höchste Form, Verdienste für das Leben nach dem Tode zu erwerben. Singhalesen glauben daran, daß derjenige, der ein Auge spendet, einen Platz in der Nähe Buddhas erwirbt[395]. Ein Buddhist, der ein Organ spendet, trägt damit nicht nur zur erheblichen Verbesserung seines momentanen, sondern auch seines nächsten Lebens bei. Doch reicht dies aus, den Organhandel mit der Dritten Welt zu rechtfertigen ? Der Organhandel als Ressource gegen Armut würde dazu führen, daß der Organtourismus zu einer Form der Entwicklungshilfe mutiert. Würde man dies zulassen, könnte man auch die Kinderprostitution und den Sextourismus in Thailand als Entwicklungshilfe betrachten und fördern. Moralisch ist diese Art der Entwicklungshilfe jedenfalls

394 Spiegel Spezial 7 (1996), S.35 Graphik

395 Gabriele Ventzky, „Blind an Buddhas Seite", ZEIT-PUNKTE 2/1995, 32

nicht vertretbar. Den Verkauf des Körperinneren zu begünstigen, würde einer Förderung der schlimmsten Form der Prostitution gleichkommen.

In Deutschland kannte man das Problem des Organhandels lange Zeit nur aufgrund von Zeitungsberichten[396] und Filmen[397] aus dem Ausland. Doch auch hierzulande häufen sich die Berichte über dubiose Organhändler. So wurde 1985 von einem Arzt aus Aachen berichtet[398], welcher eine „Internationale Transplantatvermittlung" ins Leben gerufen hatte. Er versandte Schreiben an Ärzte, in denen er einen neuen Weg zur Transplantatbeschaffung, insbesondere der Beschaffung von Nieren, darlegte. Sein Konzept sah vor, Spender aus der Dritten Welt zur Hingabe eines Organs zu veranlassen und diesen als Gegenleistung 100.000,- DM zukommen zu lassen. Für diese habe, neben den Vermittlungskosten, der Spendeempfänger aufzukommen. Während der Spender mit dieser Geldsumme sein Leben nicht nur verschönern, sondern angesichts der Lebensumstände in diesen Ländern auch verlängern könne, bestünde für den Spendeempfänger wiederum die Chance mit Hilfe der Implantation des Spenderorgans genesen zu können - so die Argumentation des Arztes[399].

Zuverlässige Informationen und Daten über Ausmaß und Einzelheiten des Organhandels sind selten und schwer erhältlich. Meist basieren sie auf journalistischen Recherchen. So haben zu Beginn der 90iger Jahre die Journalisten Siegfried Pater und Ashwin Raman die Situation in den Zentren des Organhandels untersucht. In ihrem daraufhin veröffentlichten Buch wird beispielsweise der Fall des Immobilienmaklers R. Scherer geschildert, welcher in Singapur die „Asiatransplant" gründete, unter deren Namen er 1988 in Deutschland Nieren

---

[396] so erschien bereits im Mai 1968 in einer kalifornischen Lokalzeitung eine Offerte zum Verkauf jedes Teils des Körpers gegen entsprechende Bezahlung und 1969 fand sich in der L.A. Times das Angebot Augen für 50.000 $ pro Stück zu verkaufen, vgl. Scott, The Body as Property, S.1; sowie Sasse, S. 37

[397] Als das ZDF 1990 den mehrfach preisgekrönten Science-Fiction-Film „Fleisch" von Rainer Erler wiederholte, protestierten Repräsentanten der „Arbeitsgemeinschaft der Transplantationszentren" schriftlich bei der Programmleitung, da der Film geeignet sei, die wachsende Akzeptanz der Organspende empfindlich zu gefährden, vgl. hierzu Wuttke bei Greinert/Wuttke, S. 10

Der Film „Fleisch" spielt Anfang der 80iger Jahre in den USA und zeichnet ein brutales Bild der Machenschaften von skrupellosen Organhändlern: Junge, gesunde Menschen werden gekidnappt und in einem Transplantationszentrum zur Organentnahme aufbereitet.

[398] „Der Spiegel" Heft 10/1985, S.94 f.: „Nierenhandel - Bißchen Bammel"

[399] „Der Spiegel" berichtet weiter, daß eine derartige Praxis in Nordamerika bereits weit verbreitet sei und dort bereits jede dritte Spenderniere für wohlhabende Nordamerikaner auf einen Spender aus einem Entwicklungsland zurückzuführen sei, vgl. „Der Spiegel" Heft 10/1985, S.94f.

anbot[400]. Für 100.000 DM bekamen seine Kunden Operation, medizinische Betreuung, Flug und eine angemessene Unterkunft. Die Spender, welche meist aus Pakistan oder den Philippinen kamen, erhielten circa 40.000 DM.

Diese Versuchen, in Deutschland einen Organhandel zu etablieren, versucht der Gesetzgeber nun, mit einem absoluten Verbot kommerziellen Handeltreibens entgegenzutreten.

B. Die Rechtslage vor Inkrafttreten des TPG in Deutschland

Vor Inkrafttreten des TPG hatten sich alle Transplantationszentren in Deutschland verpflichtet, gehandelte Organe weder zu entnehmen, noch zu übertragen. Verstöße gegen diese Eigenbindung sind nicht bekannt geworden. Strafrechtliche Sanktionen für Handlungen im Zusammenhang mit dem Kauf und Verkauf von Organen, gab es in der Bundesrepublik bis zum 1.12.1997 jedoch nicht.

Aus zivilrechtlicher Sicht ist ein Vertrag, der auf den Kauf oder Verkauf eines menschlichen Organs gerichtet ist, nach § 138 BGB sittenwidrig. Da ein Rechtsgeschäft, welches den Handel mit menschlichen Körperteilen bezweckt, gegen das Anstandsgefühl aller billig und gerecht Denkenden verstößt, ist ein derartiger Vertrag nichtig und gibt den beteiligten Parteien keine zivilrechtlichen Ansprüche auf Erfüllung des Vertrages. Auch für den Organhändler bedeutet dies, daß er von keiner Partei die vereinbarte Leistung verlangen könnte. Somit gewährt zwar das Zivilrecht einen gewissen Schutz bei Organhandelsverträgen, doch kann dieser - angesichts der schwerwiegenden Folgen - als bei weitem nicht effektiv genug angesehen werden.

C. Die Rechtslage im Ausland

Im Gegensatz zu Deutschland kannte man in den meisten west - und nordeuropäischen Staaten bereits vor Ende 1997 ein gesetzlich geregeltes Organhandelsverbot[401]. In den meisten Ländern ist es verboten, dem Spender oder einem Angehörigen ein Entgelt als Gegenleistung für die Organhingabe zu zahlen. In Dänemark, Norwegen, Schweden und Portugal besteht dieses ausdrückliche Verbot nur bei Lebendspenden. In Großbritannien wird die Mitwirkung und die

---

[400] Pater/Raman, Organhandel - Ersatzteile aus der dritten Welt, S. 78

[401] Fluss bei Land/Dossetor, Organ replacement therapy: ethics, justice and commerce, S.154 ff (160)

Ermutigung zum Verkauf menschlicher Organe als „unethical and improper" angesehen[402] . Besonders streng ist die Gesetzeslage in Frankreich. Hier untersagt der Gesetzgeber bereits die Spende unter engen Verwandten, da kein Transplantateur letztlich ermitteln kann, welche Motive zur Einwilligung in die Explantation eines gesunden Organs geführt haben mögen. Scheinbar unvoreingenommen steht man der Lebendspende in Griechenland gegenüber: Bis zu 80% aller Gewebe und Organe stammen dort von einer Lebendspende[403].

Bereits vor Verabschiedung des TPG war sich die Staatengemeinschaft einig, daß der kommerzielle Organhandel entschieden bekämpft und pönalisiert werden müsse[404]. Sowohl der Europarat[405], die Weltgesundheitsorganisation (WHO)[406], als auch das Europäische Parlament[407] manifestierten verschiedentlich, daß die Bekämpfung des Organhandels ein internationales Anliegen sei, welches entschieden verfolgt werden müsse. Diesen supranationalen Konsens hat der deutsche Gesetzgeber in § 18 TPG umgesetzt.

D. Die Reichweite des Verbots in §§ 17, 18 TPG

I. Die Objekte des Organhandelsverbotes

Das Verbot des Organhandels bezieht sich nach § 17 Abs.1 TPG auf menschliche Organe, die einer Heilbehandlung zu dienen bestimmt sind. Andere kommerzielle Verwendungen von Organen, Körperteilen und Geweben werden von diesem Verbot nicht erfaßt[408]. Nach der Definition des § 1 TPG umfaßt der Begriff „Organ" sowohl Organteile als auch Gewebe Lebender und Verstorbener. Der Regelungsbereich der Norm ist damit sehr weit gesteckt. § 17 TPG in

---

402 nach den Bestimmungen des „Comitte on Standards of Professional Conduct and on Medical Ethics", vgl. Wolfslast, Zeitschrift für Transplantationsmedizin 1989, 44 ff.

403 Schneider, „Föten. Der neue medizinische Rohstoff", S. 29

404 BT-Drs. 13/4355 (siehe oben FN. 68), Begründung A. (Allgemeiner Teil) zu Ziff. 6. Strafvorschriften, (S. 23 ff.)

405 so fordert die Entschließung (78) 29 des Europarates vom 11.Mai 1978, daß die Überlassung menschlicher Körpersubstanzen zu Transplantationszwecken kostenlos erfolgen muß. Im Juli 1994 schlug der Europarat in einer Bioethik-Konvention eine Verpflichtung der Mitgliedstaaten zur Pönalisierung des Organhandels vor.

406 Die WHO verabschiedete auf ihrer 44. Versammlung im Mai 1991 eine Entschließung mit 25 Leitsätzen für die Organtransplantation beim Menschen; die Bekämpfung des Organhandels wird darin als internationales Anliegen dokumentiert

407 In seiner Entschließung vom 14.09.1993 forderte das Europäische Parlament, den Organhandel gemeinschaftlich durch geeignete Maßnahmen zu bekämpfen

408 So fällt darunter beispielsweise nicht, daß sich die Autoindustrie bei Aufprallversuchen sog. crash-Tests zur Verbesserung der Verkehrssicherheit der Leichen von Kindern und Erwachsener als „Testkörper" bedient

Verbindung mit § 18 TPG pönalisiert nach diesem Organbegriff auch den kommerziellen Umgang mit Gehörknöchelchen oder Zellverbänden. Zellbestandteile hingegen, insbesondere Gene oder andere DNA-Teile, werden nicht vom Verbot des § 17 TPG erfaßt[409]. Der Handel mit Arzneimitteln, die aus oder unter Verwendung von Organen hergestellt sind, werden ebenfalls ausdrücklich vom Verbot des § 17 TPG ausgenommen, vgl. §17 Abs. 1 Nr.2 TPG.

II. Das Merkmal des Handeltreibens

Das Verbot des § 17 TPG setzt als Tatbestandshandlung ein „Handeltreiben" voraus. Der Begriff des „Handeltreibens" ist dem Betäubungsmittelrecht entnommen[410], steht jedoch in der endgültigen Fassung des Organhandelsverbotes nicht mehr nur für die eigennützige auf Umsatz von Organen gerichtete Tätigkeit, sondern schließt - wie in § 18 Abs. 1 und § 17 Abs.2 TPG ausdrücklich festgelegt wurde - auch den Erwerb eines Organs für den Eigenbedarf mit ein[411]. Ausgehend von der Begriffsbestimmung im Betäubungsmittelgesetz[412], sind alle Bestrebungen, mit Hilfe derer der Umsatz mit Betäubungsmitteln ermöglicht oder gefördert wird als Handeltreiben zu qualifizieren[413]. Übertragen auf das Transplantationsgesetz bedeutet dies, daß nicht nur der Kauf von Organen, Organteilen oder Gewebe zum Zweck des Weiterverkaufs, sondern bereits alle Vorbereitungshandlungen, sowie Verhandlungen vor Vertragsschluß, etwa Ankaufsbemühungen in Weiterveräußerungsabsicht, die auf Umsatz gerichtet sind, vollendetes Handeltreiben darstellen[414]. Dies gilt auch für die eigennützige Förderung fremder Umsatzgeschäfte. Da Handeltreiben in diesem Sinne weder eine Beendigung des Umsatzgeschäftes, noch den Erfolg des Geschäftes erfordert[415], stellt sich die Frage nach dem Sinn der in § 18 Abs. 3 geregelte

---

[409] Deutsch ZRP 1994, 179 ff. (179)

[410] BT-Drs. 13/4355 (siehe oben FN. 68), Einzelbegründung zu § 16 Abs. 1 unter Hinweis auf die Rechtsprechung des RG und des BGH

[411] zum Begriff des Handeltreibens im Betäubungsmittelrecht vgl. etwa BGHSt 25, 290ff, 291; 28, 308ff., 309; 29, 238 ff., 240

[412] Schroth bezeichnet die Gleichstellung des Organhandels mit dem Betäubungsmittelhandel als paradox. So sei Organhandel nicht an sich gefährlich, sondern gesundheitsfördernd, und Organtransplantation an sich erwünscht. Vgl. hierzu Festschrift Roxin, S. 883

[413] BGHSt 31, 145, 147

[414] Grundlegend zum Begriff des Handeltreibens, König, Strafbarer Organhandel, S. 150 ff.; ferner Schroth, Festschrift Roxin, S. 882 ff.

[415] vgl. auch Schroth, Festschrift Roxin, S. 883

Versuchsstrafbarkeit. Möglich wäre es, diese auf die Vorbereitungshandlungen zu beziehen[416].

Weiter ist erforderlich, daß der Täter eigennützig handelt. Eigennützig handelt, wer durch das Streben nach Gewinn geleitet wird oder wer sich sonst einen Vorteil verspricht[417]. Dabei ist nicht unbedingt das Streben nach Gewinn erforderlich, vielmehr genügt es, wenn der Organspender irgendeinen Vorteil erstrebt[418]. § 17 Abs. 1 Satz1 TPG nimmt die Gewährung eines angemessenen Entgelts für die zur Erreichung des Ziels der Heilbehandlung gebotenen Maßnahmen von dem Organhandelsverbot aus[419]. Auch die Zahlung eines angemessenen Entgelts als Ersatz der unmittelbar mit der Organentnahme bei einem Lebenden entstandenen Aufwendungen des Lebendspenders, beispielsweise Verdienstausfall oder Ersatz der Unterbringungskosten, stellen keinen Verstoß gegen das Organhandelsverbot dar, da in diesen Fällen schon begrifflich kein Handeltreiben mit Organen vorliegt[420]. Schließlich stellt ein angemessener Aufwendungsersatz keine Gegenleistung für das Organ dar, sondern trägt nur dazu bei, daß dem Spender keine zusätzlichen Kosten entstehen. Ein Organspender, der den Ausgleich von materiellen Nachteilen erstrebt, handelt nicht eigennützig, er will lediglich, daß ihm kein eigener Nachteil entsteht[421].

III. Tathandlung: Entnahme, bzw. Übertragung von Organen

Der Tatbestand des Organhandelsverbotes bedroht auch denjenigen mit Strafe, der ein Organ entnimmt oder überträgt, das Gegenstand verbotenen Handeltreibens ist. Problematisch ist in diesem Zusammenhang, daß dies auch zu einer Pönalisierung des uneigennützig handelnden Arztes führt. Nach § 18 Abs.1 3. Alt. TPG wird derjenige bestraft, der ein Organ überträgt, das Gegenstand verbotenen Handeltreibens ist, unabhängig davon ob er selbst eigennützig handelt. Diese Tatbestandsalternative des § 18 Abs. 1 TPG erscheint insofern unverhältnismäßig, als daß der Arzt nur ein ihm zur Verfügung stehendes Organ zur Lebensrettung verwenden will ohne in irgendeiner Weise eigennützig zu handeln.

---

[416] ausführlich hierzu Schroth in JZ 1997, 1151, König, Strafbarer Organhandel, S. 177, BVerfGE 92, 1 = JZ 1995, 778 m. Anm. Gusy

[417] Schroth, Festschrift Roxin, S. 883

[418] Schroth, Festschrift Roxin, S. 883 mit dem Beispiel, daß es ausreicht, wenn der Spender ein Haus, Auto oder eine Erbschaft erstrebt

[419] Vgl. hierzu auch unten 6.Kapitel J.II

[420] vgl. BT-Drs. 13/4355 (siehe oben FN. 68), Begründung zu § 16 Abs.1 S. 2 Nr.1. Die Entwurfsbegründung weist gegenüber der jetzigen Fassung des TPG eine leicht abweichende Paragraphenfolge auf

[421] Vgl. Schroth, Festschrift Roxin, S. 884

Zudem wäre der Arzt in diesem Fall auch ohne § 18 Abs.1 3.Alt nicht straflos, da er zumindest als Teilnehmer der ersten Alternative des § 18 Abs. 1 TPG, des Handeltreibens, anzusehen wäre[422].

IV. Tathandlung: Sich-übertragen lassen.

Auch der Empfänger eines Organs, welches Gegenstand verbotenen Handeltreibens ist, wird von dem Organhandelsverbot des § 18 TPG erfaßt, § 18 Abs. 1 4.Alt.. Zu bemerken ist, daß die Strafbarkeit des Organempfängers im Gegensatz zu der des Spenders in einem sehr späten Stadium eingreift[423]. Bis zur tatsächlichen Übertragung auf sich selbst, kann der Organempfänger nur als Teilnehmer an der Tatbestandsalternative des Handeltreibens strafrechtlich erfaßt werden[424]. Hierzu muß er einen Tatbeitrag geleistet haben, der über das Mindestmaß der Tatbeteiligung hinausgeht[425].

V. Aspekte des Notstand, §§ 34, 35 StGB

Schließlich ist zu klären, inwieweit die Verletzung des Organhandelsverbotes nach § 34 StGB gerechtfertigt oder nach § 35 StGB entschuldigt sein kann[426]. Dabei stellt sich insbesondere die Frage, ob §§ 34, 35 StGB im Anwendungsbereich der §§ 17, 18 TPG überhaupt anwendbar sind. In den Gesetzesmaterialien findet sich ein Hinweis darauf, daß die strafbare Teilnahme am Organhandel im Einzelfall nach §§ 34, 35 StGB gerechtfertigt sein kann[427]. Die Frage, ob § 34 StGB im Geltungsbereich der §§ 17, 18 TPG Anwendung findet, hängt nicht zuletzt davon ab, welche Rechtsgüter das Organhandelsverbot schützt. Vertritt man etwa die Auffassung, das Organhandelsverbot diene dem Schutz der Menschenwürde, so wäre § 34 StGB aufgrund der Unantastbarkeit der Menschenwürde unanwendbar[428].

Fraglich ist darüber hinaus, inwieweit der Organhandel ein angemessenes Mittel zur Gefahrenabwehr iSd § 34 Abs. 1 S.2 StGB darstellen kann. Stellt man hierbei alleine auf den gesetzgeberischen Willen ab, so wird der Organhandel niemals als angemessenes Mittel angesehen werden können. Betrachtet man jedoch zunächst den Sinn und Zweck der Angemessenheitsklausel, so gelangt man zu einer differenzierteren Betrachtungsweise. Mit der Angemessenheitsklausel soll

---

422 vgl. Schroth, Festschrift Roxin, S. 888
423 Schroth, Roxin Festschrift, S.888f.
424 Schroth, Festschrift Roxin, S.889
425 Schroth, Festschrift Roxin, S.889; ausführlich König, Strafbarer Organhandel, S. 178
426 vgl. hierzu ausführlich König, Strafbarer Organhandel, S. 203 ff.
427 Vgl. BT 13/4355 (siehe oben FN. 68), Begründung zu § 17Abs.1
428 vgl. Schroth, Roxin Festschrift, S.889

Menschenwürde garantiert werden[429]. Insofern hängt die Frage, ob Organhandel ein angemessenes Mittel sein kann davon ab, ob man die Menschenwürde als Schutzgut des Organhandelsverbotes sieht. Bestreitet man dies, so ist über § 34 Abs. 1 S. 2 StGB die rechtfertigende Wirkung des Notstandes im Hinblick auf das Organhandelsverbot grundsätzlich nicht ausgeschlossen[430].

E. Der Rechtsgüterschutz in §§ 17, 18 TPG

§ 17 TPG stellt ein umfassendes Verbot der kommerzialisierten Organspende auf. Der damit verbundene Grundrechtseingriff - etwa in das Grundrecht auf Leben und körperliche Unversehrtheit des auf eine Organspende angewiesenen lebensbedrohlich Erkrankten - ist erheblich. Diesen Grundrechtseingriffen stehen die Rechtsgüter gegenüber, die der Gesetzgeber vorgibt, durch das Organhandelsverbot schützen zu wollen.

Zu untersuchen ist, ob der Schutz dieser Rechtsgüter ein absolutes Verbot der kommerzialisierten Organspende rechtfertigt. Unter Berücksichtigung des Verhältnismäßigkeitsgrundsatzes sind die zu schützenden Rechtsgüter gegen die betroffenen Interessen abzuwägen

I. Grundproblematik der Rechtsgutkonzeption im modernen Strafrecht

Die Grundidee der Lehren vom Rechtsgut besteht darin, daß der Gesetzgeber nur dasjenige Verhalten unter Strafe stellen darf, welches ein Rechtsgut bedroht[431]. Dadurch sollen Akte, die gegen bloße Moralwidrigkeiten oder gesellschaftliche Wertvorstellungen gerichtet sind, dem Deliktskatalog ferngehalten werden.

Das Problem der Rechtsgutkonzeption liegt darin, daß es vor dem Hintergrund der kriminalpolitischen Zielsetzung einer umfassenden Kriminalisierung und des strafrechtswissenschaftlichen Interesses, den Begriff des Rechtsguts eher zu dehnen, um das reale Strafrecht noch darunter fassen zu können, bestehen muß.

---

[429] Roxin, Strafrecht Allgemeiner Teil, § 16A IV Rn. 86 (S.651); Schroth, Festschrift Roxin, S.890

[430] vgl. Schroth, Festschrift Roxin, S.890 mit dem Hinweis darauf, daß § 34 StGB auch dann keine Anwendung findet, wenn die Körperintegrität des Organspenders gegen dessen Willen verletzt wird, die Körperverletzung bezahlt wurde, um für den Organempfänger Lebensrettung zu ermöglichen

[431] Ausführlich zum Begriff des Rechtsgutes unten 6.Kapitel F I. 1 ff.

Den Begriff des Rechtsgutes auf Individualrechtsgüter zu beschränken, verbietet bereits ein Blick in das Strafgesetzbuch: Der Staat (§§ 81 ff. StGB), die Währung (§§ 146 ff. StGB) oder die Rechtspflege (§§ 153 ff. StGB) sind Güter der Allgemeinheit, deren Verletzung den Schutz durch das Strafrecht verdienen. Eine Betrachtung der Gesetzgebung der letzten Jahre zeigt, daß immer mehr moderne Gesetze Universalrechtsgüter zum Schutzgegenstand haben und das diese immer vager und allgemeiner werden. So wird als Schutzgut des Subventionsbetruges (§264 StGB) das „Allgemeininteresse an einer wirksamen staatlichen Wirtschaftsförderung“[432] und als zu schützendes Rechtsgut des Kapitalanlagebetrugs neben dem Vermögen der Anleger auch das „Allgemeininteresse an der Funktionsfähigkeit des Kapitalmarktes“[433] genannt. Auch das Umweltstrafrecht trägt zur Verallgemeinerung und Erweiterung des Rechtsgutbegriffs bei: Als geschütztes Rechtsgut wird die „Umwelt in ihren verschiedenen Medien (Wasser, Luft, Boden) und ihren sonstigen Erscheinungsformen (Pflanzen- und Tierwelt)“ genannt[434].

Dies wirft die Frage auf, wo die Grenze zu ziehen ist, weshalb nicht etwa auch die „herrschende Moralauffassung“ zu einem Rechtsgut der Allgemeinheit zu erklären ist. Man kann dies zumindest nicht damit erklären, daß man bloßen Gefühlen oder allgemeinen Wertvorstellungen generell die Rechtsgutqualität versagt. Schließlich bestraft das StGB bereits die Verletzung des Pietätsempfindens (§168 StGB) oder die Erregung öffentlichen Ärgernisses (§183a StGB).

Diese Entwicklung hat ihren Ursprung in der modernen Kriminalpolitik, die mit ihren Versuchen, Unsicherheiten zu minimieren und komplexe Prozesse global zu steuern, zu einer Veränderung der Rechts- und Rechtsschutzvorstellungen von eher punktuell-konkreten zu großflächigen beigetragen hat[435]. Präventivem Strafrecht und Gefährdungsstrafrecht wird trotz Bedenken immer mehr Vorschub geleistet. Die Gefahr dieser Entwicklung liegt in einer immer weitergehenden Vorfeldkriminalisierung mit immer ungreifbareren Schutzgütern, die mit dem Schuldprinzip nur noch schwer zu vereinbaren ist[436].

---

[432] BT-Drs. 7/5291 S.3, Lackner, Rn.1 zu § 264

[433] BT-Drs. 10/318 S. 22; Lackner, Rn. 1 zu § 264a

[434] BT-Drs. 8/2382 S.10 und 8/3633 S.19, Lackner Rn.7 Vor § 324

[435] vgl. auch Hassemer in NStZ 1989, S. 557

[436] vgl. auch Roxin Strafrecht AT I, §2 VII, Rn26 f.

Welche Gefahren und Begleiterscheinungen mit dieser Entwicklung des modernen Strafrechts verbunden sind, wird in der folgenden Untersuchung am Beispiel des Organhandelsverbotes (§§ 17, 18 TPG) dokumentiert werden.

II. Die Rechtsgüter des §§ 17, 18 TPG

Die Entwurfsbegründung[437] zu den §§ 17, 18 TPG proklamiert folgende Schutzgüter des Organhandelsverbot: Neben der „körperlichen Integrität des Lebenden", soll die „Menschenwürde, die über den Tod hinaus Schutzwirkung entfaltet und das Pietätsgefühl der Allgemeinheit" geschützt werden. Schutzzweck soll weiter die Verhinderung der Ausnutzung gesundheitlicher Notlagen von potentiellen Organempfängern und die Vermeidung der Ausnutzung wirtschaftlicher Notlagen von potentiellen Spendern sein. Ebenso wird darauf hingewiesen, daß die Bekämpfung der „menschenverachtenden Ausbeutung" von Menschen in der Dritten Welt, sowie die Wahrung der Integrität der Transplantationsmedizin eine derartige Vorschrift erforderlich machen[438]. Schließlich vermag möglicherweise das Ziel der Sicherung vor Selbstkorrumpierung das Organhandelsverbot zu rechtfertigen.

III. Die betroffenen Interessen

Diesen Rechtsgütern stehen die durch das Verbot eingeschränkten Interessen des Lebendspenders, des Spendeempfängers und des Arztes gegenüber.

1. Die Verfügungsbefugnis des Lebendspenders, Art.2 Abs.2 S.1 GG

Art.2 Abs.2 S.1 GG gewährt dem einzelnen das Recht auf Leben und körperliche Unversehrtheit. Geschützt werden nicht nur das Recht am Körper und an der Gesundheit, sondern auch das Selbstbestimmungsrecht über den Körper. Das Grundrecht des Art.2 Abs.2 S.1 GG hat einen doppelten Inhalt: einen positiven, indem es Verfügungsmacht sichert und einen negativen, indem es gegen

---

[437] BT-Drs. 13/4355 (siehe oben FN. 68), Begründung zu § 16 Absatz 1

[438] BT-Drs. 13/4355 (siehe oben FN. 68), Begründung A. (Allgemeiner Teil) zu Ziff. 6. Strafvorschriften

Eingriffe schützt. Das Selbstbestimmungsrecht über den Körper ist nur eine Seite des Rechts am Körper[439].

Nur so kann das Recht auf körperliche Unversehrtheit umfassend geschützt werden. Das Organhandelsverbot verwehrt dem Spender einen Eingriff in dessen körperliche Unversehrtheit, sobald kommerzielle Interessen eine Rolle spielen. Wie in allen Fällen, in denen dem Spender die Organspende untersagt wird, ist auch hier eine Verletzung seines körperlichen Selbstbestimmungsrechts gegeben.

2. Die Verfügungsbefugnis des Lebendspenders, Art. 2 Abs. 1 i.V.m. Art. 1 Abs. 1 GG

Der Schutz der Verfügungsbefugnis über den eigenen Körper läßt sich auch aus dem allgemeinen Persönlichkeitsrecht des Art. 2 Abs. 1 i.V.m. Art. 1 Abs. 1 GG ableiten[440]. Das allgemeine Persönlichkeitsrecht ist insoweit Ausfluß der Menschenwürde, als die Würde des Menschen den innersten Kern dieses Grundrechts schützt. Dies hat zur Folge, daß besonders schwerwiegende Beeinträchtigungen des Persönlichkeitsrechts nicht zu rechtfertigen sind[441]. Art.1 GG „reichert die einzelnen Grundrechte an, um so eine extensive Verwirklichung der Garantie der Menschenwürde zu erreichen“[442]. Das allgemeine Persönlichkeitsrecht sichert „jedem einzelnen einen autonomen Bereich privater Lebensgestaltung, in dem er seine Individualität entwickeln und wahren kann“[443]. Dies umfaßt auch das Recht des Organspenders, nach reiflicher Überlegung den Entschluß zu fassen, seine körperliche Unversehrtheit aus finanziellen Interessen zu opfern.

3. Das Recht auf Leben und Gesundheit aus Art. 2 Abs.2 S.1 GG

Jede Versagung oder Einschränkung der Möglichkeit, sich ein Spenderorgan zu beschaffen stellt eine Beeinträchtigung des Rechtsgutes des Lebens und der

---

439 siehe oben 4.Kapitel A.II.1.a.aa)(1); Schröder NJW 1961, 954; Baumann NJW 1958, 2092 f.; Hubmann „Das Persönlichkeitsrecht“ 1967, S. 226, 227

440 Jarass in Jarass/Pieroth, Rn. 26 zu Art.2 m.w.N.

441 vgl. hierzu auch BVerfG E 75, 369 (380), wonach die Freiheit künstlerischer Betätigung den durch Art.1 Abs.1 GG geschützten Kern menschlicher Ehre nicht beeinträchtigen darf

442 Jarass in Jarass/Pieroth, Rn. 3 zu Art.1

443 BVerfGE 79, 256 (268)

körperlichen Unversehrtheit des erkrankten Empfängers dar. Dem Staat kommt hinsichtlich dieses Grundrechts eine umfassende Schutzpflicht zu[444].

4. Berufsfreiheit, bzw. allgemeine Handlungsfreiheit des Arztes

Die Organexplantation steht - zusammen mit der Transplantation selbst - im Mittelpunkt der Tätigkeit eines Transplantationschirurgen. Vor Inkrafttreten des TPG war der Chirurg in seinen beruflichen Tätigkeiten und Entscheidungen frei und nur an die ärztlichen Standesregeln, sowie die allgemeinen, insbesondere strafrechtlichen Bestimmungen gebunden.

Ein fundamentales Element ärztlicher Tätigkeit ist die Orientierung an der Standesethik[445], welche in erster Linie der Erhaltung und Wiederherstellung der Gesundheit verpflichtet ist[446]. Das Verbot der Entnahme und Übertragung eines Organs, welches Gegenstand kommerziellen Handeltreibens ist, zwingt den Arzt, von einer gangbaren Therapie Abstand zu nehmen, die dem Patienten mit Sicherheit zur Regenerierung oder Verbesserung seines Gesundheitszustandes verhelfen würde. In diesen Fällen wird der Arzt durch das Verbot der §§ 17, 18 TPG in seinem Grundrecht auf Berufsfreiheit, Art. 12 Abs. 1 GG beschränkt.

Als Berufsausübungsregelungen müßten die §§ 17, 18 TPG durch vernünftige Erwägungen des Gemeinwohls gerechtfertigt sein und dürften Art. 12 Abs. 1 GG nicht unverhältnismäßig einschränken[447].

Zu beachten wird hierbei sein, daß eine am Wohl des Patienten orientierte Berufsausübung des Arztes nur solche Behandlungsmethoden rechtfertigen kann, die andere, ebenfalls grundgesetzlich geschützte Rechtsgüter nicht unverhältnismäßig beeinträchtigt[448]. Hinzu kommt, daß die ärztliche Tätigkeit als solche durch das Verbot der Vornahme einer Organtransplantation in den Fällen, die unter die §§ 17, 18 TPG fallen, nicht über die Maße eingeschränkt wird.

---

[444] vgl. BVerfGE 39, 1 (41f.), E 56, 54 (73)
[445] Laufs, Arztrecht, S. 4-12
[446] Laufs, Arztrecht, S. 12
[447] vgl. BVerfGE 97, 228 (255)
[448] BVerfG NJW 1999, 3399 (3403)

IV. Güterabwägung:

Das umfassende Verbot des §17 TPG wäre gerechtfertigt, wenn die einzelnen Schutzzwecke des § 17 TPG einen Eingriff in die eben erwähnten Grundrechte rechtfertigen würden.

1. Verhinderung der gewinnorientierten Ausnutzung existentieller Notlagen

Das Organhandelsverbot soll „dem Schutz des Organempfängers vor wucherischer Ausbeutung seiner gesundheitlichen Notlage durch andere“[449] dienen, ebenso wie es die Ausnutzung der wirtschaftlichen Notlage von Organspendern verhindern soll. Einer „gewinnorientierten Ausnutzung existentieller Notlagen von Menschen“[450] soll zuvor gekommen werden.

Dem Schutzaspekt der Verhinderung einer wucherischer Ausbeutung der gesundheitlichen Notlage des Organempfängers durch andere, kam noch im gemeinsamen Gesetzesentwurf der CDU/CSU, SPD und F.D.P. vom 16.04.1996[451] ein ungewöhnliches Gewicht zu: Dort war der Erwerb eines Organs für den Eigenbedarf grundsätzlich straflos gestellt. Dies brachte der in Anlehnung an das Betäubungsmittelgesetz gewählte Begriff des Handeltreibens mit sich, wonach ein Kranker, der Körpersubstanzen lediglich zur Übertragung auf sich selbst erwirbt, keinen Handel i.S.d § 16 Abs. 1 E-TPG treibt[452]. In derartigen Fällen war lediglich die Bestrafung des Verkäufers vorgesehen. Damit wird deutlich, daß der Gesetzgeber noch in der Entwurfsfassung zum TPG von einem verstärkten Unwertgehalt des Verhaltens des Spenders ausging. Dies erscheint insofern verständlich, als daß der Empfänger vor einer Ausnützung seiner gesundheitlichen Notlage bewahrt werden soll. Doch kann dies vor dem Hintergrund, daß in den heute bekannten Fällen des Organhandelns die Initiative zur illegalen Organbeschaffung meist von den finanzstarken Empfängern ausgeht, nicht gerechtfertigt sein. Zumal es gerade die Spender sind, die des besonderen Schutzes bedürfen, da es sich bei ihnen meist um die ärmsten und schwächsten Glieder der Gesellschaft handelt. Die Realität zeigt, daß sie selbst mehr Opfer als

---

449 vgl.BT-Drs.13/4355 (siehe oben FN. 68), Begründung zu § 16 Abs.1 S.1
450 vgl. BT-Drs. 13/8017 (siehe oben FN. 74), Begründung zu § 16 Abs. 2
451 BT-Drs. 13 /4355 (siehe oben FN. 68)
452 vgl. BT-Drs. 13/4355 (siehe oben FN. 68), Begründung zu § 17 Absatz 1

Täter sind[453]. Eine Besserstellung von „lediglich" zum Eigenbedarf „kaufenden" Empfängern gegenüber den Spendern ist insofern nicht zu rechtfertigen. Beider Verhalten ist im Hinblick auf das kommerzielle Ausnützen einer Zwangssituation verwerflich. Dies hat der Gesetzgeber erkannt und in der endgültigen Fassung des TPG die Strafbarkeit des Empfängers dem des Spenders gleichgestellt, vgl. § 18 Abs.1 TPG[454].

In Anlehnung an den Begriff der „wucherischen Ausbeutung" liegt es nahe, das Ausnutzen einer Notlage mit einem auffällige Mißverhältnis von Leistung und Gegenleistung in Verbindung zu setzten. Doch stellen weder das Organ, noch die Gesundheit eines Menschen einen klar bestimmbaren Wert dar. Insofern ist es schwierig hier ein krasses Mißverhältnis zwischen Leistung und Gegenleistung zu konstruieren. Es ist deshalb in erster Linier darauf abzustellen, daß jemand Vorteile aus der Notlage eines anderen zieht[455].

Kennzeichnend für das Vorhandensein einer Notlage ist die Unfreiwilligkeit des Opfers, wobei dies nicht etwa im juristischen Sinne verstanden werden darf: Unabhängig von der Notlage wird eine rechtswirksame Einwilligung des Ausgebeuteten in den meisten Fällen bestehen. Die eine derartige Notlage kennzeichnende Unfreiwilligkeit des Opfers kann sich sowohl aus einer offen zutage tretenden gesundheitlichen oder wirtschaftlichen Notsituation ergeben, als auch aus der spezifischen sozialen und habituellen Situation des Betroffenen, in welcher die vorhandenen Zwänge undurchsichtig und von außen nicht erkennbar sind. Als Beispiel seien hier Familien- oder Partnerschaftszwänge genannt, in denen der dahinterstehende Partner oder Familienangehörige Druck ausübt, um die finanziellen Vorteile der „Spende" für sich in Anspruch zu nehmen. Insoweit kann das gesetzgeberische Ziel wohl am ehesten darin gesehen werden, mit diesem Schutzaspekt eine Situation zu verhindern, in der entweder der Spender oder der Organempfänger unfrei entscheiden müssen, d.h. ihr Selbstbestimmungsrecht in einer wichtigen Frage nicht frei ausüben können.

Der Spendeempfänger kann sich seiner gesundheitlichen Notsituation nur durch eine Organspende entledigen. Der Verkauf eines Organs würde sich aus seiner Sicht deshalb immer als ein Ausnützen seiner gesundheitlichen Notlage darstel-

[453] vgl. auch Gutmann in MedR 1997, S.154
[454] Vgl. auch BT-Drs. 13/8017 (siehe oben FN. 74), Begründung zu § 16 Abs.2
[455] so auch Gutmann in Zeitschrift für Transplantationsmedizin 1993, S. 84

len. Allerdings wird er regelmäßig über § 34 StGB[456] gerechtfertigt sein, so daß das Verbot im Hinblick auf die gesetzgeberische Zielsetzung der Vermeidung einer Ausbeutung gesundheitlicher Notlagen von Spendeempfängern, nur eingeschränkt Schutzwirkungen entfaltet.

Stellt man auf den Spender ab, so ist auch der Fall denkbar, daß er ohne eigene wirtschaftliche oder soziale Not ein Organ gegen Geld „spendet". Hier wäre mangels Notlage ein Ausnützen nicht gegeben. Auch bloße Ausgleichszahlungen für berufliche oder gesundheitliche Beeinträchtigungen fallen danach nicht unter den Tatbestand des Ausnutzens, da die Zahlungen nicht der Deckung einer finanziellen Notlage dienen.

Trotz dieses weiten Auffangbereichs des Schutzzwecks der Verhinderung der Ausbeutung von Notlagen, stellt sich die Frage, ob gerade dieser Schutzzweck ein derart umfassendes Organhandelsverbot fordert oder ob nicht ein wucherähnlicher Tatbestand, welcher das Handeltreiben mit Organen nicht schlechthin untersagt, ausreichend gewesen wäre[457]. Gerade in Fällen, in denen kein Ausnützen des Spenders vorliegt, gewinnt das Rechtsgut des Lebens und der körperlichen Unversehrtheit des Spendeempfängers an Gewicht. Auch wenn es eine zu einseitige Betrachtung der Sicht des Spendeempfängers darstellen würde, aus Art. 2 Abs.2 S.1 GG ein allgemeines „Recht auf Transplantate" abzuleiten[458], so ist doch immer ein gewichtiges Rechtsgut erforderlich, welches eine Einschränkung des Grundrechts des potentiellen Organempfängers auf den Schutz seiner Gesundheit, rechtfertigt. In Anbetracht dieser Einwände gilt es die folgenden Rechtsgüter vor allem dahingehend zu untersuchen, ob sie ein Verbot auch rechtfertigen können, wenn kein wucherisches Ausnützen einer Notlage vorliegt.

---

456 Das Rechtsgut der Vermeidung von Ausbeutung gesundheitlicher Notlagen ist grundsätzlich abwägungsfähig und eröffnet daher den Anwendungsbereich für § 34 StGB, vgl. zur Anwendbarkeit des § 34 StGB oben 6.Kapitel D.V.. Für § 34 StGB ist freilich dann kein Raum, wenn die Körperintegrität des Spenders gegen dessen Willen verletzt wird und die Körperverletzung bezahlt wurde, um die Lebensrettung für den Organempfänger zu ermöglichen, da in diesen Fällen regelmäßig die Menschenwürde des Spenders verletzt sein wird (siehe unten 6.Kapitel E IV. 4); vgl. hierzu auch Schroth, Festschrift Roxin, S. 890., sowie Roxin mit dem Hinweis, daß zwar das rettende Leben höher stehe als die Körperintegrität, da eine Verstümmelung jedoch gegen die Menschenwürde verstoße, darf auch das Leben nicht auf diese Weise zu Lasten eines Unbeteiligten gerettet werden, in: Strafrecht AT I, § 16 Rn.85.

457 hierfür sprechen sich insbesondere Schroth, Festschrift Roxin, S.878, sowie König, Strafbarer Organhandel, 130 f., S. 240 f

458 so Karl, Todesbegriff und Organtransplantation, S. 46

2. Sicherung vor der Gefahr der Selbstkorrumpierung

Laut den Gesetzesmaterialien zum TPG soll das Verbot des gewinnorientierten Umgangs mit menschlichen Organen der „Versuchung, aus eigensüchtigen wirtschaftlichen Motiven die gesundheitliche Notlage lebensgefährlicher Erkrankter auszunutzen“[459], zuvor kommen. Der Organspender soll vor den abstrakten Gefahren geschützt werden, die aus dem Handel mit einem knappen Gut resultieren und die geeignet sind, die Autonomie seiner Entscheidung zu beeinträchtigen[460].

Nicht nur in Deutschland, sondern weltweit besteht eine enorme Nachfrage nach Organen und Organteilen. Würde man den Organhandel legalisieren, so wären die Organempfänger den Gesetzen des freien Marktes unterworfen. Die hohe Nachfrage würde dazu führen, daß der Druck jeden Preis zu zahlen, groß ist. Die Organempfänger würden Entscheidungen treffen, die nicht in ihrer Person wurzeln, sondern in ihrem Leidenszustand[461]. Auch die Organspender liefen in einer derartigen Situation Gefahr, sich durch die ihnen angebotenen Summen zu einer Entscheidung verleiten zu lassen, die sie andernfalls nicht getroffen hätten. Auch hier bestünde eine Korruptionsgefahr. Das Organhandelsverbot verfolgt daher auch den Zweck, den abstrakten Gefahren der Korrumpierung des Organspenders und des Organempfängers durch Nichtzulassung eines Organmarktes entgegenzuwirken. Es verhindert das Zustandekommen eines freien Organmarktes wegen der damit verbundenen Gefahren[462].

Argumentiert man, das Organhandelsverbot diene dem Schutz vor Gefahren der Selbstkorrumpierung, so erkennt man die Berechtigung des Rechtsgutinhabers nach seinen Präferenzen zu verfügen grundsätzlich an. Eine Einschränkung der Handlungsmöglichkeiten wird hier allerdings insofern getroffen, als finanzielle Erwägungen bei der Entscheidung des Rechtsgutträgers für eine Organspende keine Rolle spielen dürfen. Da der Gesetzgeber damit versucht, Organspender und Organempfänger über die Grenzen der Autonomiefähigkeit hinaus, vor sich selbst zu schützen, handelt es sich um einen Akt des direkten harten Strafrechtspaternalismus[463], der mit einem liberalen Strafrechtsverständnis nicht in Einklang zu bringen ist.

---

[459] vgl.BT-Drs.13/4355 (siehe oben FN. 68), Begründung zu § 16 Abs.1 S.1
[460] so Schroth, Festschrift Roxin, S. 885
[461] so Schroth, Festschrift Roxin, S. 879
[462] so Schroth, Festschrift Roxin, S. 879
[463] vgl. Schroth, Festschrift Roxin, S. 881

Andererseits ließe sich auch vertreten, daß der Schutz vor Selbstkorrumpierung erforderlich ist, um die Rahmenbedingungen, unter denen Autonomie überhaupt möglich ist, zu gewährleisten[464]. Unter diesem Aspekt wäre das Organhandelsverbot als Akt des direkten, jedoch weichen Paternalismus zu qualifizieren, da der Gesetzgeber Organspender und Organempfänger aus ihrer eigenen Perspektive schützen würde[465].

Mit der hier vertretenen Auffassung, daß kommerzielle Motive die Autonomie einer Entscheidung grundsätzlich unberührt lassen[466], ist es jedoch kaum in Einklang zu bringen, die Grenzen der Autonomiefähigkeit eben dort anzusetzen. Würde das Freisein von finanziellen Erwägungen als Voraussetzung für eine autonome Entscheidungsfindung angesehen, so ließe sich die Argumentation, daß kommerzielle Motive auf die Freiwilligkeit einer Einwilligung keinen Einfluß haben, nicht aufrecht erhalten. Mit dem Rechtsgut des Schutzes vor Selbstkorrumpierung versucht der Gesetzgeber den Spender über die Grenzen der Autonomiefähigkeit hinaus gegen seinen Willen vor sich selbst zu schützen. Dies ist - wie bereits erläutert - mit einem liberalen Strafrechtsverständnis nicht in Einklang zu bringen. Der Schutz vor Selbstkorrumpierung ist daher nicht geeignet, das Organhandelsverbot zu rechtfertigen.

3. Bekämpfung des Organhandels in der Dritten Welt.

Der Gesetzgeber versucht das umfassende Organhandelsverbot in §§ 17, 18 TPG unter anderem mit der Bekämpfung der „menschenverachtenden Ausbeutung" in der Dritten Welt zu rechtfertigen[467]. Der enorme Bedarf an Spenderorganen in Deutschland und das knappe Angebot an legalen Spenderorganen, bewirkten in den letzten Jahren das Aufblühen einer Schattenwirtschaft, welche die Nachfrage in den reichen Industrieländern vor allem mit Organen aus der Dritten Welt zu befriedigen versucht. Deutschland bekräftigte bereits in diversen internationalen Abkommen das Bemühen dieser Art der Ausbeutung der Dritten Welt entschieden entgegen zu treten[468]. Ermöglicht wird ein

---

464 Schroth, Festschrift Roxin, S. 882

465 Schroth, Festschrift Roxin, S.882

466 siehe hierzu auch oben 4.Kapitel B I 3

467 BT-Drs.13/4355 (siehe oben FN. 68), Begründung Allgemeiner Teil zu 6. Strafvorschriften

468 so fordert die Entschließung (78) 29 des Europarates vom 11.Mai 1978, daß die Überlassung menschlicher Körpersubstanzen zu Transplantationszwecken kostenlos erfolgen muß. Im Juli

internationales Vorgehen gegen den Organhandel durch § 5 Nr. 15 StGB, welcher durch § 24 TPG neu eingeführt wurde. Danach fällt der strafbare Organhandel unter jene Straftaten, für die das deutsche Strafrecht, unabhängig vom Recht des Tatorts für Ausländertaten, auch dann gilt, wenn die Tat von einem Deutschen im Ausland begangen wurde.

Zweifelhaft ist, ob dieser Schutzaspekt dazu angetan ist, das Verbot auch in den Fällen zu rechtfertigen, in denen das Ausnützen einer Notlage gerade nicht gegeben ist. Auch hier kann ein Kriminalisierungsbedürfnis eigentlich nur nachgewiesen werden, wenn tatsächlich das Ausnützen der wirtschaftlichen Not eines Spenders aus der Dritten Welt nachgewiesen werden kann. Insofern bestehen auch unter diesem Schutzaspekt Bedenken hinsichtlich der Erforderlichkeit des umfassenden Verbotes.

Nicht jeder Organhandel mit der Dritten Welt muß zwangsläufig die Ausbeutung einer Notsituation bedeuten. Wie bereits erwähnt, ist es theoretisch auch möglich, daß ein Spender ohne eigene wirtschaftliche Not, ein Organ „verkauft".

Angesichts des körperlichen Selbstbestimmungsrechts der Spender - die Freiheit über seinem Körper frei verfügen zu dürfen, muß konsequenterweise auch Spendern aus der Dritten Welt zustehen - und der Tatsache, daß viele Spender aus der Dritten Welt unter Beibehaltung ihrer momentanen Lebensumstände eine Lebenserwartung von etwa 35 Jahren haben, stellt sich die Frage, ob man diesen Menschen durch ein absolutes Verbot des Organhandels nicht die Möglichkeit nimmt, mit dem Verkauf einer Niere ihrer Umgebung zu entkommen und sich ihr Leben nicht nur erheblich zu verschönern, sondern wahrscheinlich sogar zu verlängern[469]. Aus Sicht der Spender mag es deshalb unter Umständen gar keinen Grund geben sich gegen den Organhandel zur Wehr zu setzen.

Angesichts dieser differenzierten Interessenlage wurde vereinzelt vorgeschlagen, den Organhandel mit der Dritten Welt partiell zuzulassen und durch die Einrichtung einer Gutachterstelle nach dem Vorbild des Kastrationsgesetzes sicher zu stellen, daß die Spender ihre Organe tatsächlich rein freiwillig verkaufen und

---

1994 schlug der Europarat in einer Bioethik-Konvention eine Verpflichtung der Mitgliedstaaten zur Pönalisierung des Organhandels vor. Die WHO verabschiedete auf ihrer 44. Versammlung im Mai 1991 eine Entschließung mit 25 Leitsätzen für die Organtransplantation beim Menschen; die Bekämpfung des Organhandels wird darin als internationales Anliegen dokumentiert In seiner Entschließung vom 14.09.1993 forderte das Europäische Parlament den Organhandel gemeinschaftlich durch geeignete Maßnahmen zu bekämpfen.

[469] vgl. Schroeder ZRP 1997, 265 ff.

auch auf Seiten des Empfängers keine Zwangslage ausgenutzt wird. Denkbar wäre es, nur den Empfang solcher Organspender zuzulassen, welche diese Gutachterstelle in Deutschland passiert haben. Auch bei der Anlage des Geldes könnten die Spender von der Gutachterstelle betreut werden[470]. Eine derartige Lösung würde sowohl dem Interesse des Spendeempfängers an der Wiederherstellung seiner Gesundheit zugute kommen, als auch ein Ausnützen der gesundheitlichen Notlage des Empfängers im Hinblick auf die Anonymität der Spende nicht zulassen.

Zweifelhaft bleibt jedoch, ob ein partielles Organhandelsverbot genauso effektiv wäre. Schwierigkeiten ergeben sich vor allem bei dem Versuch, die Grenze des verwerflichen Ausnützens einer Notlage festzulegen. Das Kriterium der Freiwilligkeit der Organhergabe ist wenig geeignet, die Grenze zu ziehen, da andernfalls lediglich der Organraub pönalisiert werden würde. Die Motivation des Spenders, sublime externe Zwänge werden vom Merkmal der Freiwilligkeit nicht hinreichend erfaßt. Alleine auf das Vorliegen einer wirtschaftlichen, finanziellen oder sozialen Notlage abzustellen dürfte hingegen richtig, jedoch in der Praxis schwer nachprüfbar sein. Es wäre erforderlich, vor Ort zu recherchieren, was nicht nur zeit- sondern vor allem auch kostenintensiv wäre. Doch selbst dann wäre es noch keineswegs gewährleistet, daß potentielle Hintermänner, sei es der Zwischenhändler oder der Ehemann, der heimlich Druck auf seine „spendende“ Ehefrau ausübt, entdeckt würden. Da es sich bei Organhändlern meist um keine Einzeltäter, sondern um Verbrechensorganisationen mit weitläufigen, undurchschaubaren Strukturen und Einflußmöglichkeiten handelt, dürfte es als Außenstehender schwierig sein, Zusammenhänge aufzudecken. Während ein absolutes Organhandelsverbot Organhändler gänzlich in die Illegalität abdrängt, bietet Ihnen ein partielles Verbot immer noch einen Schlupfwinkel, den sie ausnützen könnten, um unter dem Deckmantel der Legitimität ihre Geschäfte zu betreiben.

Dem gesetzgeberischen Zweck, den Organhandel umfassend und international zu bekämpfen, kann ein derart partielles Organhandelsverbot nicht gerecht werden. Unter Effektivitätsgesichtspunkten ist daher einem umfassenden Verbot, wie es in den §§ 17, 18 TPG geschaffen wurde, der Vorzug zu geben. Hinzukommt, daß es moralisch sehr fragwürdig erscheint, den Handel mit Organen aus der Dritten Welt als Form von Entwicklungshilfe zu praktizieren - worauf ein partielles Organhandelsverbot hinausläuft. Auch wenn man die Lebensumstände dieser Menschen wirklich nur verbessern will, so ist es dennoch verwerflich, dies mit einer Organspende als Gegenleistung zu verknüpfen. Aus den gleichen

---

470 dies fordert Schroeder in ZRP 1997, 265 (267)

Gründen ist auch der Vorschlag des Transplantationsmediziners Walter Land abzulehnen. Dieser schlug vor, die Lebendspende im Sinne eines „rewarded gift" zu ermöglichen und damit dem Organhandel den Boden zu entreißen[471]. Diesem Vorschlag ist zwar insofern zuzustimmen, als daß er an das Grundproblem der Organspende anknüpft, der Armut in der Dritten Welt und der Frage, weshalb der Spender als einziger nichts an der Organtransplantation „verdienen" soll. Dennoch übersieht dieser Vorschlag, daß es kaum möglich sein wird, skrupellose Organhändler daran zu hindern, das „belohnte Geschenk" zu überbieten und weiterhin einen illegalen Markt aufrechtzuerhalten. Außerdem begegnet diese Idee den selben moralischen Bedenken, wie das partielle Organhandelsverbot. Entwicklungshilfe in Form von belohnten Organspenden zu betreiben, ist moralisch nicht vertretbar.

4. Rechtsgut der körperlichen Integrität (Art. 2 Abs. 2 GG)

Erklärtes Ziel des § 18 TPG ist es weiter, das Rechtsgut der körperlichen Unversehrtheit von Organspendern zu schützen[472]. Fraglich ist, ob dieser Schutzaspekt das absolute Organhandelsverbot in § 18 TPG rechtfertigt.

Zunächst ist anzumerken, daß sich dieser Aspekt des Rechtsgüterschutzes des Organhandelsverbots alleine auf die Lebendspende beschränkt. Nicht zu erklären vermag dieser Schutzaspekt, daß der Organhandel auch bei der postmortalen Organspende verboten ist.

Problematisch erscheint dieser Schutzaspekt vor allem, wenn man davon ausgeht, daß er auch die **Strafbedrohung des Spenders** rechtfertigen soll. Es wurde bereits festgestellt, daß sich aus Art. 2 Abs. 2 GG auch die Freiheit über die eigene körperliche Unversehrtheit nach Belieben verfügen zu können, ableiten läßt[473]. Der Spender willigt bei der Lebendspende - solange es sich um keinen Fall des Organraubs handelt - freiwillig in die Beeinträchtigung seiner körperlichen Unversehrtheit ein. Die Motivation des Spenders hat auf die Freiwilligkeit seiner Entscheidung keinen Einfluß[474]. Zwar setzt § 228 StGB der rechtfertigen-

---

471 Land in: Merkur 2/1992, S. 120-129

472 vgl. BT-Drs. 13/4355 (siehe oben FN. 68), Begründung zu § 16 Abs. 1 Satz 1

473 siehe oben 4.Kapitel A.II.1.a.aa)(1) ; ferner Hubmann, Das Persönlichkeitsrecht, S. 226, 227

474 Freiwilligkeit bedeutet gemeinhin das Freisein von Druck und Zwang. Der Spender soll in freier Willensentscheidung seine Einwilligung abgeben. Ist er dabei durch kommerzielle Vorteile motiviert, ist dies eine Frage der Sittenwidrigkeit, da der menschliche Körper nicht zur geldwerten Sache degradiert werden soll. Die Freiwilligkeit einer Willensentscheidung wird

den Wirkung der Einwilligung eine Grenze, doch stellt diese Vorschrift allein auf ein sittenwidriges Verhalten des in die körperliche Unversehrtheit eingreifenden Täters, mithin des Arztes, ab. Kommerzielle Interessen des Spenders hingegen können nach richtiger Ansicht im Rahmen des § 228 StGB nicht berücksichtigt werden[475].

Es kann somit nicht das Rechtsgut der körperlichen Unversehrtheit sein, welches das Verbot des Organhandels für den Spender rechtfertigt, da nach einem liberalem Rechtsverständnis Rechtsgut und Verfügungsbefugnis über das Rechtsgut als Einheit anzusehen sind und der Rechtsgutträger jederzeit das Recht hat, in die Verletzung seines Rechtsgutes einzuwilligen.

Auch aus anderen Erwägungen erscheint es zweifelhaft, ob dieser Schutzzweck geeignet ist, das in den §§ 17, 18 TPG enthaltene Verbot zu erklären. Schließlich stellt jede Transplantation vom lebenden Spender einen Eingriff in das Rechtsgut der körperlichen Unversehrtheit dar. In § 8 TPG bringt der Gesetzgeber zum Ausdruck, daß er die Verletzung der körperlichen Integrität unter gewissen Umständen sogar erlaubt, obwohl die Rechtsgutverletzung an sich sowohl bei einer zulässigen, altruistisch motivierten Lebendspende als auch bei einer finanziell motivierten gleichermaßen erfolgt. Es kann also nicht das Rechtsgut der körperlichen Unversehrtheit sein, dessen Schutz die Verbotsnorm des § 18 TPG rechtfertigt, zumal der Spenderkreis immer mehr ausgedehnt wird und auch die Ausnahmen des § 17 Abs.1 S.2 Nr.1,2 TPG die Möglichkeit der Lebendspende immer mehr erweitern. Hinzu kommt, daß das Rechtsgut der körperlichen Unversehrtheit bereits durch die §§ 223 ff. StGB hinreichend abgesichert ist und § 223 StGB einen exakt gleichen Strafrahmen eröffnet wie §18 Abs.1 TPG [476]. Die körperliche Unversehrtheit alleine kann deshalb nicht Schutzobjekt der §§ 17, 18 TPG sein.

Anders zu beurteilen ist dieser Rechtsgutaspekt hingegen, wenn man die Rechtfertigung der **Strafbarkeit des Arztes** untersucht. Der Arzt greift als einziger direkt in die körperliche Unversehrtheit des Spenders ein. Einen Arzt, der in Kenntnis eines involvierten Organhandels Organe überträgt oder explantiert, trifft deshalb nicht nur nach § 18 Abs. 1 TPG die gleiche Strafdrohung wie den

---

durch das Streben nach Geld aber nicht berührt. Denn die der Einwilligung zugrundeliegenden Motive haben, selbst wenn sie finanzieller Natur sind, keinen Einfluß auf die Rechtswirksamkeit einer Einwilligung, solange diese selbst nur freiwillig erfolgt, vgl. hierzu oben 4.Kapitel B.I.3.

475 siehe oben 3.Kapitel I.2.b.aa)

476 Der Strafrahmen des § 223 StGB umfaßt Freiheitsstrafe von bis zu 5 Jahren oder Geldstrafe

Händler, sondern er wird auch nach den §§ 223 ff StGB bestraft. Eine Privilegierungsmöglichkeit ist für ihn nicht vorgesehen. Die Strafandrohung für den Arzt, die Tatsache, daß er als Täter und nicht nur als Teilnehmer erfaßt wird, erklärt sich dadurch, daß er ohne selbst Handel zu treiben, durch seinen unverzichtbaren Beitrag zur Transplantation die Kommerzialisierung der Organtransplantation unterstützt. Der Gesetzgeber will damit bereits die mittelbare Förderung des Organhandels unterbinden[477]. Zwar sieht § 18 TPG keine ausdrückliche Privilegieren des Arztes vor, doch wird in den Gesetzesmaterialien zum TPG ausdrücklich darauf hingewiesen, daß „die typische Motivationslage dieses Täterkreises, der häufig eigene wirtschaftliche Not oder auch gesundheitliches Leid eines schwerkranken Menschen abwenden will" zu berücksichtigen und gegebenenfalls ein Absehen von Strafe nach § 60 StGB möglich ist[478]. Im übrigen bieten auch die erweiterten Einstellungsmöglichkeiten nach §§ 153 ff. StPO eine „geeignete Handhabe" in Fällen, in denen ein Strafbedürfnis nicht erkennbar ist, von Strafe abzusehen[479].

5. Schutz der Menschenwürde, Art. 1 Abs.1 GG

Eine Verletzung der in Art. 1 Abs.1 GG garantierten Menschenwürde ist anzunehmen, wenn der soziale Wert und Achtungsanspruch, der jedem Menschen wegen seines Menschseins zukommt, verletzt ist. Das könnte der Fall sein, sobald der Mensch, bzw. seine sterblichen Reste zum Objekt finanzieller Interessen werden. Nach dem sog. Argument der schiefen Bahn („slippery slope") trägt die entgeltliche Organhergabe zu einer Entwicklung der Entpersonalisierung, Entmenschlichung und Entwürdigung von Menschen bei[480].

Nach der von Dürig entwickelten und von der Rechtsprechung. übernommenen Objektsformel gebietet es Art. 1 Abs. 1 GG, den Menschen davor zu bewahren, zum bloßen Objekt degradiert zu werden. Er soll niemals als bloßes Mittel zum Zweck betrachtet werden[481]. Dabei bindet die Garantie der Menschenwürde nicht nur den Staat, sondern legt ihm wegen der unmittelbaren Drittwirkung auch eine Schutzpflicht auf, Angriffe Dritter auf die Menschenwürde zu verhin-

---

477 BT-Drs. 13/4355 (siehe oben FN. 68), Begründung zu § 17 Absatz 1

478 BT-Drs. 13/4355 (siehe oben FN. 68), Begründung zu § 17 Absatz 1

479 BT-Drs. 13/4355 (siehe oben FN. 68), Begründung zu § 17 Absatz 1

480 Fox, Regulated commercialism of vital organ donation: A necessity? In: Con. Transplant Proc 25: 55-57; Sells, The case against buying organs and a future market in transplants, in: Transplant Pro. 24: 2198-2202; D. Lamb, The slippery slope argument. Arguing in applied ethics

481 Dürig in Maunz - Dürig, Art. 1 Abs.1 Rn.28; BVerfGE 9, 89/95; E57, 250/275

dern[482]. Die Degradierung menschlicher Organe zum Kaufobjekt ist für sich gesehen eindeutig menschenunwürdig. Organraub oder andere Fälle, in denen der Spender sein Organ unter Ausübung von Zwang spendete, verstoßen gegen die Menschenwürde.

Andererseits gehört auch die Selbstbestimmung zur Würde des Menschen. Das Menschenbild des Grundgesetzes basiert auf der Vorstellung vom Menschen als einem geistig-sittlichen Wesen, das darauf angelegt ist, in Freiheit sich selbst zu bestimmen und sich zu entfalten. Aus diesem Grund verlangt die Pflicht zur Achtung und Wahrung der Menschenwürde in erster Linie die Respektierung der Freiheit eines jeden Menschen über und für sich selbst[483].

Bei der freiwilligen kommerziellen Organspende stellt sich deshalb die Frage, inwieweit es die verfassungsrechtliche Würdegarantie dem Einzelnen gestattet, sich selbst zum Objekt zu machen, indem er Teile seines Körpers verkauft.

Grundlage dieser Überlegungen ist das ethische Grundproblem, ob die Menschenwürde ein absoluter oder ein relativer - in der Autonomie des Einzelnen liegender - Wert ist[484]. Hierzu erscheint zunächst eine Darstellung der geistesgeschichtlichen Grundlagen des Würdebegriffs notwendig.

a) Begriff der Menschenwürde aus rechtsethischer Sicht

In Anbetracht der weit zurück reichenden historischen Wurzeln des Begriffs der Menschenwürde kann in der Kodifikation des Art. 1 GG gleichsam die "Positivierung" eines "überpositiven Grundsatzes" gesehen werden[485]. Als die wesentlichen Grundpfeiler des heutigen verfassungsrechtlichen Würdebegriffs sind insbesondere der christliche und der von Kant geprägte Interpretationsansatz menschlicher Würde hervorzuheben[486]. Bedeutsam in der heutigen rechts- und moralphilosophischen Würde - Diskussion sind darüber hinaus der sich an Kant anlehnende deontologische Ansatz, sowie die hierzu konkurrierende konsequentialistische Schule, letzterer kommt insbesondere in der Ausprägung des Utilitarismus besondere Bedeutung zu.

---

[482] Kuing in von Münch/Kuing, Art.1 Rn. 27ff.; Maunz /Zippelius, § 23 I 3 a, S.181
[483] Vgl. BVerfG NJW 1977, 1525 ff (1526)
[484] Ziegler, Organverpflanzung, S. 72; von Mangolt/Klein/Starck, Art. 1 Abs. 1 Rn. 7
[485] Messner in FS für Geiger, S. 221 ff. (239)
[486] Zippelius in Bonner Kommentar , Art. 1 Abs. 1 Rn. 1 ff.

aa) christliche Ethik

Der christliche Würdebegriff beruht auf der Idee der Gottesebenbildlichkeit (imago dei) und der Gotteskindschaft[487]. Aufgrund der daraus resultierenden Einheit des Menschen mit dem Gottmenschen Christus, kommt dem Menschen in der Natur nach christlichem Verständnis eine herausragende Stellung zu. Die Gottesebenbildlichkeit führt auch dazu, daß in der christlichen Tradition nicht von der eigenen, sondern der fremden Würde des Menschen (dignitas aliena) gesprochen wird[488]. Sie wird deshalb auch als unverzichtbar und unverlierbar angesehen. Kein Mensch kann auf die Gottesebenbildlichkeit oder die eines anderen verzichten. Die Verfügungsgewalt über die Würde liegt nicht bei den Menschen, sie liegt einzig und alleine bei Gott.

Hinzukommt, daß nach christlichem Verständnis Leib und Leben als ein Geschenk Gottes anzusehen ist. Dem Menschen kommt deshalb über sich selbst, insbesondere auch über seinen Körper kein eigenes Besitz- oder Gebrauchsrecht zu[489].

Jede freiwillige Beeinträchtigung der eigenen körperlichen Unversehrtheit, die nicht dem Wohle des eigenen Körpers dient, wird als verbotene Selbstverstümmelung und zugleich als Eingriff in die gottgeschenkte und Gott obliegende Menschenwürde gewertet.

Im Ergebnis ist die Menschenwürde nach christlichem Verständnis deshalb als absoluter Wert anzusehen, über den der Mensch nicht nach Belieben verfügen kann. Ausnahmen von diesem Grundsatz werden nur in den Fällen befürwortet, in denen nach sorgfältiger Überprüfung aus Nächstenliebe gehandelt wird oder in Fällen, in denen zugunsten höherer ideeller Werte, etwa innerhalb einer Missionstätigkeit oder dem ärztlichen Einsatz in Krisengebieten, die eigene körperliche Unversehrtheit riskiert oder geopfert wird[490].

---

[487] Zippelius in Bonner Kommentar , Art. 1 Abs. 1 Rn. 4; Stark in Mangolt/Klein/Starck Art. 1 Abs. 1 Rn. 3, Starck in JZ 1981, 459

[488] Sasse, S. 97

[489] Ziegler, Organverpflanzung, S. 67f.

[490] Ziegler, Organverpflanzung, S. 68; Sasse, S. 98

bb) Der von Kant geprägte Interpretationsansatz: Menschenwürde als sittliche Autonomie

Der Tradition der christlichen Ethik folgend, sieht auch Kant die Menschenwürde als einen von Gott oder der Natur mitgegebener - absoluter -Wert[491]. Nach Kant besteht die Würde des Menschen darin, "daß es keinem Gesetz gehorcht, als dem, das es zugleich selbst gibt....Autonomie ist also Grund der Würde des menschlichen und jeder vernünftigen Natur"[492]. Die Vernunftsnatur des Menschen gilt als Grund für die herausragende Stellung und Würde des Menschen.

Als oberste Richtschnur für vernünftiges und sittliches Handeln ist dabei der kategorische Imperativ anzusehen.

Hervorzuheben ist in diesem Zusammenhang die Fassung des kategorischen Imperativs, nach welcher der Mensch so zu handeln hat, daß er "die Menschheit sowohl in (seiner) Person, als in der Person eines jeden anderen, jederzeit zugleich als Zweck niemals bloß als Mittel braucht(et)"[493]. Im Gegensatz zur christlichen Ethik, wonach die Leiblichkeit des Menschen als Instrument des Dienstes und der Kommunikation angesehen wird, ist die Existenz des Menschen nach Kant "Zweck an sich selbst"[494]. Jeder Mensch muß als Selbstzweck geachtet werden.

Nicht nur die Instrumentalisierung des Menschen durch andere, sondern auch die (Selbst-)Instrumentalisierung des eigenen Leibs - etwa der Verkauf der eigenen Organe um des Gewinnes willen - wird danach als ein Verstoß gegen die Würde des Menschen begriffen[495]. Dem Menschen steht grundsätzlich nicht das Recht zu, seinen Körper für einen außerhalb seiner selbst liegenden Zweck zu opfern. Nach Kant stellt folglich auch die rein altruistische Lebendspende eines Organes ein "Verbrechen (des Menschen) an seiner eigenen Person"[496] dar.

---

491 Löw in. Scheidewege 17: 16-48; Pieroth /Schlink II, S.91; Vitzthum in JZ 1985, 201,205f.

492 Kant, Grundlegung zur Metaphysik der Sitten, S. 67, 69

493 Kant, Grundlegung zur Metaphysik der Sitten, S. 61

494 Kant, Grundlegung zur Metaphysik der Sitten, S. 61

495 vgl. Sasse, „Zivil- und Strafrechtliche Aspekte der Veräußerung von Organen Verstorbener und Lebender", S.98

496 Kant, Grundlegung zur Metaphysik der Sitten, S. 61: Kant geht mit dem Postulat der körperlichen Integrität sogar soweit, daß er nicht einmal das Verschenken eines Zahns als sittlich gerechtfertigt ansieht

cc) Deontologischer Ansatz

Weniger restriktiv, jedoch Kant folgend, erklärt sich der deontologische Ansatz. Nach diesem bestimmt sich der Wert einer Handlung oder einer Entscheidung gemäß ihrer Übereinstimmung mit einem moralischen Muß oder einer Pflicht, die zu befolgen ist. Die Folgen der Tat fließen nicht in die Beurteilung ein. Allein die Gesinnung des Handelnden steht im Mittelpunkt. Für den Deontiker kann somit ein noch so guter Zweck niemals ein Mittel heilen, daß in sich schlecht ist. Der deontologischen Ansatz, insbesondere in der Prägung, die er durch Kant erfahren hat, stellt die in Mitteleuropa - mit Ausnahme der angelsächsischen Ländern, dominierende Position dar[497]. Das deutsche Strafrecht stellt zumindest in seiner Verbotsmaterie im besonderen Teil grundsätzlich ein deontologisches System dar[498]. Eine konkrete Handlung ist regelmäßig deshalb verboten, weil eine Norm existiert, welche die Vornahme von Handlungen dieses Typus verbietet[499].

Überraschenderweise wird der Organverkauf auch von einzelnen Anhängern des deontologischen Ansatzes positiv bewertet[500]. Nach dieser Position des unbedingten Respekts vor der höchstpersönlichen Entscheidung des einzelnen wird das Autonomieprinzip allen anderen Prinzipien begrifflich vorgeordnet. Die freiwillige und informierte Zustimmung zu einer Organentnahme – gleichgültig aus welcher Motivation heraus sie erfolgte – ist nach diesem Interpretationsmodell somit unbedingt zu respektieren[501]. Ein Organhandelsverbot ließe sich danach nur unter dem Aspekt rechtfertigen, den Verkäufer davon abzuhalten, andere zu schädigen, nicht jedoch, den potentiellen Spender vor sich selbst zu schützen.

---

[497] Gutmann in Zeitschrift für Transplantationsmedizin, 1993 S. 75 ff.(79)

[498] Allerdings erweisen sich einzelne Vorschriften, etwa die allgemeine Notstandsregel des § 34 StGB, in ihrem Kern als konsequentialistische Regelungen: Im Anwendungsbereich des § 34 StGB wird etwa eine nach des prima facie-Regeln des Besonderen Teils des StGB rechtswidrige Handlung im Falle einer positiven Interessensbilanz für gerechtfertigt erklärt. Vgl. Neumann in Jahrbuch für Recht und Ethik 1994, S. 81 ff. (96)

[499] vgl. Neumann in Jahrbuch für Recht und Ethik 1994, S. 81 ff. (85)

[500] so H. Tristram Engelhardt, der in seiner 1986 erschienen Monographie "The foundations of biothics" schrieb: "Since selling oneself to another freely does not involve a violation of the principle of autonomy, such transactions should fall within the protected privacy of free individuals on the basis of the principle of autonomy"

[501] hierzu auch Adrews LB (1986) "My body, my property" Hastings Cent Rep 16: 28-38; derselbe 1992 über "The body as property: Some philosophical reflections – A response to J.F. Childress" in Transplant Prov 24 : 2149 - 2151

Das Problem des deontologischen Erklärungsansatzes ist, daß er mit erheblichen Rechtfertigungsdefiziten zu kämpfen hat. Indem er ausschließlich auf die Konformität zu sittlich - moralischen Gesetzen abstellt, blendet er aus, was für den Menschen gemeinhin am wichtigsten ist: die Überlegung, welche Folgen seine Entscheidung für seine Interessen (an Leben, Freiheit, Gesundheit, etc.) hat[502]. Dies gipfelt darin, daß die Menschenwürde deshalb nach überwiegender Auffassung als absoluter Wert angesehen wird, der sich jeglicher Abwägung mit anderen Werten oder anderen Interessen entzieht[503]. Der Deontologismus läßt damit auch keinen Raum für eine Differenzierung zwischen einem unantastbaren Kernbereich und einem einer Abwägung zugänglichen Randbereich der Menschenwürde. Faßt man ein Rechtsgut jedoch in seinem gesamten Schutzbereich als absoluten Wert auf, erhöhen sich dadurch die Legitimationserfordernisse an diesen Interpretationsansatz[504].

dd) Konsequentialistischer Ansatz

Nach dem konsequentialistischen Ansatz bemißt sich der Wert einer Handlung oder Entscheidung nach ihren gewollten und ungewollten Folgen. Nach dieser Auffassung ist es moralisch vertretbar zu lügen, wenn die Folgen der Lüge besser sind als die der Wahrheit.

ee) Utilitaristische Nutzungserwägungen

Der Utilitarismus stellt die radikale Gegenposition zum Deontologismus dar und ist das Paradigma des Konsequentialisten. Der Utilitarismus in seinen verschiedenen Spielarten gilt als die international einflußreichste moral- und rechtphilosophische Theorie. Insbesondere in den angelsächsischen Ländern ist er Ausgangspunkt und Basis der transplantationsethischen Diskussion[505].

Nach den Grundsätzen des Utilitarismus gilt jede Handlung oder Handlungsregel als sittlich geboten, die den Gesamtnutzen für alle Betroffenen dieser Handlung stärker erhöht als den Gesamtschaden für diese Gruppe. Als Nutzen ist dabei die Erfüllung menschlicher Bedürfnisse und Interessen, in der Form, wie sie von der Gruppe definiert werden, anzusehen. Die soziale Bedeutung der Handlung wird zum maßgebenden Kriterium erklärt.

---

[502] vgl. Neumann in ARSP 1998, S. 154
[503] Starck in Mangolt/Klein/Starck, Art. 1 I Rn. 20; Kunig in Münch/Kunig, Bd. 1, Art. 1 Rn. 4
[504] Neumann in ARSP 1998, S. 153 ff. (154, 155)
[505] Gutmann, Zeitschrift für Transplantationsmedizin 1993, 79 m.w.N.

Aus utilitaristischer Sicht ist gegen eine entgeltliche Organhergabe – solange sie freiwillig erfolgt - nichts einzuwenden. Jeder Beteiligte profitiert davon. Im Gegensatz zur deontologischen Tradition gewinnt dabei auch folgendes Argument an Gewicht: Selbst wenn der Verkauf aus moralischen Gründen oder im Hinblick auf die gesundheitliche Unversehrtheit des Spenders abzulehnen ist, so kann dieser Schaden doch möglicherweise durch den Nutzen aufgewogen werden, den die kommerzielle Organhergabe für die gesamte Gesellschaft – insbesondere für die Organempfänger in Anbetracht einer besseren Versorgung mit Organen – bewirkt.

Der amerikanische Wirtschaftswissenschaftler Marvin Brams, welcher sich für einen geregelten, gemischt altruistisch – kommerziellen Organmarkt ausspricht, vertritt gar die Auffassung, daß ein derartiges System aufgrund der erheblichen Verbesserung der Transplantatversorgung, einem rein altruistischen System aus moralischer Sicht überlegen sei. Seiner Auffassung nach nütze es einer größeren Anzahl von Menschen, während es nur einer signifikanten Minderheit, wenn überhaupt, geringen Schaden bringt[506]. So sei der Preis für den Idealismus eines rein altruistischen Systems gerade für die Patienten hoch, während sie aus den pragmatischen, effizienten und schnellen Lösungen eines aus altruistischen und kommerziellen Elementen kombinierten Systems Nutzen ziehen könnten[507].

ff) Das ontologische Menschenwürdemodell

Ausgehend vom Begriff der „Menschenwürde" und der in Art. 1 GG vom Gesetzgeber eingeführten Formulierung „Die Würde des Menschen ist unantastbar", gibt es Konzeptionen, beispielhaft hierfür sind etwa der christliche, sowie der von Kant geprägte Interpretationsansatz, die den Begriff der Menschenwürde substantiell als Eigenschaft des Menschen interpretieren[508]. Im Rahmen des theologischen Modells etwa, in der die Würde des Menschen auf seine Gottebendlichkeit gestützt wird, ergibt sich eine Generalisierung der Menschenwürde auf alle Menschen hin aus der bloßen Geschöpflichkeit des Menschen als Gottes Ebenbild.

---

[506] Brams, American Journal of Law & Medicine 3 (1977): 183-196

[507] Brams, American Journal of Law & Medicine 3 (1977): 183-196

[508] R. Spaemann, Über den Begriff der Menschenwürde, in: „Das Natürliche und das Vernünftige" S. 77 ff.; Zur Bedeutung der Gottesebenbildlichkeit des Menschen für den christlichen Würdebegriff, . Hilpert, Die Menschenrechte. Geschichte, Theologie, Aktualität, S. 181 ff.

Das ontologische Würdekonzept bewirkt, daß dem Prinzip der Menschenwürde neben seiner normativen Bedeutung, auch eine kognitive Komponente beisteht. Die Bedeutung der Menschenwürde erschöpft sich nicht alleine in dem Verbot, Menschen einer unwürdigen Behandlung auszusetzen, bzw. in dem Gebot sie vor einer solchen zu schützen. Vielmehr steht dem Menschen aufgrund bestimmter Eigenschaften der Anspruch zu, auch respektvoll behandelt zu werden. Die diesen Achtungsanspruch begründende Eigenschaft des Menschen ist je nach Erklärungsansatz die Gottesebenbildlichkeit oder die Fähigkeit zu vernünftigem Handeln[509]. „Die Schwäche dieser Modelle liegt in der Stärke ihrer Voraussetzungen“[510]: Die metaphysische Qualität der Menschenwürde macht diese unantastbar auch in dem Sinne, daß die Menschenwürde gar nicht verletzt werden kann. Eine noch so gravierende Erniedrigung des Würdeträgers, kann seine in der Gottesebenbildlichkeit begründete Würde nicht tangieren. Die Ontologisierung der Menschenwürde führt damit zu einem Verlust an normativem Schutz. Letztlich kann nach einem strikt ontologischem Modell einzig der Träger selbst, niemals jedoch ein Dritter, seine Würde verletzen[511].

gg) Die relationale Menschenwürdekonzeption

Im Gegensatz zum ontologischen Modell, lokalisiert ein relationaler Interpretationsansatz, die Würde des Menschen nicht in der Person, sondern in der Interaktion zwischen Personen[512]. Ausgangspunkt für die Bestimmung des Schutzbereiches ist danach nicht, worin diese Würde besteht, sondern welche zwischenmenschlichen Handlungen einer Entwürdigung des anderen gleichkommen. Die Verletzbarkeit der Menschenwürde orientiert sich an der Sozialadäquanz des zwischenmenschlichen Verhaltens. Die Eigenschaften, die den Schutzbereich der spezifischen Würde des Menschen begründen, beziehen sich hier nicht auf individuelle Kapazitäten (wie etwa die Vernunft), sondern auf „eine besondere Di-

---

[509] Das gilt auch dann, wenn man die Vernunft nicht alleine als operative Fähigkeit, sondern als Fähigkeit, sich an moralischen Normen zu orientieren sieht, Neumann in ARSP 1998, 153 ff (163). Modelle, welche die Menschenwürde primär von der Fähigkeit zur Vernunft abhängig machen, schließen hiervon auch Kleinkinder oder schwer Geisteskranke nicht aus. Mit dem Argument, daß „alle empirischen Qualitäten .... nur die nach außen in Erscheinung tretende Erscheinungsform einer sich nicht als sie selbst zeigenden Substanz“ sind, werden auch individuell nicht oder weniger vernunftbegabte Menschen einbezogen, vgl. etwa R. Spaemann in: „Das Natürliche und das Vernünftige“, S. 77 ff. S. 93

[510] Neumann in ARSP 1998, 153 ff (164)

[511] R. Spaemann, in: „Das Natürliche und das Vernünftige“, S. 77 ff. S. 95 ff.; vgl. auch Neumann in ARSP 1998, S. 165 m.w.N.

[512] vgl. hierzu Neumann in ARSP 1998, S. 165 m.w.N.

mension", in der Menschen verletzbar sind[513]. Es kommt somit auf die Verletzung der individuellen Interessen und Bedürfnisse des Einzelnen an. Eine derartige Definition des Schutzbereiches der Menschenwürde bereitet jedoch aufgrund des individuellen Charakters gerade in jenen Fällen Probleme, in denen die Person nicht mehr fähig ist, Demütigungen zu erleben oder diese als solche einzuordnen. Im Mittelpunkt des Rechts auf Würde bei dem Modell einer relational begründeten Menschenwürde stehen die „erlebnisbezogenen" Interessen des einzelnen[514]. (Weich) Paternalistische Regelungen, die dem Interesse der Person dienen sollen, obwohl eine Zustimmung in die Verletzung vorliegt, sind nach diesem Modell nicht ausgeschlossen, wenn die Handlung trotz der Zustimmung gegen dessen Interesse an „würdiger" Behandlung verstößt[515]. Vom Schutzbereich dieser - in der Interaktion begründeten - Würdekonzeption nicht erfaßt, sind hingegen eigene Handlungen des Würdeträgers und deren Folgen. Eine Bestrafung des kommerziell agierenden Organspenders, fällt nach dieser Interpretation des Würdebegriffs demnach nicht in den Schutzbereich der Menschenwürde. Auch hinsichtlich des Arztes, sowie des Organempfängers ist fraglich, ob hier ein Verstoß gegen die Menschenwürde vorliegt. Es müßte geklärt werden, ob die Interaktion dieser Personen mit dem Spender gegen dessen Interesse an würdiger Behandlung verstößt, obwohl er dem Eingriff zugestimmt hat.

hh) Fazit

Die vorangegangene Darstellung der rechtsphilosophischen Interpretationsansätze zum Begriff der Menschenwürde verdeutlicht, daß die Diskussion über die Reichweite des Menschenwürdegehalts gerade im Hinblick auf die aktuellen Fragen in der Bioethik noch längst nicht abgeschlossen ist.

Der das Transplantationsgesetz prägende deontologische Interpretationsansatz der Menschenwürde verbietet es, den Schutzbereich der Menschenwürde an einem an dem Nutzen für die Gesellschaft ausgerichteten, sozialen Maßstab zu messen. Die Schwäche dieses Ansatzes liegt darin, daß er aufgrund des Absolutheitsanspruchs, den er an den Gehalt der Menschenwürde stellt, unter einem erheblichen Legitimationsdruck steht, den er durch eine Ontologisierung des Würdebegriffs aufzufangen versucht[516]. Ein ontologisch ausgerichtetes Modell

---

513 Neumann spricht von einer „Dimension von Demütigung und sozialer Mißachtung" in ARSP 1998, 166

514 Neumann in ARSP 1998, S. 166 in Abgrenzung zu einem „wertebezogenem" Interesse, mit einem Verweis auf Dworkin, Die Grenzen des Lebens, 1994, S. 324 ff..

515 so Neumann in ARSP 1998, S. 165 m.w.N.

516 Ulfrid Neumann in ARSP 1998, S. 155

des Würdebegriffs scheitert jedoch, wie aufgezeigt wurde, selbst an der Begründung eines normativen Schutzbedürfnisses.

Im Ergebnis wäre es deshalb begrüßenswert, wenn sich der Gesetzgeber - wie dies im Kernstrafrecht (§ 34 StGB[517]) bereits teilweise geschehen ist, mehr utilitaristischen Nutzungserwägungen eröffnet, bzw. sich abwendet von einem am Menschen fixierten Würdeverständnis hin zu einem an den Interessen des einzelnen in der zwischenmenschlichen Begegnung orientierten Interpretationsansatz menschlicher Würde.

b) Begriff der Menschenwürde in der rechtswissenschaftlichen Lehre

Interessanterweise geht die rechtswissenschaftliche Literatur - im Gegensatz zu der wohl auch hierzulande vorherrschenden und das Strafrecht als solches prägenden deontologischen Schule[518] - ganz überwiegend von einem Menschenwürde-Begriff aus, der das Selbstbestimmungsrecht des Einzelnen als Bestandteil dieses Grundrechtes respektiert.

So sah etwa *Nipperdey* in Art.1 Abs.1 GG „die Natur des Menschen schlechthin" geschützt, wobei seiner Ansicht nach das „Wesen des Menschen (....) in der Freiheit der Entscheidung"[519] lag. Dem entspricht die Auffassung *Wintrichs*, wonach die Würde des Menschen darin begründet liegt, „daß der Mensch als geistig - sittliches Wesen von Natur aus darauf angelegt ist, in Selbstbewußtsein und Freiheit sich selbst zu bestimmen, sich zu gestalten und sich in der Umwelt auszuwirken"[520]. *Dürig* betont sogar ausdrücklich, daß der Eigenwert der Würde auch vorhanden sei, „wenn der konkrete Mensch (...) die Möglichkeit der Freiheit zur Selbsterniedrigung mißbraucht", weil eben gerade die Möglichkeit der Freiheit der freien Selbstgestaltung seine Würde ausmache[521]. Auch *von Münch* hebt hervor, „daß weder der Staat, noch Dritte dem einzelnen ihre Vorstellung darüber aufdrängen dürfen, ob seine Menschenwürde durch ein bestimmtes Verhalten

---

[517] zur kosequentialistisch-deontologischen Natur des § 34 StGB, vgl. Neumann in Jahrbuch für Recht und Ethik, S. 85ff.

[518] so Neumann in Jahrbuch für Recht und Ethik 1994, Bd. 2 S.81 ff. (85)

[519] Nipperdey, Grundrechte, S. 13 f.

[520] Wintrich, Zur Problematik der Grundrechte, S.15

[521] Dürig in Maunz-Dürig, GG , Art. 1 Abs.1 Rn.21

verletzt wird (....). Es gibt auch hier keinen `Grundrechtsschutz gegen sich selbst´"[522]

Antoni[523] schließlich sieht in der Menschenwürde einen unbestimmten Rechtsbegriff, der nicht absolut, sondern immer nur in Ansehung des konkreten Falles bestimmt werden kann. Der Begriff der Menschenwürde wurzele zwar in den geistesgeschichtlichen Traditionen, sei jedoch wandlungsfähig und zeitbedingt.

Die verfassungsrechtliche Literatur geht mithin von einem relativen Würde-Begriff aus und sieht Art. 1 Abs. 1 GG zugleich auch als Freiheitsgrundrecht.

c) Begriff der Menschenwürde in der Rechtsprechung :

aa) Verwaltungsgerichtliche Rechtsprechung

Die verwaltungsrechtliche Judikatur folgte in der Vergangenheit oftmals einer sehr rigiden Auffassung des Menschenwürdebegriffs und mußte sich deshalb zumindest zeitweise den Vorwurf gefallen lassen, Werteabsolutismus zu betreiben[524]. Einen Eindruck, daß diese Kritik einer gewissen Berechtigung nicht entbehrt, sollen die beiden folgenden Entscheidungen vermitteln:

(1) Die Zwergenweitwurfentscheidung

Das VG Neustadt[525] bejahte im Jahre 1992 eine Verletzung der Menschenwürde kleinwüchsiger Menschen, wenn diese bei sog. „Zwergenweitwurf"-Veranstaltungen zum Sportgerät weitaus kräftigerer Menschen degradiert würden. „Art. 1 Abs. 1 GG schützt den personalen Eigenwert des Menschen. Die Menschenwürde ist verletzt, wenn die einzelne Person zum Objekt herabgewürdigt wird. Dabei kann der die Menschenwürde verletzende Angriff auch von privaten Personen ausgehen. Aufgrund seiner verfassungsrechtlichen Schutzpflichten ist der

---

522 Kuing in von Münch/Kuing, Art.1 Rn. 39
523 in Seifert/Hörnig, Art. 1 Nr. 4
524 so von Olshausen in NJW 1982, 2221 ff.
525 VG Neustadt NJW 1993, 98 ff. , Beschl. vom 21.05.1992

Staat in einem solchen Fall gehalten, die mit der Rechtsanwendung gegebenen Möglichkeiten zur Abwehr eines derartigen Angriffs auszuschöpfen“ [526].

(2) Die Peep-Show - Urteile

In den beiden „Peep-Show“-Urteilen[527] hat das BVerwG die gewerberechtlichen „guten Sitten“ bei einer Peep-Show unter Rückgriff auf das grundsätzliche Gebot zum Schutz der Menschenwürde als verletzt angesehen. Die Tatsache, daß die Frauen bei derartigen Shows freiwillig auftraten, stand dem nicht entgegen. Vielmehr argumentierte das Gericht im ersten „Peep-Show“ - Urteil, daß „diese Verletzung der Menschenwürde nicht dadurch ausgeräumt oder gerechtfertigt (wird), daß die in einer Peep-Show auftretende Frau freiwillig handelt. Die Würde des Menschen ist ein objektiver unverfügbarer Wert, auf dessen Beachtung der einzelne nicht wirksam verzichten kann“ [528]. Das Gericht begründete dies damit, daß „die Menschenwürde wegen ihrer über den Einzelnen hinausreichenden Bedeutung auch gegenüber der Absicht des Betroffenen verteidigt werden (müsse), seine vom objektiven Wert der Menschenwürde abweichenden subjektiven Vorstellungen durchzusetzen“ [529].

(3) Fazit

Damit hat das BVerwG dem Grundrecht der Menschenwürde jeglichen freiheitlichen Charakter abgesprochen und entgegen der verfassungsrechtlichen Judikatur und Literatur entschieden[530]. Sowohl die Zwergenweitwurfentscheidung, als auch das Peep-Show-Urteil machen deutlich, daß die verwaltungsrechtliche Judikatur den Begriff der Menschenwürde als absoluten Wert auffaßt, in der für das Selbstbestimmungsrecht des Würdeträgers kein Raum bleibt.

bb) Polygraphenentscheidungen des BGH[531]

In den Entscheidungen über den „Lügendetektor“ im Strafprozeß hat der BGH geprüft, ob die Anwendung des Polygraphen einen der Tatbestände des § 136 a

---

526 VG Neustadt NJW 1993, 98 ff. , Beschl. vom 21.05.1992

527 BVerwGE 64, 274 ff. = NJW 1982, 664; sowie BVerwGE 84, 314 (317) aus dem Jahre 1990

528 BVerwGE 64, 274 (278)

529 BVerwGE 64, 274 (280)

530 umfassende Kritik an der Peep- Show Entscheidung des BVerwG: v. Olshausen in NJW 1982, 2221 ff.

531 BGH St 44, 308 = BGH NJW 1999, 657f.

StPO erfüllt. Nachdem dies mit guten Gründen verneint werden konnte, konzentrierte sich das Gericht nun darauf, ob der freie Wille des Angeklagten höher zu bewerten war, als die Schutzbedürftigkeit der Würde des Menschen gegen Angriffe durch ihn selbst. Es kam zu dem Schluß, daß „Art. 1 Abs. 1 GG nicht der Einschränkung, sondern gerade dem Schutz der Würde des Menschen dienen (solle), wozu die grundsätzliche Freiheit gehört, über sich selbst verfügen und sein Schicksal eigenverantwortlich gestalten zu können (...). Im Hinblick darauf kann dem seine Entlastung erstrebenden Beschuldigten diese Möglichkeit nicht unter Hinweis auf die allgemeine staatliche Verpflichtung zu Achtung und Schutz der Menschenwürde (...) verwehrt werden." Die Anwendung eines Polygraphen nach der freiwilligen Einwilligung des Beschuldigten, verstößt damit nicht gegen seine Menschenwürde.

Der BGH folgt in seinen Polygraphenentscheidungen einer Interpretation des Würde - Begriffs, in der die eigenverantwortlichen Entscheidungsmöglichkeiten des Würdeträgers als Bestandteil seiner Menschenwürde verstanden werden. Damit steht die Entscheidung des BGH in deutlichem Widerspruch zu den oben genannten verwaltungsrechtlichen Entscheidungen.

cc) Die Rechtsprechung des BVerfG

Nach der Rechtsprechung des Bundesverfassungsgerichtes handelt es sich bei der „Würde des Menschen" in Art. 1 Abs. 1 S. 1 GG um einen unbestimmten Rechtsbegriff, der nicht absolut bestimmt werden kann. Er bedarf der Auslegung durch die Rechtsprechung. Eine Zusammenfassung der wesentlichen Judikatur zu diesem Thema bringt ein Beschluß vom 17.01.1979[532] zur Ausweisung eines Ausländers. Der Senat führte damals aus: „Die Würde des Menschen ist der oberste Wert im grundrechtlichen Wertesystem und gehört zu den tragenden Konstitutionsprinzipien. Alle staatliche Gewalt hat sie zu achten und zu schützen (Art.1 Abs. 1 GG). Dem Menschen kommt in der Gemeinschaft ein sozialer Wert- und Achtungsanspruch zu; deshalb widerspricht es der menschlichen Würde, den Menschen zum bloßen Objekt des Staates zu machen oder ihn einer Behandlung auszusetzen, die seine Subjektqualität prinzipiell in Frage stellt. Nach dem Menschenbild des Grundgesetzes ist das Individuum indessen auch gemeinschaftsbezogen und gemeinschaftsgebunden, wobei allerdings die Eigenständigkeit der Person gewahrt bleiben muß".

---

532 BVerfGE 50, 166

Danach kann die Menschenwürde nur dann als verletzt betrachtet werden, wenn über den einzelnen ohne oder gegen seinen Willen verfügt wird, wenn man ihn unter Mißachtung seiner Eigenverantwortlichkeit „zum Objekt macht"[533].

„Das Grundgesetz geht von der Würde der freien, sich selbst bestimmenden menschlichen Persönlichkeit als höchsten Rechtswert aus Art. 1 Abs.1, Art.2 Abs.1 GG aus"[534]. Das BVerfG betont, daß es zur Würde des Menschen gehört, „daß der Mensch über sich selbst verfügen und sein Schicksal eigenverantwortlich entscheiden kann"[535]. Weiter wird ausdrücklich festgestellt, daß es verfassungswidrig sei, wenn der Staat versucht dem Individuum seine Wertvorstellungen aufzuzwingen und als „besserwissende" Obrigkeit versucht, für das Wohl von „Untertanen" zu sorgen[536].

Das BVerfG sieht die Menschenwürde somit nicht als absoluten Wert. Es wäre danach sogar mit der Würdegarantie des einzelnen unvereinbar, wenn der Gesetzgeber versuchen würde, dem einzelnen seine Würde - Auffassung auch gegen seinen Willen aufzuzwingen. Aus diesem Grund ist das Grundrecht der Menschenwürde nach der Judikatur des BVerfG auch nicht geeignet, die Pönalisierung des - auf der Grundlage eines eigenverantwortlich gefällten Entschlusses erfolgten - Verkaufs körpereigener Organe zu rechtfertigen.

d) Ergebnis:

Die rechtsphilosophischen Wurzeln des Würdebegriffs, sowie der deontologische Charakter des deutschen Strafrechts, sprechen dafür, die Würde des Menschen nicht als Freiheitsgrundrecht, sondern als absoluten Wert zu begreifen, welcher utilitaristischen Nutzungserwägungen nicht zugänglich und deshalb auch nicht der Disposition des Einzelnen unterstehen kann. Die aus diesem Absolutheitsanspruch resultierenden Legitimationsprobleme wurden aufgezeigt.

Die Menschenwürde als absoluten Wert zu begreifen, ist im übrigen auch vor dem Hintergrund der rechtswissenschaftlichen Lehre und Rechtsprechung oberster Bundesgerichte nicht gerechtfertigt. Der Begriff der Menschenwürde wird, soweit ersichtlich, danach überwiegend als relativer - in der Autonomie des Ein-

---

533 vgl. BVerfG NJW 1979, 1100 m.w.N.
534 BVerfGE 48, 127 (163) = NJW '78, 1245
535 BVerfGE 49, 286 (298) = NJW'79, 595
536 BVerfGE 5, 85 (204f.)

zelnen liegender - Wert verstanden. Es wäre danach sogar mit der Würdegarantie des Einzelnen unvereinbar, wenn der Gesetzgeber versuchen würde, in paternalistischer Manier dem Einzelnen seine Vorstellung von Menschenwürde aufzudrängen.

Das Grundrecht der Menschenwürde, welches der Staat vorgibt schützen zu wollen, ist in Fällen, in denen sich der Spender mit dem Verkauf seines Organs nach reiflicher Überlegung einverstanden erklärt hat, deshalb in Anbetracht der Legitimationsschwierigkeiten eines absoluten Würdebegriffs, sowie angesichts der bisherigen Rechtsprechung und wissenschaftlichen Lehrstimmen zum Begriff der Menschenwürde, nicht geeignet das Organhandelsverbot zu rechtfertigen.

Die Menschenwürde ist nur dann tangiert, wenn der Rechtsgutträger selbst sein Verhalten als Verletzung seiner Würde empfindet, wenn er etwa aus sozialer Not - aber juristisch noch freiwillig - sein Organ verkauft und sich durch diese Entscheidung entwürdigt fühlt. Die Wiederherstellung der Gesundheit des schwerkranken Empfängers muß angesichts der schwerwiegenden Verletzung der Menschenwürde in diesen Fällen zurückstehen. Der Schutz der Menschenwürde korrespondiert hier mit dem bereits erörterten Schutzaspekt der Verhinderung des Ausnützens einer sozialen Notlage. Insoweit ist es auch gerechtfertigt, einer völligen Freigabe der kommerzialisierten Organspende restriktiv gegenüber zu stehen.

6. Schutz des Pietätsempfindens der Allgemeinheit

Das Pietätsempfinden ist ein Rechtsgut, welches den Gesetzgeber bereits in § 168 StGB dazu bewogen hat, denjenigen mit Strafe zu bedrohen, der Leichenteile wegnimmt. Es ist zwar ein Rechtsgut, daß auf Empfindungen beruht, welche an sich ungeeignet sind ein Rechtsgut im oben umschriebenen Sinn zu begründen. Doch würde der Täter, der die empörte Erregung beim Betroffenen oder der Allgemeinheit hervorruft, den öffentlichen Frieden stören, ohne den auch ein freiheitliches soziales System nicht bestehen kann[537].

Es erscheint jedoch zweifelhaft, daß der Schutz des Pietätsempfindens der Allgemeinheit ein absolutes Organhandelsverbot zu rechtfertigen vermag[538]. Das

---

537 so Roxin, Strafrecht Allgemeiner Teil, § 2 IV Rn.12

538 Die Gesetzesmaterialien nennen das Pietätsgefühl als Rechtsgut des Organhandelsverbotes, vgl. BT-Drs. 13/4355 (siehe oben FN. 68), Begründung zu § 16 Absatz 1 Satz 1

Pietätsempfinden ist verwandt mit dem postmortalem Persönlichkeitsrecht, nach dem einem Mensch auch nach seinem Tode als ehemalige Persönlichkeit noch Achtung und Respekt zukommt[539]. Es gilt der Satz : „Auch auf den menschlichen Leichnam wirkt die Würde des Menschen zurück“[540]. Das Rechtsgebot, die Integrität des menschlichen Leichnams zu achten, hängt mit dem Gebot der Achtung der Menschenwürde zusammen. Der Leichnam darf deshalb nicht als Organersatzteillager gesehen werden, sondern stellt aus moralischer Sicht die symbolische Präsenz der verstorbenen Person dar, auch wenn dessen Persönlichkeit den irdischen Leib zu diesen Zeitpunkt bereits verlassen hat. Der Schutz des Pietätsempfindens kann somit als Ergänzung, bzw. als Verlängerung des Schutzes der Menschenwürde angesehen werden. Gerade deshalb ist unklar, warum das Pietätsempfinden gestört ist, wenn sich jemand zu Lebzeiten bereit erklärt, ein Organ gegen Entgelt zu spenden. Wieder hat ja der Rechtsgutinhaber selbst ausdrücklich auf das Rechtsgut verzichtet. Insofern scheint auch das Pietätsempfinden der Allgemeinheit keine zufriedenstellende Erklärung für ein absolutes Organhandelsverbot zu liefern, zumal es (wenn überhaupt) nur die Strafbarkeit des Spendeempfängers, des Arztes und des Händlers in dem speziellen Fall der postmortalen Organspende zu erklären mag.

7. Integrität der Transplantationsmedizin

In der Gesetzesbegründung heißt es schließlich auch, daß Rechtsgut des Organhandelsverbotes die Integrität der Transplantationsmedizin sein soll. Mit dem Organhandelsverbot soll die Transplantationsmedizin vor dem Anschein sachfremder Erwägungen bewahrt werden[541]. Eine „Relativierung der medizinischen Indikation durch finanzielle Erwägungen (könne) nicht hingenommen werden“[542]. Die Verhinderung eines sozial ungerechten Zweiklassensystems in der Medizin ist zweifellos ein berechtigtes Anliegen des Gesetzgebers, allerdings ist fraglich, ob sich der Gesetzgeber dabei der Hilfe strafrechtlicher Tatbestände bedienen sollte[543]. Dabei ist zu beachten, daß der Gesetzgeber selbst eingeräumt hat, daß Verstöße der Transplantationszentren gegen die im Transplantationsko-

---

539 vgl. etwa BGH NJW 1968, 1773; Hubmann, Das Persönlichkeitsrecht, S. 340 ff.; LK - Dippel, § 168 Rn. 2 m.w.N.

540 G. Dürig, in Maunz-Dürig , Kommentar zum GG, Art.1 Rn. 26

541 BT-Drs. 13/4355 (siehe oben FN. 68), Begründung Allgemeiner Teil zu 6. Strafvorschriften, S.24

542 BT-Drs. 13/4355 (siehe oben FN. 68), Begründung Allgemeiner Teil zu 6. Strafvorschriften, S.24

543 so auch Schroth in Festschrift Roxin, S. 871; König, Strafbarer Organhandel, S.126

dex vereinbarte Eigenbindung, gehandelte Organe nicht zu implantieren, nicht bekannt gegeben worden seien[544]. Darüber hinaus stünde das ärztliche Standesrecht hier nach wie vor als geeignetes Mittel, derartige Verstöße zu sanktionieren, zur Verfügung[545]. So verweist auch der Gesetzgeber insbesondere bei Blut und Knochenmark auf die Regelungen des ärztlichen Berufsrechts, sowie Richtlinien und diverse Vereinbarungen[546]. Angesichts dieser Erkenntnisse ist unklar, weshalb der Schutz der Integrität der Transplantationsmedizin, der Unterstützung durch eine strafrechtlichen Sanktionsnorm bedurfte. Wäre das Organhandelsverbot ausschließlich mit dem Ziel erlassen worden, die Integrität der Transplantationsmedizin zu garantieren, wäre die Vorschrift sicherlich unangemessen[547].

8. Stellungnahme

Die Abwägung der sich im Falle des Eingreifens der §§ 17, 18 TPG gegenüberstehenden Interessen hat somit folgendes ergeben: Das Recht des Spendeempfängers auf Wiederherstellung seiner Gesundheit muß in den Fällen zurücktreten, in denen das Ausnützen einer wirtschaftlichen oder gesundheitlichen Notlage gegeben ist. Geht man in diesen Fällen davon aus, daß die Entscheidung des Spenders, bzw. des Organempfängers - etwa aufgrund der Ausübung von Druck oder Zwang - nicht freiwillig erfolgt ist, so ist im Rahmen einer Güterabwägung insbesondere „das Interesse der Rechtsgemeinschaft an der Wahrung der Personenautonomie als Grundprinzip unserer Rechtsordnung“[548] zu berücksichtigen. Diese Personenautonomie ist stets dann verletzt, wenn eine freie Entscheidungsfindung ohne Druck oder Zwang nicht möglich ist[549]. Das ist der Fall, wenn eine Notlage bewußt ausgenutzt wird, um eine Entscheidung herbeizuführen, bzw. es sich um einen Fall des Organraubs handelt. Würde man das Körper- oder Lebensinteresse des Empfängers höher einstufen als die Personenautonomie, so würde dies bedeuten, daß sich jeder notfalls für seinen Mitmenschen aufopfern

---

[544] BT-Drs. 13/4355 (siehe oben FN. 68), Begründung Allgemeiner Teil zu 6. Strafvorschriften, S.24

[545] dazu oben 3.Kapitel B.I.1.; vgl. auch König, Strafbarer Organhandel, S. 126f.

[546] BT-Drs. 13/4355 (siehe oben FN. 68), Einzelbegründung zu § 1 Absatz 2, S. 25

[547] so auch Schroth, Festschrift Roxin, S. 871; König, Strafbarer Organhandel, S. 127

[548] so Lenckner in Schönke/Schröder § 34 Rn.47

[549] Lenckner in Schönke/Schröder § 34 Rn. 47 führt hier das Beispiel der erzwungenen Blutentnahme an

müßte. Ein derartiger Zwang würde der freiheitlichen Struktur unseres Gemeinschaftswesens jedoch zuwiderlaufen[550].

Über die Verhinderung der Ausbeutung der wirtschaftlichen Notlage des Spenders und der Verhinderung der Ausnützung der gesundheitlichen Notsituation des Spendeempfängers hinaus, ist in Fällen, in denen kein Organraub vorliegt, nur der Schutzaspekt der Eindämmung des Organhandels in der Dritten Welt geeignet, das absolute Organhandelsverbot zu rechtfertigen.

Angesichts der Vielfalt der vom Gesetzgeber proklamierten Rechtsgüter überrascht dieses Ergebnis. Vor allem, da die typischerweise mit dem Organhandel in der Dritten Welt einhergehenden Verletzungen der Individualrechtsgüter der personalen Freiheit (Verhinderung der Ausbeutung von Notlagen), sowie der körperlichen Unversehrtheit, wie gezeigt, nicht geeignet sind, über den Organraub und das Ausnützen einer Notlage hinaus, das Verbot zu rechtfertigen. Allein die Menschenwürde, vermag das Verbot noch darüber hinaus zu rechtfertigen, indem unter diesem Aspekt auch Situationen zu vermeiden sind, in denen sich der Spender - trotz Einwilligung - in seiner Menschenwürde verletzt fühlt. Inwieweit sich hier jedoch mehr als nur eine Überschneidung mit dem Schutzzweck der Verhinderung des Ausnützens einer sozialen Notlage ergibt, ist fraglich.

Es stellt sich damit die Frage, ob das umfassende Organhandelsverbot letztendlich unter dem Gesichtspunkt der Effektivität des zu erreichenden Rechtsgüterschutz geboten war.

Das Organhandelsverbot erreicht in erster Linie die transplantierenden Ärzte und die Spender. Im Hinblick auf den hohen Stellenwert, welcher das Grundgesetz dem Individualgrundrecht auf Gesundheit und körperlichen Unversehrtheit einräumt, wird der Spendeempfänger regelmäßig über § 34 StGB gerechtfertigt sein[551]. § 18 Abs. 1 TPG ist daher in der Tatbestandsalternative des „sich übertragen lassen" nur in den Fällen, in denen für eine Abwägung nach § 34 StGB aufgrund der Unantastbarkeit der betroffenen Rechtsgüter kein Raum, geeignet, eine Schutzwirkung zugunsten der darüber hinaus betroffenen Rechtsgüter zu entfalten. Da die Aufnahme des Spendeempfängers in den Täterkreis

---

550 vgl. auch Gallas in Mezger-FS, S.325; Bockelmann, Strafrecht des Arztes, S. 103 ff.

551 Eine Rechtsfertigung nach § 34 StGB kommt nur dann nicht in Betracht, wenn jemand zum Zwecke lebensrettender Transplantation ein Organ zwangsweise wegoperieren wollte, siehe oben 6.Kapitel D.V

des § 18 TPG wenig Auswirkungen haben wird, stellt sich das Organhandelsverbot insoweit überwiegend als reiner Aktionismus von Seiten des Gesetzgebers dar.

Einer näheren Untersuchung bedarf es jedoch, ob eine Bestrafung der von dem Verbot ebenfalls erfaßten Ärzte und Spender in den aufgezeigten Fällen, in denen ein unmittelbarer Rechtsgutsbezug fraglich ist, aus anderen, etwa symbolischen Gründen, mit der am Rechtsgüterschutz orientierten, rationalen, deutschen Strafgesetzgebung in Einklang zu bringen ist.

F. Das absolute Organhandelsverbot als Wertappell

I. Ausgangspunkt Rechtsgutbegriff: Inwieweit sind alleine Rechtsgüter legitimierbare Werte ?

Die vorangegangene Untersuchung zeigte, daß sich § 18 TPG nicht alleine durch den proklamierten Rechtsgüterschutz rechtfertigen läßt. Vielmehr schreibt der Gesetzgeber selbst der Strafvorschrift des § 18 TPG neben dem Schutz der bereits erörterten Rechtsgüter auch eine Appellfunktion zu[552]. Im folgenden gilt es deshalb zu prüfen, inwieweit das absolute Organhandelsverbot Merkmale einer symbolischen Gesetzgebung aufweist und in welchem Maße symbolische Gesetzgebungsakte den Anforderungen einer rationalen Strafrechtsgesetzgebung gerecht werden.

1. Begriff des Rechtsguts

Anknüpfend an die bereits weiter oben geschilderte Grundproblematik der strafrechtlichen Rechtsgutkonzeption, sei an dieser Stelle der Begriff des Rechtsgutes, welcher dem heutigen Strafrecht zugrunde liegt, genauer erörtert.

a. Die klassische Rechtsgutlehre

Die klassische Rechtsgutlehre basiert auf dem Grundsatz, daß das Strafrecht dem Rechtsgüterschutz dient[553]. Der Schutz bloßer Moralwidrigkeiten soll damit vom

---

[552] BT-Drs. 13/4355 (siehe oben FN. 68), Begründung A. (Allgemeiner Teil) zu Ziff. 6. Strafvorschriften, (S. 23)

[553] Baumann/Weber/Mitsch, Strafrecht AT, S.11ff.; Maurach/Zipf AT 1, S. 266 ff.; Rudolphi in Honig-FS, S.166 f.; ders. in SK Vor § 1Rn.2; Jeschek/Weigend, S.7 m.w.N.

Strafrecht ferngehalten werden. Die klassische strafrechtliche Rechtsgutlehre sieht hierin eine bindende Vorgabe für den Gesetzgeber, wobei von einem positivrechtlichen Rechtsgutbegriff ausgegangen wird, d.h. der Gesetzgeber selbst entscheidet welche Interessen er rechtlich schützt und damit zum Rechtsgut erhebt[554]. Der Gesetzgeber ist dabei jedoch keineswegs frei in der Wahl seiner Rechtsgüter, sondern darf nur „solche sozialen Gegebenheiten zum Schutz strafrechtlicher Normen erheben, die für die verfassungsmäßige Stellung und Freiheit des einzelnen Bürgers und für unser sich im Rahmen der Verfassung bewegendes Gesellschaftsleben notwendig sind“[555]. Damit sei der Gesetzgeber auf den Kreis der vorgegebenen strafrechtlichen Schutzgüter beschränkt[556]. Der Rechtsgutbegriff wird als „unverzichtbare und deshalb werthafte Funktionseinheit“ sowohl für die „verfassungsgemäße Gesellschaft“, als auch für die „verfassungsgemäße Stellung und Freiheit des einzelnen Bürgers“[557] angesehen. Er umfasse damit Individualrechtsgüter und Universalrechtsgüter gleichermaßen. Fraglich ist jedoch, worin genau die Grenze für den Strafgesetzgeber liegt. Darf dieser lediglich den „alten“ Kreis der bereits anerkannten strafrechtlichen Schutzgüter schützen? Wie kann er damit neuen gesellschaftlichen Entwicklungen, bzw. neu auftauchenden Gefahren und Risiken begegnen?

b. Der verfassungsrechtliche Rechtsgutbegriff Roxins

Diese Schwachstellen der klassischen Rechtsgutlehre versucht Roxin mit einem verfassungsrechtlichen Rechtsgutbegriff zu vermeiden[558]. Entscheidend für ein strafrechtlich zu schützendes Rechtsgut ist danach, daß es sich um eine bestehende Gegebenheit oder auch Zwecksetzung handelt, die der Freiheit des einzelnen in einem freiheitlichen Staat oder der Funktionsfähigkeit eines auf solchen Prinzipien aufbauenden sozialen Systems dient[559]. Dieser Versuch der näheren Eingrenzung des Rechtsgutbegriffs basiert auf der Erkenntnis, daß die einzigen dem Strafgesetzgeber vorgegebenen Beschränkungen in den Prinzipien der Verfassung liegen. Dem ist vor allem deshalb zuzustimmen, da es in erster Linie dem Strafrecht obliegt, das Zusammenleben der Menschen in unserer gegenwärtigen, durch das Grundgesetz geprägten Gesellschaft vor Angriffen zu schützen.

---

[554] SK- Rudolphi Rn. 1 ff. vor § 1. Die Thesen Rudolphis seien hier stellvertretend für die zahlreichen Stellungnahmen zur klassischen Rechtsgutlehre herangezogen

[555] SK-Rudolphi Rn.5 vor § 1

[556] SK-Rudolphi Rn.5 vor § 1

[557] SK-Rudolphi Rn. 8 vor § 1

[558] Roxin Strafrecht AT I, §2 IV Rn. 9

[559] Roxin Strafrecht AT I, §2 IV Rn. 9

Aus dieser verfassungsrechtlichen Zielsetzung staatlichen Strafrechts ergeben sich sowohl Pflichten, als auch Grenzen staatlicher Strafgesetzgebung. Insofern kann sich der Begriff des Rechtsgutes - als Voraussetzung einer rationalen Strafgesetzgebung - auch nur aus den im Grundgesetz niedergelegten Aufgaben unseres auf die Freiheit des einzelnen gegründeten Rechtsstaats ergeben.

c. Rechtsgutbegriff der „Frankfurter Schule"

Die sog. „Frankfurter Schule"[560] sieht hinter dem Rechtsgutbegriff in erster Linie kriminalpolitische Zielsetzungen[561], weniger eine verbindliche Vorgabe für den Gesetzgeber[562]. Die Betonung dieser Rechtsgutkonzeption liegt auf der Erhaltung eines liberal-rechtsstaatlichen Strafrechts[563]. Hassemer, der herausragendste Vertreter dieser Lehre, versucht eine Begrenzung des Strafrechts über eine monistisch-personale Rechtsgutlehre zu erreichen[564]. Danach ist der Begriff des Rechtsgutes gleichzusetzen mit dem strafrechtlich schutzbedürftigen menschlichen Interesse[565]. Zum Rechtsgut kann nur werden, woran ein gesteigerter gesellschaftlicher Bedarf besteht, was mit einer gewissen Häufigkeit verletzt wird und dessen Verletzung reale Bedrohungsgefühle hervorruft[566]. Rechtsgüter der Allgemeinheit werden nur insoweit anerkannt, als sie - vermittelnd - auch Interessen von Personen sind[567]. Andernfalls bestehe die Gefahr, daß das Strafrecht als ultima ratio ausgehöhlt und als prima oder sola ratio des Rechtsgüterschutzes akzeptiert werde[568].

Mit der Betonung der Liberalität und der rechtsstaatlichen Prinzipien wird hier auf die Abwehrfunktion der Grundrechte - ihre klassische Funktion im Sinne von Freiheit vom Staat - Bezug genommen und zugleich die schutzfunktionsrechtliche Betrachtung der Grundrechte vernachlässigt. Indem die Vertreter die-

---

[560] Übersicht über die verschiedenen Rechtsgutkonzeptionen bei Lagodny in Strafrecht vor den Schranken der Grundrechte, S. 21 ff. (S. 37 f)

[561] vgl. Hassemer in AK-StGB, Rn. 291 ff. vor § 1, wonach das Strafrecht den Rechtsgüterschutz als „soziale Kontrolle" betreibt

[562] Hassemer stellt selbst fest, daß der Gesetzgeber an kriminalpolitische Zielsetzungen nie gebunden ist, vgl. derselbe in AK-StGB, Rn. 221

[563] Hassemer in AK- StGB, RN 271 ff. vor §1, wonach sich nur eine personale Rechtsgutlehre auf eine liberale Staatskonzeption berufen kann

[564] Hassemer in AK-StGB, Rn. 271 ff. vor § 1

[565] Hassemer in AK-StGB, Rn. 287 vor § 1

[566] Hassemer in AK-StGB, Rn. 200 vor § 1; vgl. auch Neumann/Schroth, S. 43 ff.

[567] Hassemer in AK-StGB, Rn. 275 vor § 1

[568] so Hassemer in Festschrift für Arthur Kaufmann, S. 85, 93

ser Rechtsgutkonzeption den Rechtsgüterschutz lediglich als eine kriminalpolitische Schranke sehen, wird darüber hinaus die Frage nach einer verbindlichen verfassungsrechtlichen Begrenzung des Strafrechts offen gelassen.

d. Der Rechtsgutbegriff des BVerfG

Spätestens mit dem sog. „Cannabis-Beschluß" des Zweiten Senats des Bundesverfassungsgerichts erreichte die Rechtsgutproblematik auch die Verfassungsrechtsprechung. Es sei von Verfassungs wegen Aufgabe des Strafrechts gewichtige, elementare Gemeinschaftsgüter zu schützen, so das Gericht[569]. Bereits in vorangegangenen Entscheidungen war die Rede von „elementaren Werten des Gemeinschaftslebens"[570] oder den „Grundlagen eines geordneten Gemeinschaftslebens"[571], von „besonderen öffentlichen Interessen"[572] oder von „Gemeinschaftsbelangen, die vor der Verfassung Bestand haben"[573]. Folgende Schlußfolgerungen lassen sich aus dieser Verfassungsjudikatur ableiten:

1. In Übereinstimmung mit der Lehre wird Strafrecht als Schutzrecht verstanden. Gewährleistet wird dieser Schutz in einer „ersten Stufe" durch das Verbot der Rechtsgutbeeinträchtigung und in „zweiter Stufe" durch die Strafbewehrung dieses Verbots[574]. Die Strafbewehrung des Verbots versteht das BVerfG vor allem als Androhungs-Generalprävention, die sowohl negativ als Abschreckung, als auch positiv als Wertüberzeugung gesehen wird[575].

2. Weiter zeichnen sich von Verfassungs wegen schutzwürdig Belange oder Werte durch ihren Sozial- oder Gemeinschaftsbezug aus.

3. Da jedes Strafgesetz ein Eingriff in die Handlungsfreiheit und das Persönlichkeitsrecht des einzelnen ist, sind nur qualifizierte, „elementare", „wichtige" oder „besondere" Werte aus verfassungsrechtlicher Sicht geeignet ein Strafgesetz zu legitimieren. (Dreistufenmodell)

---

569 BVerfGE 90, 145 (201- abweichende Meinung der Richterin Graßhof); vgl. auch BVerfGE 27, 18 (29); 37, 201(212); 45 , 187 (253)
570 BVerfGE 45, 187 (253); 51, 60(74)
571 BVerfGE 88, 203 (257)
572 BVerfGE 80, 244 (255 f.)
573 BVerfGE 90, 145 (175)
574 vgl. auch Vogel in StV 1996, 110 ff. (111)
575 BVerfG 39, 1 (57f.); 88, 203 (253, 258)

Zusammenfassend läßt sich somit sagen, daß das BVerfG praktisch jeden erheblichen Gemeinschaftswert als Legitimationsgrund für Strafgesetze anerkennt. Die Einschätzungsprärogative, die das BVerfG dem Gesetzgeber einräumt, ist groß. Eine eindeutige Schranke findet der Strafgesetzgeber lediglich im nicht strafwürdigem Unrecht. Ebenso hat er bei Ausgestaltung der Strafnorm die sich aus dem verfassungsrechtlichen Verhältnismäßigkeitsgrundsatz herzuleitenden Grenzen zu beachten.

2. Konsequenzen für die weitere Untersuchung

Die vorangegangene Untersuchung zeigte, daß die vormals durch die klassische Rechtsgutlehre vorgegebenen klaren Grenzen für den Strafgesetzgeber immer mehr verwischen. Das BVerfG zeigt sich hier sehr tolerant. Der Rechtsgutbegriff des BVerfG ist weit gefaßt und erfährt erst bei der Frage nach der Verhältnismäßigkeit eine Einschränkung. Während nach der liberalen Frankfurter Schule der Rechtsgutbegriff eher als kriminalpolitische Vorgabe zu verstehen ist, begreift Roxin Rechtsgüter nach wie vor als legitimierbare Werte, die für die Entfaltung des einzelnen in der Gesellschaft oder für das Funktionieren der am Grundgesetz orientierten Gesellschaft wichtig sind. Sowohl dem Rechtsgutbegriff Roxins, als auch dem des BVerfG liegt die Erkenntnis zugrunde, daß der Strafgesetzgeber seine Grenzen in der Verfassung findet und somit auch der Rechtsgutbegriff von der Verfassung geprägt sein muß. Diese - der modernen Gesellschaft wohl am ehesten gerecht werdende - Auffassung von einer rationalen Strafgesetzgebung, ist der Ausgangspunkt für die folgende Untersuchung der Legitimation symbolischer Gesetzgebungsakte in unserem heutigen Strafrechtssystem. Stellt man nämlich die Prämisse auf, daß der Strafgesetzgeber seine Grenzen einzig und alleine in der Verfassung findet, so gilt dies auch und gerade für symbolische Gesetzgebungsakte, welche die klassische Legitimation durch den Rechtsgüterschutz, zumindest primär, nicht aufweisen.

II. Symbolische Gesetzgebung im heutigen Strafrechtssystem

1. Erscheinungsformen

Um zu verdeutlichen, daß dem heutigen Strafrecht symbolische Gesetzgebungsakte keineswegs fremd sind, sondern vielmehr als Selbstverständlichkeit hingenommen werden[576], wird im folgenden die von Voß vorgenommene

[576] Voß, S. 34 ff.

Klassifizierung der Erscheinungsformen symbolischer Gesetzgebung übernommen[577]:

1. Fallgruppe: Gesetzgeberische Wertbekenntnisse
Die erste Fallgruppe zeichnet sich durch gesetzgeberische Wertbekenntnisse aus. So wird bei der Abtreibungsgesetzgebung der Schutz ungeborenen Lebens proklamiert - ohne der Wirksamkeit des Gesetzes Beachtung zu schenken[578]. Proklamiert wird hier einerseits der Schutz des ungeborenen Lebens und der moralische Anspruch der Frau auf Bestimmung über ihre Nachkommenschaft andererseits. Das Strafrecht wird sozusagen expressiv eingesetzt, indem dort die wichtigsten ethischen Wertungen zum Ausdruck gebracht werden

2. Fallgruppe: Gesetzgeberische Wertappelle
Weiter gehören Gesetze mit (moralischem) Appellcharakter zum Kreis symbolischer Gesetze. Als Beispiel hierfür gilt das Gesetz zur Bekämpfung der Umweltkriminalität, da es geprägt ist durch das Bemühen des Gesetzgebers erzieherisch und generalpräventiv in das Bewußtsein der Bevölkerung einzudringen[579].

3. Fallgruppe: Ersatzreaktionen des Gesetzgebers
Ersatzreaktionen des Gesetzgebers, etwa Alibi- und Krisengesetze stellen ebenfalls eine Erscheinungsform symbolischer Gesetzgebung dar. Hierzu zählt beispielsweise das Gesetz zur Bekämpfung des Terrorismus, da es unabhängig von seiner Effizienz die Absicht verfolgt, die Angst und Empörung der Öffentlichkeit zumindest zu beschwichtigen.

4.Fallgruppe: Kompromißgesetze
Als letzte Fallgruppe gelten die sog. Kompromißgesetze. Hierunter fallen beispielsweise strafrechtliche Generalklauseln. Diese entscheiden zwar kaum etwas, doch geben sie zumindest Zeugnis vom harten Ringen des Gesetzgebers um die Befriedigung eines Handlungsbedarfs ab.

Die verschiedenen Erscheinungformen symbolischer Gesetzgebung geben vor allem einen Hinweis darauf, wann sich der Gesetzgeber veranlaßt sieht, symboli-

---

577 Voß, S.25 ff., ähnlich auch Amelung in ZStW 92 (1980), S. 54ff. (55)

578 Voß, S.26 f.

579 BT-Drs. 8, 2382, S.10: „...eine Einstellung in ein so bekanntes Gesetz wie das Strafgesetzbuch (kann) die gesetzgeberische Bewertung der mit Strafe bedrohten Handlung, insbesondere ihre Gefährlichkeit, besser verdeutlichen. Zugleich wird dadurch das Bestreben erleichtert, diese Norm verstärkt ins Bewußtsein der Bevölkerung zu heben und in der Praxis durchzusetzen " sowie S.1 des Entwurfs

sche Gesetze zu erlassen. Das Strafrecht fungiert in diesen Fällen nicht mehr nur im Sinne der rechtsstaatlich-liberalen Tradition als Rechtsgüterschutz, sondern wird zum politischen Steuerungsinstrument für gesellschaftliche oder staatliche Probleme, mit dem sich weitreichende politische Wirkungen erzielen lassen, wie etwa der scheinbar schnellen Befriedigung eines Handlungsbedarfs.

2. Zum Begriff des symbolischen Strafrechts:

Wie die vorangegangenen Ausführungen zeigen, sind dem deutschen Strafgesetzgeber symbolische Gesetzgebungsakte nicht fremd. Es stellt sich im Gegenteil die Frage, ob nicht jeder Strafnorm, deren Strafandrohung eine generalpräventive Zielbestimmung zugrunde liegt, etwas symbolisches anhaftet, da sie an die Allgemeinheit appelliert, von der Übertretung eines gesetzlichen Verbotes abzusehen und insofern auf die Vermittlung rechtstreuen Lebens abzielt.

Zu untersuchen ist zunächst, wie der Begriff der „Symbolischen Gesetzgebung" genau zu bestimmen ist, auch unter Berücksichtigung der Kritik, die von diesem Begriff ausgeht.

Eine einheitliche Definition des Begriffs der „symbolischen Gesetzgebung" ist in der Literatur nicht zu finden. Trotz unterschiedlicher Ansätze ist eine einheitliche Richtung in der Interpretation des Begriffs erkennbar: Während Hegenbarth[580] vor allem auf den Kontrast zur instrumentellen Funktion des Strafrechts abstellt und symbolisches Strafrecht als die „symbolische Bekräftigung des Normanspruchs" definiert, dem er die „Sicherung seiner Befolgung" gegenüber stellt, setzt Ryffel[581] den Begriff „symbolisch" mit „latenten Wirkungen" von Gesetzen gleich. Noll[582] wägt die Intentionen des Gesetzgebers gegen die faktischen Wirkungen des Gesetzes ab und Amelung[583] beurteilt die symbolische Natur eines Gesetz danach, ob es der Prestigesicherung des Staates dient, während „die Frage nach der Effektivität [bei symbolischen Gesetzen] von zweitrangiger Bedeutung ist". Eine einheitliche Linie wird dahingehend klar, daß „symbolisch" etwas latent Vorhandenes, Täuschendes, offiziell nicht Intendiertes bezeichnen

---

580 Hegenbarth in ZRP 1981, 114 ff.

581 Ryffel, Rechtssoziologie. Eine systematische Orientierung, S. 255 f.

582 Noll, Gesetzgebungslehre, S. 157 , versteht unter symbolischen Gesetzen, „Gesetze, die von vornherein gar nicht darauf angelegt sind, faktisch wirksam zu werden, bei denen vielmehr die gesetzgebende Instanz mit dem Erlaß des Gesetzes primär andere soziale Effekte erzielen will als diejenigen, die durch die faktische Wirksamkeit eintreten würden."

583 Amelung in ZStW'92 (1980), S. 54

soll. Wie genau der Begriff des „Symbolischen“ zu bestimmen ist, vermögen diese Ansätze jedoch nicht zu klären. Hassemers Bemühungen, den Begriff des „symbolischen“ Strafrechts zu konkretisieren, liefern demgegenüber mehr Aufschluß[584]: Er sieht vier Merkmale eines „symbolischen“ Gesetzes, die er aus einem Konsens aller bis dahin gefundenen Begriffserläuterungen wie folgt zusammenfaßt:

1. Hassemer geht von einer folgenorientierten Betrachtung des Strafrechts aus[585] und stellt bei „symbolischen“ Strafgesetzen deshalb auf die Wirkungen ab, welche sich in latente und manifeste unterscheiden lassen.

2. Weiter solle der Begriff nicht auf Absichten oder Intentionen des Gesetzgebers gestützt werden - wie dies beispielsweise Noll getan habe - , da diese in den meisten Fällen unbekannt blieben. Vielmehr sei der Begriff auf objektive Gegebenheiten zu stützen: statt auf „Erwartung“ sei auf „Erwartbarkeit“, statt auf Intentionen der Gesetzeswirkung sei auf das Vorhandensein objektiver Voraussetzungen und auf die Wahrscheinlichkeit einer Wirkung abzustellen. Man solle den Begriff des „symbolischen“ Strafrechts nicht auf oft verschleierte Zwecke des Gesetzgebers, sondern auf objektiv bestimmbare Funktionen eines Gesetzes stützen[586].

3. Der Begriff könne weiter nur als komparativer Begriff verstanden werden. Auch einer streng auf instrumentelle Effektivität angelegten Regel, wie etwa § 212 StGB, kann die präventive Hoffnung, die Achtung vor dem menschlichen Leben symbolisch zu stärken, nicht abgesprochen werden. Insofern haften jedem Gesetz, welches in irgendeiner Weise präventiv wirken soll, Merkmale eines symbolischen Gesetzes an. Ein Gesetz ist nicht entweder symbolisch oder nicht, sondern ein Gesetz ist entweder weniger oder mehr symbolisch.

4. Da insofern auch das effektivste Gesetz symbolischen Charakter aufweisen kann und dies für sich gesehen keinerlei Anlaß zu Kritik bieten könne, müsse als viertes Merkmal des Begriffs dasjenige präzisiert werden, welches die spezifische Gefährlichkeit symbolischer Gesetze zum Ausdruck bringt. Hassemer sieht dieses vierte Merkmal im Element der Täuschung, in der „gleißnerischen Vorspiegelung gesetzlicher Effektivität und Instrumentalität“. Die Täuschung sei wiederum nicht auf die Motive und Absichten des Gesetzgebers zu beziehen, son-

---

[584] Hassemer in NStZ 1989, 556

[585] vergleiche auch Hassemer in FS Coing I, 1982, S.504 ff.; 521 f.

[586] so auch Voß , S.58

dern verstehe sich als „objektive Qualität der Norm". Ebenso sei auch bei diesem vierten Merkmal der „symbolischen Gesetzgebung" zu beachten, daß das symbolische ein Mehr-oder-Weniger und nicht ein Entweder-Oder bezeichnet.

Nach alledem ist für Hassemer eine Norm in dem Maße „symbolisch", in dem die „latenten Funktionen der Norm die manifesten Funktionen überwiegen"[587]. Unter manifesten Funktionen sind dabei die objektiven Normverwirklichungen zu verstehen, welche die Norm mit ihrer Formulierung anstrebt: der Schutz des der Norm zugehörigen Rechtsgutes. Latente Funktionen sind hingegen solche Funktionen, die nicht antizipiert wurden und deshalb unvorhergesehen sind. Im Gegensatz zu den manifesten Funktionen liegen deren Funktion nicht nur im Schutz eines bestimmten der Norm zugehörigen Rechtsgutes, sondern sie verfolgen vielfältige Ziele. In der Literatur werden als latente Funktionen etwa die Befriedigung eines aktuellen Handlungsbedarfs, die Beschwichtigung der Bevölkerung oder die Demonstration eines starken Staates genannt[588]. Das Überwiegen latenter Funktionen begründet das Element der Täuschung, da die tatsächlich zu erwartenden Ziele mehr oder weniger andere sind als die von der Norm bezeichneten. Insofern liegt der Kern symbolischer Gesetzgebung in dem täuschenden Kontrast latenter und manifester Funktionen.

Die Begriffspräzisierung Hassemers erscheint als kritisch betrachtender und zusammentragender Konsens der bisher in der Literatur gefundenen Ansätze zum Begriff der „symbolischen Gesetzgebung" gelungen. Es ist ihm vor allem dahingehend zuzustimmen, als daß er aus einer folgenorientierten Betrachtung des Strafrechts heraus feststellt, daß dem modernen Strafrecht symbolische Gesetze keineswegs fremd sind und der Begriff des „symbolischen" deshalb nur ein komparativer sein kann. Seit der Aspekt vorbeugender Verbrechensbekämpfung mit den spezial- und generalpräventiven Theorien zur Begründung von Strafe Einzug in unser modernes Strafrecht gefunden haben[589], haften jedem Gesetz mehr oder weniger Merkmale einer symbolischen Gesetzgebung an, da die

[587] Hassemer in NStZ 1989, 556

[588] Voß S. 60 ff. (72ff.), S. 26 ff.; Hassemer in NStZ 1989, 556; Neumann/Schroth, Neuere Theorien von Kriminalität und Strafe, S. 114 ff.

[589] Als einer der ersten Vertreter der generalpräventiven Lehre gilt Paul Johann Anselm von Feuerbach (1775-1833): Nach seiner Theorie des psychologischen Zwangs stellt er sich die Seele des in Versuchung geratenen potentiellen Straftäters als einen Kampfplatz der zum Verbrechen hindrängenden und der ihm widerstrebenden Motive vor und meinte man müßte in der Psyche des Schwankenden Unlustgefühle hervorrufen und somit einen „psychischen Zwang" zur Unterlassung der Tat hervorrufen.

Frage nach einer erfolgreichen Prävention eng mit der Frage nach einem effektiven Rechtsgüterschutz verknüpft ist.

Allerdings geht Hassemer davon aus, daß dem symbolischen Gesetzgebungsakt ein täuschendes Element anhaftet. Das ist bei einem Organhandelsverbot nicht mehr der Fall. Hier bekennt sich der Gesetzgeber offen zur appellativen Funktion des Gesetzes, so daß hier eine neue - von Hassemers Begriff abweichende - Qualität symbolischer Gesetzgebung zutage tritt.

3) Staatliche Zurückhaltung angesichts der Pluralität der Wertesysteme

Symbolische Gesetzgebung ist unserem heutigen Rechtssystem nicht mehr fremd. Dennoch stellt sich die Frage, inwieweit dem Staat überhaupt ein Recht zukommt oder eine Pflicht trifft, eine eher ethische Kontroverse mit den Mitteln des Rechtes zu entscheiden[590].

Nach einer Position[591] in der rechtsphilosophischen Diskussion ist es geradezu charakteristisch für die postmoderne Gesellschaft, daß sie kein universell gültiges Wertesystem im Sinne eines Weltbildes mehr vermitteln kann. Vielmehr gäbe es nur noch verschiedene Vorstellungen, die miteinander nicht in Einklang zu bringen seien, zwischen denen jedoch andererseits auch eine rationale Entscheidung nicht möglich sei. Eben aus diesem Mangel an einem allgemeingültigen ethischen Weltbild heraus, dürfe auch der Staat nicht per Gesetz zugunsten einer konkurrierenden Vorstellung Stellung beziehen. In einer pluralistischen Gesellschaft müßten deshalb jene Bereiche ureigenster privater Entscheidungen unreguliert bleiben. Dies gelte gerade auch für den Bereich der kommerziellen Organspende, die derart kontrovers diskutiert werde.

Kritiker dieser Position wenden hier zu Recht ein, daß die Anhänger dieser Auffassung zu früh daran zweifeln, daß eine rationale Entscheidung in einer zentralen moralischen Frage nicht möglich ist[592]. Auch der amerikanische Ethiker William Frankena sprach sich dafür aus, „bei (...) moralischen und wertenden Urteilen den Anspruch nicht aufzugeben, daß sie objektiv gültig sind, d.h. daß sie einer kritischen Prüfung durch all diejenigen standhalten werden, die keinem

---

590 vgl. Gutmann in Zeitschrift für Transplantationsmedizin 1993, S. 80

591 so Engelhardt in Land / Dossetor (Hrsg.) Organ replacement therapy: Ethics, justice and commerce. S. 147-153

592 Rawls, Die Idee des politischen Liberalismus - Aufsätze 1978-1989, S. 255 ff.

Zwang unterliegen, klar denken können, voll informiert sind und vom betreffenden Standpunkt aus urteilen“[593].

Allerdings herrscht in der moralphilosophischen Diskussion auch weitgehend Einigkeit darüber, daß der Staat die Handlungsfreiheit einzelner nicht um moralischer Zielsetzungen willen, die sich an - in der Gesellschaft selbst noch umstrittenen - Idealbildern orientieren, einschränken darf[594]. Der englische Rechtsphilosoph John Leslie Mackie sprach sich etwa dafür aus, daß „sich das Recht da, wo mehrere Moralauffassungen im weiteren Sinn miteinander kollidieren, auf seine mit der Moral im engeren Sinn geteilte Aufgabe beschränkt, es rivalisierenden Gruppen und Individuen zu ermöglichen, durch gegenseitige Begrenzung ihrer Ansprüche miteinander zu leben“ [595], anstatt die moralischen Auffassungen nur eines Teiles der Gesellschaft durchzusetzen[596]. Gerade in einer Gesellschaft, die sich auf die Vielfalt ihrer Werte und Meinungen beruft, sollte nur das strafbar sein, was gegen die Grundgebote des Gemeinschaftslebens verstößt[597]. Ob dies bei einem auf einem rationalen Entschluß des Spenders basierenden Organverkauf grundsätzlich zu bejahen ist, bleibt zweifelhaft.

4. Gefahren symbolischer Gesetze

Symbolische Gesetzgebung bedeutet, daß sich der Gesetzgeber des Strafrechts bedient, um etwas zu verdeutlichen, eine subjektive Wertvorstellung zu vermitteln.

Die Gefahr symbolischer Gesetzgebung setzt dort an, wo (general-) präventive Maßnahmen nicht mehr zu rechtfertigen sind: der Täter wird bestraft, um die Allgemeinheit (also andere) zu belehren und von der Übertretung des gesetzlichen Verbotes abzuhalten. Eine Bestrafung alleine um präventiver Zwecke willen verstieße gegen die Menschenwürde, da die Befugnis hierzu einer Rechtfertigung bedarf, die diese Lehre selbst nicht liefern kann[598]. Ebenso würde die Bestrafung eines Täters alleine um eines Wertappells willen gegen die Menschenwürde verstoßen. Für die Beurteilung der Zulässigkeit eines „symbolischen“ Gesetzes kommt es somit darauf an, festzustellen, inwieweit der Rechts-

[593]Frankena, Analytische Ethik - Eine Einführung, S. 134
[594] vgl. Gutmann, in Zeitschrift für Transplantationsmedizin 1993, S. 80 m.w.N.
[595] Mackie, Ethik - Auf der Suche nach dem Richtigen und Falschen, S. 299
[596] Mackie, Ethik - Auf der Suche nach dem Richtigen und Falschen, S. 299
[597] A. Kaufmann, Strafrecht zwischen Gestern und Morgen, S.179
[598] Roxin Strafrecht AT I, § 3 I Rn. 32

gutbezug noch hinreichend gewahrt ist, ob das Gesetz die Rechtsgüter wirklich schützt, deren Schutz ihm aufgegeben wurden.

Überwiegen die latenten Funktionen, so besteht die akute Gefahr darin, daß das Strafrecht tendenziell zu einem flankierenden Instrument in der Politik ausgebaut wird. Das Strafrecht dient dann hauptsächlich als Instrument zur Befriedigung eines Handlungsbedarfs, als Profilierungsmittel, etc. und hat seinen ursprüngliche Aufgabe des Rechtsgüterschutzes aus dem Auge verloren. Aus punktueller Repression konkreter Rechtsverletzungen wird großflächige Prävention von Problemlagen[599].

III. Die symbolischen Elemente des Organhandelsverbotes (§ 18 TPG)

1. Die manifesten und latenten Funktionen des § 18 TPG

Die manifesten Funktionen der §§ 17, 18 TPG liegen im Schutz der Menschenwürde und der körperlichen Unversehrtheit, in der Verhinderung der Ausbeutung von gesundheitlichen und wirtschaftlichen Notlagen, der Bekämpfung des Organhandels in der Dritten Welt, im Schutz des Pietätsgefühls der Allgemeinheit für den Handel mit postmortal gespendeten Organen, der Integrität der Transplantationsmedizin, sowie dem Schutz vor Selbstkorrumpierung. Soweit diese Rechtsgüter im Rahmen einer rationalen Strafgesetzgebung schutzbedürftig und zudem geeignet sind, strafrechtliche Sanktionsnormen zu rechtfertigen, werden diese Rechtsgüter durch das umfassende Verbot in § 17 TPG effektiv geschützt.

Die latente Funktion des Verbotes ist in einem Wertappell des Gesetzgebers[600] zu sehen: Der Bevölkerung soll die Verwerflichkeit und Gefährlichkeit des Organhandels vor Augen geführt werden. Der Altruismus wird zum Gegenstück kommerziellen Handelns erhoben. Die Vorschriften der §§ 17, 18 TPG weisen insofern symbolischen Charakter auf.

Angesichts der Gefährlichkeit der drohenden Rechtsgutverletzungen und der damit verbundenen erhöhten Schutzbedürftigkeit dieser Rechtsgüter, besteht im Ergebnis auch kein auffälliges Ungleichgewicht zugunsten der latenten Funktion

---

599 so Hassemer in NStZ 89, 558; sowie ders. in AK-StGB Rn. 456 ff. vor §1

600 vgl. auch BT-Drs. 13/4355 (siehe oben FN. 68), Begründung Allgemeiner Teil zu Ziff. 6 .Strafandrohung, (S. 23)

des Verbotes. Das täuschende Element im überwiegenden Maße „negativer“ symbolischer Gesetzgebungsakte haftet §§ 17, 18 TPG nicht an. Der Gesetzgeber bekennt sich offen zur Appellfunktion des Gesetzes. Außerdem sprechen auch keine Umstände dafür, daß der Gesetzgeber wesentlich andere, als die von der Norm bezeichneten Ziele verfolgt.

2. Der Schuldgrundsatz als verfassungsrechtliche Grenze symbolischer Strafgesetze

Da der Begriff der symbolischen Gesetzgebung ein komparativer ist und wie aufgezeigt wurde, vielen deutschen Gesetzen etwas symbolisches in diesem Sinne anhaftet, bleibt die Frage zu beantworten, ab wann symbolische Gesetzgebung in unserem Strafrechtssystem nicht mehr zu rechtfertigen sind.

Die bereits erörterten Gefahren symbolischer Gesetzgebung warnen davor, um anderer willen zu bestrafen und das Strafrecht als flankierendes Instrument der Politik ausbauen zu lassen. Während letzteres Argument dem Bereich der Rechtspolitik zugeordnet werden kann, läßt sich hinsichtlich des ersten Argumentes eine klare juristische Schranke symbolischer Gesetzgebung finden: Ein Täter darf niemals „zum bloßen Objekt der Verbrechensbekämpfung unter Verletzung seines verfassungsrechtlich geschützten sozialen Wert- und Achtungsanspruchs gemacht werden“[601] und trotz geringer Schuld bestraft werden, nur um andere zu warnen oder anderen ein Wertappell vor Augen zu führen. Das verbietet die Menschenwürde[602]. Der Schuldgrundsatz stellt somit die verfassungsrechtliche Grenze symbolischer Gesetzgebungsakte dar[603].

Das bedeutet, dort, wo die Tat verschiedene Grade des Verschuldens und der Schwere aufweisen kann, muß dem Richter die Möglichkeit gelassen werden, die Strafe anzupassen.

Es liegt wohl in der Natur eines so umfassend konzipierten Strafrechtsschutzes, daß die Straftatbestände Begehungsweisen erfassen, die Unterschiede in bezug auf den individuellen Unrechts- und Schuldcharakter aufweisen[604]. So würde

---

[601] BVerfG NJW 1977, 1525 (1526)

[602] so auch in BVerfG NJW 1977, 1525 ff.

[603] Das BVerfG leitet den Schuldgrundsatz aus Art.1 Abs.1 und Art. 2 Abs.1 GG (Würde und Eigenverantwortlichkeit des Menschen) ab; vgl. BVerfG NJW 1977, 1525ff. (1532)

[604] vgl. auch BVerfG E 90, 145 (184f.)

etwa eine Bestrafung des Spenders, wenn kein Organraub, kein Ausnützen einer gesundheitlichen Notlage des Spendeempfängers und kein Gefühl der Selbsterniedrigung beim Spender vorliegt, im Hinblick auf die Freiheitsrechte und die Schuld des Täters eine übermäßige und deshalb verfassungswidrige Sanktion darstellen. Dem hat der Gesetzgeber Rechnung getragen, indem er es dem Gericht nach Maßgabe des § 18 Abs. 4 TPG ermöglicht, im Einzelfall durch das Absehen oder der Milderung von Strafe, einen geringen individuellen Unrechts- und Schuldgehalt der Tat berücksichtigen zu können. Der Strafrichter ist bei der Entscheidung über die Strafzumessung im Rahmen des § 18 Abs. 4 TPG an kodifizierte Grundsätze, etwa die Grundsätze des §46 StGB, welche vor allem auf die Schuld des Täters und seine Motive abstellen, gebunden. Im Einzelfall kann es auch bei dem behandelnden Arzt „aufgrund der typischen Motivationslage dieses Täterkreises“[605] erforderlich sein, von Strafe abzusehen. § 60 StGB, bzw. die erweiterten Einstellungsmöglichkeiten der §§ 153 ff. StPO können in diesen Fällen ein Absehen von Strafe ermöglichen[606]. Betrachtet man die Situation des Empfängers eines Organs, welches Gegenstand verbotenen Handeltreibens war, so stellt sich sein Handeln, wenn nicht schon unter dem Gesichtspunkt der subjektiven Unzumutbarkeit, so doch wenigstens unter dem Aspekt des schuldausschließenden Notstandes (§35 StGB)[607] als ohne Schuld dar.

G. Zur Verhältnismäßigkeit eines umfassenden Organhandelsverbotes

Es wurde bereits an anderer Stelle festgestellt, daß dem Gesetzgeber bei der Abwägung der bei einer Lebendspende betroffenen Rechtsgüter und Interessen ein weiter Beurteilungs - und Gestaltungsspielraum zusteht[608]. In Anbetracht der medizinischen Möglichkeiten, ethischen Anforderungen und gesellschaftlichen Vorstellungen, stellt jede Regelung des Transplantationswesens eine Gradwanderung dar. Dem Gesetzgeber kommt dabei die schwierigen Aufgabe zu, einen

---

[605] vgl. BT-Drs. 13/4355 (siehe oben FN. 68), Begründung zu § 17 Absatz 1, wonach diese „typische Motivationslage“ beispielsweise eigene wirtschaftliche Not oder gesundheitliches Leid eines schwerkranken Menschen sein kann

[606] So die Gesetzesbegründung in BT-Drs. 13/4355 (siehe oben FN. 68), zu § 17 Absatz 1

[607] zur grundsätzlichen Anwendbarkeit des § 35 StGB siehe oben 6.Kapitel D.V.; eine Anwendung des §35 StGB kommt danach nicht in Betracht wenn die (unantastbare) Menschenwürde des Spenders tangiert ist (vgl. hierzu 6.Kapiel E IV 5)

[608] BVerfG NJW 1999, 3399 (3401); siehe oben 4. Kapitel B. III.3.a.cc)

Ausgleich zu schaffen. Bei der Gestaltung dieses Ausgleichs wird ihm deshalb ein angemessener Beurteilungsspielraum eingeräumt[609].

Das umfassende Verbot des Organhandels stellt unzweifelhaft ein geeignetes Mittel zur Bekämpfung des nationalen, wie internationalen Organhandels dar. Darüber hinaus haben die vorangegangenen Untersuchungen auch ergeben, daß das zu erreichende Ziel und die dafür in Kauf genommenen Belastungen der Betroffenen nicht außer Verhältnis stehen, sondern ein Rechtsgüterbezug zumindest erkennbar ist und die in § 18 Abs.4 TPG getroffenen Privilegierungsmöglichkeiten die Wahrung des Schuldgrundsatzes gewährleisten.

Ungeklärt ist jedoch noch, ob das umfassende Organhandelsverbot auch erforderlich ist. Erforderlichkeit bedeutet, daß es kein milderes Mittel gibt, um den gleichen Erfolg im Hinblick auf das angestrebte Ziel zu erreichen. Auch hier besteht eine Einschätzungsprärogative des Gesetzgebers[610], die jedoch um so eingeschränkter zu betrachten ist, je härter das ausgewählte Mittel den Bürger trifft.

Ein milderes Mittel wäre auch hier das bereits vorgestellte Modell der anonymen Verteilungskontrolle (Fremdspende to whom it may concern)[611]. Fraglich ist, ob der vom Gesetzgeber proklamierte Rechtsgüterschutz durch ein derart prozedurales System der Verteilungskontrolle ebenso effektiv erreicht werden könnte wie durch das umfassende Organhandelsverbot.

Weder § 17, noch § 18 TPG bietet eine Möglichkeit, sich ein „gekauftes" Organ straflos implantieren zu lassen, nachdem eine Kommission oder ein System der Verteilungskontrolle sichergestellt hat, daß der Spender nicht in seiner sozialen Not bedrängt wurde oder gar ein Fall des Organraubes vorlag. Die Tatsache, daß der Spendeempfänger in einem solchen Fall auch bei einem umfassenden Organhandelsverbot regelmäßig nach § 34 StGB straflos bleiben wird und auch die anderen an einer Organtransplantation Beteiligten über § 18 Abs.4 TPG, bzw. § 60 StGB nicht mit einer Bestrafung zu rechnen, sich jedoch zunächst mit dem Schuldvorwurf auseinanderzusetzen haben, spricht für ein flexibleres System, welches derartige Einzelfälle erst gar nicht pönalisiert.

---

[609] Degenhardt, Staatsrecht I, Rn. 329
[610] Degenhardt, Staatsrecht I, Rn 329
[611] siehe oben 4. Kapitel Ziff. B III 3 a) cc) (4)

Gerade ein System der anonymen Verteilungskontrolle, eine Spende „to whom it may concern“[612] kann bei der kommerzialisierten Lebendspende einen ebenso effektiven, wie milden Rechtsgüterschutz gewährleisten. Der Spender verkauft sein Organ an den Organpool einer Vermittlungsstelle zu einem fest vorgegebenen Preis. Eine streng anonyme Vergabe der Organe per Computer ähnlich den Grundsätzen der postmortalen Organspende[613] gewährleistet, daß jegliche Kommunikation zwischen den Beteiligten unmöglich ist. Bei der postmortalen Organspende gilt strenger Datenschutz. § 13 Abs. 1 und Abs.2 TPG sehen eine strafbewehrte Verschlüsselungspflicht für personenbezogene Daten des Organspenders vor und §14 Abs. 2 TPG ein strafbewehrtes Offenbarungsverbot von personenbezogenen Daten der Organspender und Organempfänger.

Die Arbeit der Vermittlungsstelle kann durch eine öffentlich-rechtlich verfaßte Ethikkommission ergänzt und unterstützt werden, die in jedem Einzelfall prüft, ob Grundrechte des Spenders verletzt wurden. Der Einsatz derartiger Kommissionen hat sich in Nordamerika und in vielen deutschen Forschungszentren und Kliniken gerade auf dem Gebiet der ausgreifenden Neulandmedizin bewährt[614]. In Deutschland bestehen auch bei den Ärztekammern derartige Kommissionen[615]. Diese Kommissionen sollen und können dem Arzt die Verantwortlichkeit nicht abnehmen[616]. Doch könnten sie gerade im Fall der Organtransplantation ein wichtiges Beratungsgremium für den Arzt sein. Ein behördliches Zulassungsverfahren wie in den Vereinigten Staaten[617] verstößt hierzulande bei medizinischen Neulandversuchen gegen die grundgesetzlich gewährleistete Freiheit von Wissenschaft und Forschung (Art. 5 Abs. 3 GG). Im Falle der Organtransplantation, die wohl kaum noch als medizinischer Neulandschritt bezeichnet werden kann, würde die Einrichtung eines derartigen Zulassungsverfahren den Arzt in seiner Berufsfreiheit wesentlich weniger beschneiden, als ein komplettes Verbot des Organhandels. Zu beachten ist dabei, daß der interdisziplinäre Diskurs einer Ethikkommission zwar den Sinn für Verantwortlichkeit schärfen,

---

[612] siehe oben 4. Kapitel Ziff. B III 3 a) cc) (4)

[613] Gutmann in MedR 1997, 150

[614] Laufs, Arztrecht, S. 6f., 382ff., 392

[615] vgl. etwa die ständige Kommission Organtransplantation der Bundesärztekammer

[616] siehe auch oben 4.Kapitel Ziff. A VI

[617] vgl. Laufs, Arztrecht, S. 383, wonach in den USA Ethikkommissionen vielfach als Kontrolle der Wissenschaft durch die Gesellschaft angesehen werden, während hierzulande solche Kommissionen als Instrumente der Selbstkontrolle „nicht gesellschaftliche oder öffentliche Entscheidungen antizipieren, sondern die Vertrauenswürdigkeit der Wissenschaft in der Gesellschaft begründen und fördern“ sollen, Zitat von D. Rössler in: Die Legitimation von Ethik-Kommissionen, in: Neue Instanz 1990, 47-50, 50

normative Maßstäbe jedoch letztlich nicht ersetzen kann[618]. Insofern kann auch der Einsatz einer Ethikkommission im Transplantationswesen nur als verfahrensbegleitende - und beaufsichtigende Einrichtung gesehen werden. Der Schutz der Grundrechte muß primär durch normative Regelungen gesichert werden.

Im Rahmen eines Systems der anonymen Verteilungskontrolle muß weiter - in Anlehnung an die Regelung bei der postmortalen Organspende[619] - sichergestellt werden, daß die Organe nach festen, von der Bundesärtztekammer entwickelten Richtlinien nur an solche Patienten verteilt werden, die sich in einer Warteliste registrieren haben lassen.
Im November 1999 hat die Bundesärztekammer die Richtlinien für die Aufnahme in die Warteliste und für die Vermittlungsentscheidung bei der postmortalen Organtransplantation verabschiedet[620]. Als Verteilungsgesichtpunkte finden sich dort - je nachdem welches Organ transplantiert werden soll - die Blutgruppenkompatibilität, der Grad der Übereinstimmung der HLA-Merkmale, die sog. „Mismatch"-Wahrscheinlichkeit, die Wartezeit, die Konservierungszeit, sowie die Fallgruppen der hochimmunisierten Patienten, der Kinder, sowie der „high-urgency"- Fälle, bei denen eine schnellstmögliche Vermittlung von Nöten ist[621].

Es stellt sich die Frage, weshalb derartige Grundsätze nicht auch auf die Lebendspende übertragen werden können. Auch hier ließe sich die Gefahr des Organraubes oder des Ausnützens von Notlagen durch eine derartige Verfahrenssicherung der Organspende bannen. Eine derartige Lösung würde darüber hinaus auch die freie Entscheidung eines Spenders respektieren, der sein Organ lieber verkauft, als verschenkt und trotzdem eine freie Entscheidung trifft, bei der er sich auch nicht in seiner Menschenwürde erniedrigt fühlt.

Zu beachten ist bei alledem, daß dem Gesetzgeber bei der Beurteilung der Erforderlichkeit eines derartigen Strafgesetzes ein gewisser Beurteilungs- und Prognosespielraum zukommt. Das absolute Verbot jeglichen kommerziellen Handeltreibens mit Organen schließt jeglichen Mißbrauch eines Systems, eine Umgehung von Regeln von vornherein aus. Andererseits bedeutet ein derart umfassendes Verbot auch immer die Gefahr der Entstehung einer Schattenwirtschaft, welche sich jeglicher staatlicher Kontrolle entzieht. Angesichts dessen erscheint

---

[618] Laufs, Arztrecht, S. 383
[619] vgl. § 16 TPG
[620] vgl. Bekanntmachung der Bundesärztekammer in Deutsches Ärzteblatt 97, Heft 7, 18. Februar 2000 S. A-396: „ Richtlinien zur Organtransplantation gemäß § 16 TPG"
[621] vgl. Bekanntmachung der Bundesärztekammer in Deutsches Ärzteblatt 97, Heft 7, 18. Februar 2000 S. A-396, A-403 ff.

die Mißbrauchsgefahr beider Lösungswege gleich groß. Der Gesetzgeber hat sich letztlich für den Weg mit dem größeren Symbolcharakter entschieden. Aufgrund des ihm zustehenden Beurteilungsspielraumes mag dies aus verfassungsrechtlicher Sicht vertretbar sein. Aus Sicht der auf eine Organspende angewiesenen Kranken wäre eine prozedurale Lösung wünschenswerter.

H. Bestimmtheit der Rechtsfolgenanordnung des § 18 Abs. 4 TPG

I. Verfassungsrechtliche Bedenken hinsichtlich der Rechtsfolgenanordnung des § 18 Abs. 4 TPG

§ 18 Abs. 4 TPG enthält eine Strafmilderung für Organspender, deren Organe Gegenstand verbotenen Handeltreibens waren und für Organempfänger. Die Fälle, wann eine derartige Strafmilderung zu gewähren ist, sind gänzlich in das Ermessen des Gerichts gestellt. Der Gesetzgeber gibt keinerlei normative Hinweise darauf, wann eine Milderung der Strafe wünschenswert ist. Andere vergleichbare Vorschriften des Strafrechts nennen grundsätzlich[622] normative Kriterien, die eine Strafmilderung rechtfertigen, so etwa bei § 46a StGB das Bemühen des Täters um eine Schadenswiedergutmachung, bei § 83a StGB das „tätige" Bereuen des Täters, bei § 84 Abs. 4 StGB , bzw. bei § 129 Abs.5 StGB die untergeordnete Rolle der Mitwirkungshandlung und die geringe Schuld[623]. § 18 Abs. 4 nennt kein derartiges Kriterium. Alleine in der Gesetzesbegründung findet sich der Hinweis darauf, daß mit der Möglichkeit der Strafmilderung vor allem der gesundheitlichen Notsituation des Spendeempfängers Rechnung getragen werden soll. Allerdings dürfte der Spendeempfänger, der ein Organ zur eigenen Lebensrettung ankauft, regelmäßig bereits über § 34 StGB gerechtfertigt sein[624]. Insoweit hätte es keines Absehensgrundes bedurft.

Darüber hinaus soll die Privilegierung dem eigennützig handelnden Organspender, der mit der Spende eigene finanzielle Not oder auch gesundheitliches Leiden eines todkranken Menschen abwenden will, zugute kommen. Der Gesetzgeber will mit dieser offenen Privilegierung all jenen Motivationslagen gerecht werden,

---

[622] vergleichbar vage Vorschriften gibt es im Kernstrafrecht soweit ersichtlich sonst nur noch in § 86 Abs. 4 StGB, wonach der Gesetzgeber bei geringer Schuld von Strafe absehen kann

[623] weitere Beispiele etwa §§ 129 Abs. VI , 139, 157, 158, 174 StGB

[624] so auch Schroth JZ 1997, 1151; König, Strafbarer Organhandel, S. 214. In Fäälen, in denen der Organempfäänger nicht nach § 34 StGB gerechtfertigt ist, etwa weil die Körperintegrität des Spenders gegen seinen Willen vereltzt wurde, kommt in der Regel auch ein Absehen von Strafe nicht in Betracht

welche die Schuld des Spenders, bzw. Empfängers aufgrund eigener Not mildern[625].

Fraglich ist jedoch, ob diese offen gefaßte Rechtsfolgenanordnung dem Bestimmtheitsgrundsatz genügt, der sich aus dem in Art. 103 Abs. 2 GG verankerten Gesetzlichkeitsprinzip ergibt. Das Verbot unbestimmter Strafgesetze und Strafen soll den Bürger vor Willkür des Staates schützen, außerdem widerspräche es dem Gewaltenteilungsgrundsatz, wenn der Richter den Strafrahmen ohne feste Vorgaben nach eigenem Ermessen festlegen kann, da dies einer beliebigen Auslegung gleichkommt und der Richter dabei in Bereiche der Legislative eingreift. Im Falle unbestimmter Rechtsfolgenanordnungen ist dem Bürger keine Abschätzung der ihn möglicherweise treffenden Folgen möglich, was dem Gesetzlichkeitsgrundsatz grundlegend widerspricht[626].

Die Grenzen des Bestimmtheitsgrundsatzes sind auch im Bereich der Deliktsfolgen schwer definierbar. So ist man sich man sich innerhalb der Lehre immerhin einig, daß die Strafvorschrift zumindest die Strafart festlegen muß[627]. Auch ein grenzenloser Strafrahmen kann im Widerspruch zum Bestimmtheitsgrundsatz stehen. Im Falle des § 18 Abs. 4 TPG kann der Richter von einer Freiheitsstrafe von bis zu 5 Jahren, über Geldstrafe bis hin zur völligen Straffreistellung entscheiden. Nach allgemeinen Regeln ist eine Gesamtwürdigung von Tat und Täter vorzunehmen. Als grober Leitfaden können dabei wohl die in den Gesetzesmaterialien angegebenen Schwächesituationen auf Seiten des Empfängers und Spenders herangezogen werden, wobei auf Seiten des Spenders wohl auch eine altruistische Gesinnung zu berücksichtigen ist[628]. Ein „aggressives" Vorgehen des Spendeempfängers wird hingegen wohl wenn überhaupt nur zu einer Strafmilderung führen können.

Zu berücksichtigen ist, daß bei Rechtsfolgen grundsätzlich eine etwas größere Unbestimmtheit als bei den Strafbarkeitsvoraussetzungen hingenommen werden kann, da das Schuldprinzip und die kodifizierten Strafzumessungsgrundsätze (vgl. § 46 StGB) dem Täter bereits einen gewissen Grad an Sicherheit geben[629]. Wie aufgezeigt, eignen sich auch die Materialien zu einer näheren Bestimmung der Strafmilderungsvorschrift des § 18 Abs. 4 TPG. Insofern ist es zwar unge-

---

[625] BT-Drs. 13/8017 (siehe oben FN. 74), Begründung zu § 17 Abs. 3 (S.63)
[626] vgl. Roxin, Strafrecht Allgemeiner Teil, S.125
[627] Roxin, Strafrecht Allgemeiner Teil, S.129 f.
[628] so auch König, Strafbarer Organhandel, S. 214
[629] Roxin, Strafrecht Allgemeiner Teil, S.130

wöhnlich, daß der Gesetzgeber keine normativen Kriterien dafür liefert, wann und in welchem Maße eine Strafmilderung stattzufinden hat. Jedoch kommt man unter Heranziehung der Grundsätze des § 46 StGB, welche vor allem auf die Schuld des Täters und seine Motive abstellen, zu dem Schluß, daß der Richter bei der Strafzumessung im Rahmen des § 18 Abs. 4 TPG durchaus nicht willkürlich vorgehen kann. Der Strafrichter ist in Anbetracht der Vorschrift des § 46 StGB vielmehr an kodifizierte Grundsätze und den aus den Gesetzesmaterialien deutlich werdenden gesetzgeberischen Willen gebunden.

II. Unbestimmtheit als typische Folge paternalistischer Gesetzgebungsakte ?

Das Organhandelsverbot ist in die Reihe der paternalistischen Gesetzgebungsakte des Transplantationsgesetzes einzuordnen. Paternalistische Regelungen versuchen, den Bürger von Selbstschädigung abzuhalten, obwohl der Staat an sich Individualrechtsgüter nur in dem Maße schützt, in dem der Individualrechtsgutträger *nicht* in die Verletzung einwilligt. In diesem Bereich einen Konsens zu erzielen, ist schwierig. Aus diesem Grunde liegt es nahe, ein gewisses Maß an Unbestimmtheit als Begleiterscheinung eines paternalistischen Gesetzes zu charakterisieren. Wenn man bedenkt, wie umstritten die Frage nach der Kompetenz des Staates, den Individualrechtsgutträger mit Mitteln des Strafrechts vor Selbstschädigung zu schützen ist, so ermöglicht ein unbestimmter Wortlaut am ehesten eine Einigung in den Gesetzesberatungen.

I. Konsequenzen im materiellen Strafrecht

Weitere Probleme ergeben sich, wenn man die Konsequenzen des Organhandelsverbotes der §§ 17, 18 TPG im Kernstrafrecht betrachtet. Die Materialien selbst enthalten keinen Hinweis auf die Auswirkungen der §§ 17, 18 TPG auf das Kernstrafrecht[630].

---

630 Der noch in dem interfraktionellen Gesetzesentwurf (BT 13/4355) bei einem Verstoß gegen § 8 TPG und § 19 Abs. 2 TPG enthaltene Hinweis, daß die Tat auch als Körperverletzung strafbar sein könne, hat der Gesundheitsausschuß in seiner Beschlußempfehlung (BT 13/8017) ausdrücklich nicht aufrechterhalten, weil die „Klärung des Konkurrenzverhältnisses der §§ 223 ff. und § 18 Abs. 2 TPG Rechtsprechung und Wissenschaft überlassen bleiben soll“, BT 13/8017, (siehe oben FN. 74), Begründung zu § 18 Abs.2 (S. 63)

Eine Organentnahme ist aufgrund der erheblichen Verletzung der körperlichen Unversehrtheit, die damit verbunden ist, immer als Körperverletzung zu qualifizieren[631] und bedarf als solche einer wirksamen Einwilligung als rechtfertigendes Element. Allerdings setzt § 228 BGB der rechtfertigenden Kraft einer Einwilligung Grenzen. Nach § 228 StGB ist eine Körperverletzung trotz Einwilligung rechtswidrig, wenn die „Tat trotz der Einwilligung gegen die guten Sitten verstößt". Eine Sittenwidrigkeit der Tat ist dann anzunehmen, wenn ihre gesetzgeberische Mißbilligung aus der Rechtsordnung hervorgeht und mit der Tat Rechtsgutbeeinträchtigungen einhergehen, welche der Dispositionsbefugnis des Rechtsgutinhabers entzogen sind. Die §§ 17, 18 TPG bringen die Mißbilligung des Gesetzgebers hinsichtlich des Organhandels klar zum Ausdruck. Eine Körperverletzung, respektive Organexplantation, bei der der Spender sein Organ kommerziell verwertet, verstößt deshalb, ungeachtet dessen Einwilligung, gegen die guten Sitten. Die Verhinderung der Ausnützung einer gesundheitlichen Notsituation, sowie die Vermeidung der sozialschädlichen Folgen des sog. Organzwischenhandels unterliegt nicht mehr dem Einflußbereich des in die Körperverletzung Einwilligenden.

Ein Arzt, der wissentlich ein Organ verpflanzt, das Gegenstand verbotenen Handeltreibens nach § 17 TPG ist, würde sich demzufolge einer vorsätzlichen Körperverletzung nach § 223 StGB, bzw. einer qualifizierten Körperverletzung nach den §§ 224 ff. StGB, strafbar machen. Im Falle des Todes des Patienten, würde ihm sogar eine Bestrafung wegen Körperverletzung mit Todesfolge (§ 227 StGB) drohen und nicht „nur" nach § 18 TPG und § 222 StGB. Es bestünde insofern die Gefahr, daß die Norm kontraproduktiv wirkt. Anstatt den akuten Mangel an Spenderorganen zu beheben, könnte die hohe Strafbedrohung für den Arzt dazu führen, daß die Transplantationszentren Organtransplantationen nicht vornehmen, sobald irgendwelche Zweifel auftreten. Der transplantierende Arzt sichert sich zwar durch die nach § 8 Abs. 3 TPG erforderliche Kommissionsentscheidung ab, diese entfaltet jedoch keine exkulpierende Wirkung.

In Anbetracht dieser schwerwiegenden Kriminalisierung müssen die §§ 17 Abs. 2, 18 Abs. 1 TPG als Spezialvorschriften angesehen werden, die in ihrem Anwendungsbereich die §§ 223 ff. StGB verdrängen[632]. Allerdings ist zu beachten, daß sobald etwa ein Kunstfehler hinzukommt, die Strafbarkeit wegen fahrlässiger Körperverletzung, bzw. fahrlässiger Tötung wieder aufleben muß[633]. Die §§ 17, 18 TPG bilden nur im Rahmen ihres Schutzzweckes einen abschließenden Re-

---

[631] siehe oben 3.Kapitel B.I. 2a

gelungskomplex. Darüber hinausgehende Rechtsgutverletzungen bedürfen nach wie vor des Schutzes durch das Kernstrafrecht.

[632] so König, Strafbarer Organhandel, S. 227
[633] König, Strafbarer Organhandel, S. 227

J. Entschädigung und Aufwendungsersatz des Spenders

Das Organhandelsverbot hat weitreichende Auswirkungen. So stellt sich die Frage, ob und in welchem Umfang überhaupt Gegenleistungen, Entschädigungen etc. bei einer legalen Lebendorganspende gewährt werden können, ohne daß diese vom Tatbestand des Handeltreibens erfaßt werden.

I. Entschädigung unter Aufopferungsgesichtspunkten bei Komplikationen/Mißlingen der Operation[634]

Eine Entschädigung des lebenden Spenders unter Aufopferungsgesichtspunkten, wie sie die DDR-Verordnung vom 4.07.1975 vorsah, hat der deutsche Gesetzgeber im Transplantationsgesetz nicht geregelt. In der ehemaligen DDR sah § 11 Abs. 1 der Transplantations-VO[635] vor, daß dem Spender die materiellen Nachteile zu ersetzen sind, die ihm dadurch entstanden sind, daß die Organentnahme wider Erwarten zu gesundheitlichen Beeinträchtigungen geführt hat[636].

1. Versicherungsschutz des Organspenders

§ 2 Abs. 1 Nr. 13 b SGB VII[637] sieht vor, daß Organspender kraft Gesetzes unfallversichert sind. Die Vorschrift des § 2 Abs. 1Nr. 13 b SGB VII setzt voraus, daß eine Gesundheitsbeschädigung eingetreten ist, die den Tatbestand des Unfalls verwirklicht. Die Organspende muß also zu Komplikationen geführt haben. Solange der Spendevorgang normal und geplant abläuft, stellt er keinen Unfall im Sinne der Unfallversicherung dar. Versichert sind unter anderem der Weg zum Ort des Spendens, sowie die Vorbereitungshandlungen (z.B. Immuni-

---

634 vgl. BGH Urteil vom 19.2.53 - III ZR 208/51: Aufopferungsanspruch kann auch bei Eingriffen in die Körperliche Unversehrtheit (Impfschäden) gegeben sein (NJW 1953, 857, 1217), vgl. auch Giese/Schunck/Winkler: Verfassungsrechtsprechung in der BRD- Entscheidungssammlung Band 2: zu Art 2 GG Fallgruppe (6) S.2

635 DDR-GBL 1975 I, 597-599

636 § 11 Abs. 1: Hat die Organentnahme wider Erwarten zu gesundheitlichen Beeinträchtigungen des Spenders geführt, sind ihm hierdurch entstehende materielle Nachteile auf der Grundlage der Rechtsvorschriften zu ersetzen

637 wie auch schon § 539 Abs. 1 Nr. 10 RVO vor dem 31.01.1996

sieren)[638]. Die Einbeziehung der dem öffentlichen Interesse dienenden Spender in die gesetzliche Unfallversicherung, beruht auf dem öffentlich-rechtlichen Prinzip der Gewährung von Aufopferungsansprüchen an Personen, die zum Wohl der Gemeinschaft ein Sonderopfer erbracht haben. Dies entspricht dem Sozialstaatsprinzip[639]. Im Falle des Auftretens von Komplikationen ist der Organspender somit im Rahmen der gesetzlichen Unfallversicherung hinreichend abgesichert.

Fraglich ist allerdings, wie es sich verhält, wenn der Organspende seine Organspende davon abhängig macht, daß ihm zusätzlich eine Berufsunfähigkeits- oder eine Risikolebensversicherung bezahlt wird. Dies ist insofern problematisch, als daß die Organspender damit für den Spender mit einem Vorteil verbunden ist. Die Berufsunfähigkeitsrente erhielte der Spender auch dann, wenn er nicht aufgrund der Organspende, sondern aufgrund eines Autounfalles berufsunfähig werden würde. Entsprechendes gilt bei einer Lebensversicherung. Allerdings ist zu beachten, daß derjenige der für seine Familie Vorsorge trifft, nicht eigennützig handelt. Auch ist die Förderung privater Vorsorge im Interesse des Staates, da im Schadensfall staatliche Fürsorgemaßnahmen entbehrlich sind. Dies spricht letztlich für eine Reduktion des Organhandelsverbotes[640]. Auch der historische Gesetzgeber wollte mit dem Organhandelsverbot Risikoabsicherungen durch Versicherungsschutz nicht ausschließen. Solange die Vorsorge Hauptmotiv des Absicherungsverlangens ist und der erstrebte Versicherungsschutz objektiv eine angemessene Absicherung des Risikos darstellt, muß auch nicht befürchtet werden, daß sich der Spender bei seiner Entscheidung zur Organspende von finanziellen Erwägungen leiten läßt[641].

---

638 vgl. Grüner- Dalichau in: Sozialgesetzbuch mit Kommentar zur RVO, §539, 10 RVO, sowie Jahn Kommentar zum Sozialgesetzbuch SGB VII Loseblattsammlung, Rn. 47 zu § 2 SGB VII, Stand: 29.10.97

639 Stern, Das Staatsrecht der BRD, § 21 III 4 b, § 20 IV 6a α

640 vgl. Schroth, Festschrift Roxin, S. 885

641 vgl. Schroth, Festschrift Roxin, S. 885

2. Entsprechende Anwendung des § 904 S. 2 BGB

Zu untersuchen ist, ob dem Spender daneben ein Entschädigungsanspruch aus §904 S.2 BGB analog zusteht. § 904 S.2 BGB gibt dem Eigentümer einen Anspruch auf Ersatz des Schadens, der ihm durch eine Notstandshandlung (§904 S.1 BGB) entstanden ist.

Die entsprechende Anwendung des § 904 S. 2 BGB bei Eingriffen in höchstpersönliche Rechtsgüter eines Unbeteiligten ist umstritten[642]. Bejaht wird sie insbesondere bei Vorliegen der Voraussetzungen des § 34 StGB[643]. §904 S. 1 BGB ist zwar grundsätzlich für Einwirkungen auf fremde Sachen Sonderregelung gegenüber § 34 StGB. Bei Eingriffen in höchstpersönliche Rechtsgüter kommt jedoch lediglich § 34 StGB, niemals § 904 S. 1 BGB als Rechtfertigungsgrund in Betracht. Anhänger einer entsprechenden Anwendung des §904 S. 2 BGB argumentieren deshalb mit einem „erst recht"-Schluß: Wenn schon der gerechtfertigte Eingriff in das Eigentumsrecht die Ersatzpflicht des § 904 S. 2 BGB auslöst, so solle das erst recht für den noch schwerer wiegenden Eingriff in höchstpersönliche Rechtsgüter gelten. Aus § 904 S. 2 BGB lasse sich nämlich das allgemeine Prinzip herleiten, daß für Schäden Unbeteiligter, die diese wegen höherrangiger privatrechtlicher Interessen hinnehmen müssen, Ersatz zu leisten ist[644]. Dem ist grundsätzlich auch zuzustimmen. § 904 S. 2 BGB hat den Charakter einer zivilen Aufopferungsentschädigung. Dennoch erscheinen die Konsequenzen bedenklich: Der Ersatzanspruch nach § 904 S. 2 BGB umfaßt alle mittelbaren und unmittelbaren Schäden, soweit sie adäquat verursacht sind[645] . Insofern würde die Anwendbarkeit dieser Vorschrift den Empfänger mit unabsehbaren Kosten belasten, die ihn möglicherweise von einer medizinisch indizierten Organtransplantation Abstand nehmen ließen.

Eine entsprechende Anwendbarkeit des § 904 S. 2 BGB zugunsten des Spenders ist auch aus folgenden Gründen abzulehnen: Eine freiwillige Organspende ist nicht aufgrund des § 34 StGB gerechtfertigt[646]. Es ist alleine die Einwilligung des

[642] Säcker in Münchner Kommentar, § 904 Rn. 24; Soergel-Fahse § 228 Rn. 9

[643] Heinrichs in Palandt § 228 Anm. 2 , Säcker in Münchner Kommentar, § 904 Rn. 24

[644] So Säcker in Münchner Kommentar, § 904 Rn. 24; Soergel-Fahse § 228 RN. 9, 10; Staudinger-Seiler § 904 Rn. 44 ff.

[645] Säcker in Münchner Kommentar § 904 Rn. 15 f.

[646] In der Gesetzesbegründung befindet sich jedoch kein Hinweis darauf, daß die §§ 34, 35 StGB im Anwendungsbereich des TPG ausgeschlossen sind.. Im Entwurf der Grünen/Bündnis 90 (BT-Drs. 13/2926, siehe oben FN. 72) war noch vorgesehen, daß die Berufung auf §34 StGB bei fehlender Einwilligung ausgeschlossen werden sollte (§ 7 TPG-E). Eine derartige Regelung

Spenders, die den Eingriff rechtfertigt. Der Rechtfertigungsgrund des § 34 StGB kommt für den transplantierenden Arzt bei der Lebendorganspende nicht in Betracht. Weigert sich der lebende potentielle Spender, läßt sich sein Widerspruch auch nicht über die Figur des rechtfertigenden Notstandes (§34 StGB) überwinden, da bei einem derartigen Eingriff nicht nur Körperinteresse gegen Lebensinteresse abzuwägen wäre - für den Fall, daß die Lebendspende der Lebensrettung des Empfängers dienen soll - sondern in die Abwägung auch „das Interesse der Rechtsgemeinschaft an der Wahrung der Personenautonomie als Grundprinzip unserer Rechtsordnung" einzubeziehen ist[647]. Würde man dagegen die Angemessenheit eines Eingriffs gegen den Willen des Patienten bejahen, würde dies bedeuten, daß sich jeder notfalls für seinen Mitmenschen aufopfern müßte. Ein derartiger Zwang widerspricht jedoch der freiheitlichen Struktur unseres Gemeinschaftslebens[648]. Der Arzt darf seinem Patienten gegen dessen Willen deshalb keine Organspenden abnehmen - auch wenn dies die Lebensrettung eines anderen bedeuten würde.

Da der Spender somit im Falle der Lebendorganspende nicht als „Opfer" höherrangiger privatrechtlicher Interessen bezeichnet werden kann, sondern seine Spende auf seinem freien und freiwilligen Entschluß beruht, widerspräche es der Natur der altruistischen Lebendorganspende hier den §904 S. 2 BGB entsprechend anzuwenden und daraus einen Entschädigungsanspruch zugunsten des Spenders zu konstruieren.

II. Aufwendungsersatz § 17 Abs. 1 S. 2 Nr. 1 TPG

Gemäß § 17 Abs. 1 S. 2 Nr. 1 TPG verstößt es nicht gegen das Organhandelsverbot, wenn jemand ein Entgelt gewährt oder annimmt, das den angemessenen Ersatz für die zur Erreichung des Ziels der Heilbehandlung gebotenen Maßnahmen nicht übersteigt. Dies schließt ein Entgelt für das Organ selbst aus, nicht jedoch für die im Rahmen der Transplantation durchzuführenden Tätigkeiten, etwa ärztliche, pflegerische und sonstige Leistungen im Zusammenhang mit der Organentnahme - und übertragung, einschließlich deren Vorbereitung[649].

---

fehlt im jetzigen TPG. Vielmehr enthält der interfraktionelle Entwurf (BT 13/4355) den Hinweis, daß die strafbare Teilnahme am Organhandel im Einzelfall nach §§ 34, 35 StGB gerechtfertigt sein kann. Vgl. BT 13/4355 (siehe oben FN. 68), Begründung zu § 17Abs.1

647 Lenckner in Schönke/Schröder § 34 Rn. 47

648 Gallas in Mezger-FS, S. 325; Bockelmann Strafrecht des Arztes, S. 103 ff.

649 vgl. auch BT-Drs. 13/4355 (siehe oben FN. 68), Begründung zu § 16 Absatz 1 Satz 2 Nr. 1

Unter Entgelt im Sinne des § 17 Abs. 1 S.2 Nr.1 TPG ist dabei jeder vermögenswerte Vorteil zu sehen. Angemessen sind die üblichen Vergütungen, wie sie etwa in den Vereinbarungen mit den Leistungsträgern im Ersten Buch des Sozialgesetzbuches (§ 16) oder durch Gesetz oder Rechtsverordnung festgesetzt sind.

Auch der Ersatz der Aufwendungen des Lebendspenders, die dieser unmittelbar im Zusammenhang mit der Lebendspende machte, stellt keine Tathandlung im Sinne des § 17 Abs. 1 S. 1 TPG dar. So ist es dem Lebendspender nicht verwehrt, beispielsweise Fahrtkosten, Unterbringungskosten oder seinen Verdienstausfall geltend zu machen. Auch der Ausgleich der Kosten, die für eine angemessene Absicherung einer durch die Organentnahme bedingten Erhöhung des Risikos des Spenders, berufsunfähig zu werden, anfallen kann, fällt nicht unter den Tatbestand des Handeltreibens. Die Übernahme dieser Kosten würde für den Spender keinerlei wirtschaftlicher Vorteil darstellen und kann insofern auch nicht unter den Tatbestand des eigennützigen Handeltreibens subsumiert werden[650].

III. Schmerzensgeld

Fraglich ist, wie der Fall zu beurteilen ist, wenn der Organspender Schmerzensgeld verlangt. Einerseits kommt dem Schmerzensgeld eine Ausgleichsfunktion zu. Das Schmerzensgeld dient der Kompensation von Schmerzen. Durch die Zahlung von Schmerzensgeld soll ein Verletzer in die Lage versetzt werden, sich Erleichterungen und andere Annehmlichkeiten an Stelle derer zu verschaffen, deren Genuß ihn durch die Verletzung unmöglich gemacht wurde[651]. Im Zusammenhang mit einer Organspende widerspräche eine Schmerzensgeldzahlung jedoch dem Willen des historischen Gesetzgebers. Dieser wollte die Organspende ausdrücklich von jeder Kommerzialisierung freihalten. Der Übergang von der Kompensation eines immateriellen Schadens zum Gewinn sind jedoch fließend und schwer faßbar[652]. Eine Schmerzensgeldzahlung an einen Organspender muß daher nach der momentanen Gesetzeslage wohl als rechtswidrig angesehen werden.

[650] BT-Drs. 13/4355 (siehe oben FN. 68), Begründung zu § 16 Absatz 1 Satz 2 Nr. 1

[651] vgl. Palandt Rn. 4 zu § 847 BGB

[652] so auch Schroth, Festschrift Roxin, S. 884, der sich dafür ausspricht, eine angemessene Schmerzensgeldzahlung aus dem Bereich des Organhandels auszunehmen

IV. Zwischenergebnis

Im Ergebnis stellt das Organhandelsverbot für den Spender keine unzumutbare finanzielle Belastung dar. Verhindert wird dadurch lediglich, daß dem Organspender aus der Spende ein wirtschaftlicher Vorteil erwächst. Im Falle von Komplikationen bei der Organverpflanzung ist der Spender im Rahmen der gesetzlichen Unfallversicherung gemäß § 2 Abs. 1 Nr. 13 b SGB VII hinreichend abgesichert. Macht der Spender darüber hinaus seine Organspende von der Zahlung einer Berufsunfähigkeits- oder Risikolebensversicherung abhängig, so wird dies ebenfalls nicht vom Organhandelsverbot erfaßt, solange die Vorsorge Hauptmotiv des Spenders ist. Bei normalem Operationsverlauf kann der Spender Aufwendungsersatz gemäß § 17 Abs. 1 S.2 Nr.1 TPG geltend machen. Das BSG[653] bejaht in derartigen Fällen einen eigenständigen - inhaltlich unteilbaren - Rechtsanspruch des Spenders gegenüber der Krankenkasse des Empfängers - als Teilmaßnahme im Rahmen dessen Behandlung[654]. Jedoch wäre eine Schmerzensgeldzahlung an den Spender nach dem Willen des historischen Gesetzgebers wohl nicht legitimiert.

K. Ergebnis

Ziel eines jeden Strafgesetzes muß es sein, einen differenzierten Interessenausgleich der Betroffenen zu erreichen. § 18 TPG ist das Ergebnis einer Interessenabwägung zwischen den Interessen des Organspenders, des Empfängers, des Händlers und des Arztes bei einer kommerziellen Organspende. Mit der Zielsetzung, den Organhandel international zu bekämpfen, das Ausnutzen von Menschen in einer Notsituation zu verhindern, die Menschenwürde, das Pietätsgefühl der Allgemeinheit und die körperliche Integrität des einzelnen zu schützen, sowie die Integrität der Transplantationsmedizin zu wahren, dient das absolute Organhandelsverbot in § 18 TPG Gemeinschaftsbelangen, die als solche vor der Verfassung Bestand haben. Soweit der Gesetzgeber mit dem Organhandelsverbot vor Selbstkorrumpierung schützen will, stellt dieser Schutzaspekt eine hart paternalistische Zielsetzung dar, die mit einem liberalen Strafrechtsverständnis nicht in Einklang zu bringen ist.

Die Untersuchung der proklamierten Schutzgüter hat ergeben, daß über die Verhinderung der Ausbeutung der wirtschaftlichen Notlage des Spenders und der

---

[653] BSGE 35, 102, 103 f.

[654] zustimmend Höfler in Kasseler Kommentar SGB V , § 39 Rz.7

Verhinderung der Ausnützung der gesundheitlichen Notsituation des Spendeempfängers hinaus, in Fällen, in denen kein Organraub vorliegt, nur der Schutzaspekt der Eindämmung des Organhandels in der Dritten Welt geeignet, das absolute Organhandelsverbot zu rechtfertigen.

Dabei mußte festgestellt werden, daß vor allem die typischerweise mit dem Organhandel in der Dritten Welt einhergehenden Verletzungen der Individualrechtsgüter der personalen Freiheit (Verhinderung der Ausbeutung von Notlagen), sowie der körperlichen Unversehrtheit, nicht geeignet sind, über den Organraub und das Ausnützen einer Notlage hinaus, das Verbot zu rechtfertigen. Allein die Menschenwürde, vermag das Verbot noch darüber hinaus zu rechtfertigen, indem unter diesem Aspekt auch Situationen zu vermeiden sind, in denen sich der Spender - trotz Einwilligung - in seiner Menschenwürde verletzt fühlt. Das Schutzgut der Menschenwürde rechtfertigt es jedoch nicht, jeglichen gewinnorientierten Umgang mit Organen zu verbieten und zu pönalisieren. Die Menschenwürde ist nicht bereits dadurch tangiert, daß der Mensch oder seine Organe zum Objekt finanzieller Interessen werden. Eine Verletzung der Menschenwürde kann nur dann angenommen werden, wenn die Organentnahme gegen den Willen des Spenders vorgenommen wurde oder der Rechtsgutträger selbst sein Verhalten als Verletzung seiner Würde empfindet. Entsprechendes gilt für das Schutzgut des Pietätsgefühls der Allgemeinheit, welches als (postmortale) Verlängerung des Schutz der Menschenwürde anzusehen ist. Allerdings ist dieser Schutzaspekt nicht geeignet, das Organhandelsverbot im Hinblick auf die kommerzielle Lebendspende zu rechtfertigen. Das Schutzgut der Integrität des Transplantationswesen vermag ein strafbewehrtes Verbot kommerziellen Handeltreibens ebenfalls nicht zu rechtfertigen. Die herkömmlichen Regelungen des ärztlichen Standesrecht sind bereits hinreichend geeignet, diesen Schutz zu gewährleisten. Angesichts der Tatsache, daß Mißbräuche der Transplantationsmedizin nicht bekannt geworden sind, erscheint eine strafrechtliche Absicherung dieses Schutzaspektes nicht erforderlich.

Neben dem Schutz dieser Rechtsgüter ordnet der Gesetzgeber dem TPG ganz offen eine appellative Funktion zu. Der Bevölkerung soll die Verwerflichkeit und Gefährlichkeit des kommerziellen Handeltreibens mit Organen vor Augen geführt werden. Insofern weisen die Vorschriften der §§ 17, 18 TPG symbolischen Charakter auf. Symbolische Gesetze, die insoweit verfassungsrechtlich bedenklich sind, als der Täter niemals zum „bloßen Objekt der Verbrechensbekämpfung" gemacht werden darf, finden ihre Grenze in dem Schuldgrundsatz. Eine Verletzung des Schuldgrundsatzes konnte hier jedoch nicht festgestellt werden. § 18 Abs. 4 TPG gibt dem Tatrichter die Möglichkeit dort, wo die Tat verschiedene Grade des Verschuldens und der Schwere aufweist, die Strafe anzupassen. Auch ein Absehen von Strafe ist im Einzelfall möglich.

§ 18 Abs. 4 TPG entspricht den verfassungsrechtlichen Anforderungen des Bestimmtheitsgrundsatzes. Die Privilegierungsmöglichkeit in § 18 Abs. 4 TPG ist geeignet, den Freiheitsrechten des Spenders und des Spendeempfängers Rechnung zu tragen und deren individuelle Schuld zu berücksichtigen. Zwar wird die Verantwortlichkeit für das ob und wie der Strafe gänzlich auf die Praxis verlagert. Der Richter kann jedoch bei der Strafzumessung im Rahmen des § 18 Abs. 4 TPG nicht willkürlich entscheiden, sondern ist an kodifizierte Grundsätze, etwa die Grundsätze des § 46 StGB, welche vor allem auf die Schuld des Täters und seine Motive abstellen, gebunden.

Im Ergebnis kann daher festgestellt werden, daß das in §§ 17, 18 TPG normierte Organhandelsverbot ein Straftatbestand ist, der verfassungsmäßigen Grundsätzen entspricht und in seinem umfassenden Schutz auch notwendig ist, den Organhandel zu bekämpfen. Auch wenn die Vorschrift Züge einer symbolischen Gesetzgebung, vermag dies dennoch nicht die Wichtigkeit dieses Verbots für den Schutz der betroffenen Rechtsgüter in Frage zu stellen, zumal ein Rechtsgutbezug stets erkennbar ist und der Gesetzgeber sich auch offen zu einer Appellfunktion des Gesetzes bekennt.

Begrüßenswert wäre jedoch auch hier die Alternative eines anonymisierten Organspendeverfahrens. Zwar ist es rechtlich nicht zu beanstanden, daß sich der Gesetzgeber im Rahmen des ihm zustehenden Beurteilungsspielraumes gegen eine prozedurale Lösung ausgesprochen hat. Doch wurde im Rahmen dieser Arbeit bereits im Hinblick auf die Verfassungswidrigkeit der Spenderkreisregelung ein kontrolliertes System der Verteilungskontrolle in einem anonymisierten Verfahren propagiert. In beiden Fällen ist es möglich, das im Mittelpunkt des staatlichen Schutzinteresses stehende Selbstbestimmungsrecht des Spenders durch entsprechende Verfahrenssicherungssysteme gegen Mißbrauch abzuschirmen.

LITERATURVERZEICHNIS

Ach, Johann S.	Kriterien der Organverteilung - Anspruch auf Realität, in Vorgänge 138, 1997, S. 61 ff.
Adrews, L.B.	My body, my property in: Hastings Center Report 16 (1986): 28-38
ders.	The body as property: Some philosophical reflections – A response to J.F. Childress, in: Transplantation Proceedings 24 (1992): 2149 - 2151
Alternativ Kommentar	Kommentar zum StGB, Bd. 1: §§ 1 - 21., Aus der Reihe Alternativkommentare; Gesamtherausgeber Rudolf Wassermann, Neuwied 1990
Albrecht, Peter Alexis	Das Strafrecht auf dem Weg vom liberalen Rechtsstaat zum sozialen Interventionsstaat - Entwicklungstendenzen des materiellen Strafrechts; in: KritV 1988, 182 ff.
Amelung, Knut	Strafrechtswissenschaft und Strafgesetzgebung in ZStW 92 (1980), S. 54ff.
ders.	Über die Einwilligungsfähigkeit (Teil I), in ZStW 104 (1992), S. 525 ff.
Arbeitskreis Organspende	„Organspende rettet Leben!", Informationsbroschüre, Neu-Isenburg 1998
Bauer, K.-H.	Über Rechtsfragen homologer Organtransplantationen aus der Sicht des Klinikers, in: Der Chirurg 1967, 245 ff.
Baumann, Jürgen	Körperverletzung oder Freiheitsdelikt? Zum Urteil des BGH vom 28.11.1957, in: NJW 1958, 2092 f.
Baumann, Jürgen/ Weber, Ulrich/	Strafrecht, Allgemeiner Teil, 10. Aufl. Bielefeld 1995

Mitsch, Wolfgang Bleckmann/Eckhoff	Der mittelbare Grundrechtseingriff in: DVBl. 1988, 373
Bockelmann, Paul	Strafrecht des Arztes, 1968
Bonner Kommentar	Kommentar zum Bonner Grundgesetz, Loseblattsammlung in 11Bänden, Heidelberg
Brams, M.	Transplantable human organs: Should their sale be authorized by State statues? in: American Journal of Law & Medicine 3 (1977): 183-196
Breithaupt, Hermann	Sammlungen von Entscheidungen der Sozialversicherung, Versorgung und Arbeitslosenversicherung, Stuttgart, München (u.a.) 1977
Brehm, Wolfgang	Zur Dogmatik des abstrakten Gefährdungsdelikts, Tübingen 1973
Brenner, Günter	Organtransplatation, in Juristische Problematik in der Medizin, Bd. I, Armand Mergen (Hrsg.), 1971
Bubnoff, Eckhart von	Rechtsfragen zur homologen Organtransplantation aus der Sicht des Strafrechts, in: GA 1968, 65ff.
Bülow, Detlev von	Rechtspolitische Probleme durch Fortschritte in der Medizin, in: Medizin, Mensch, Gesellschaft 1982, 168 ff.
Bundesärztekammer	Richtlinien zur Organtransplantation gemäß § 16 Transplantationsgesetz, in : Deutsches Ärzteblatt 97, Heft 7, 18. Februar 2000, S. A- 396 ff.
Carstens, Thomas	Das Recht der Organtransplantation: Stand und Tendenzen des deutschen Rechts im Vergleich zu ausländischen Gesetzen, Frankfurt am Main 1978
Cramer, Peter	Grundbegriffe des Rechts der Ordnungswidrigkeiten 1971

Degenhardt, Christoph	Staatsrecht I, 10.Aufl., Heidelberg 1994
Deutsch, Erwin	Schutzbereich und Tatbestand der unerlaubten Handlung im Zivilrecht, in: NJW 65, 1985 ff.
ders.	Die rechtliche Seite der Transplantation, in: ZRP 1982, 174 ff.
ders.	Zum geplanten strafrechtlichen Verbot des Organhandels, in: ZRP 1994, 179 ff.
ders.	Medizinrecht, 3.Aufl., Berlin Heidelberg 1997
ders.	Das Transplantationsgesetz vom 6.11.1997, in: NJW 1998, 777 ff.
ders.	Arztrecht, Arzneimittelrecht und Medizinprodukterecht, 4. Aufl., Berlin (u.a.) 1999
Deutsch, Erwin/ Schreiber, Hans-Ludwig	Medical Responsibility in Western Europe, Berlin u.a. 1985
Deutsche Stiftung Organtransplantation	Organspende und Transplantation in Deutschland 2000, bearbeitet von Molzahn, Tuffs, Köhler, Neu Isenburg 2000
dies.	Organspende und Transplantation in Deutschland 1998, bearbeitet von Smit, Sasse, Zickgraf, Schoeppe, Molzahn, Neu Isenburg 1998
Deutsche Bischofskonferenz und Rat der Evangelischen Kirche in Deutschland	Erklärung zu dem Thema „Organtransplantation“ Sonderdruck des Arbeitskreises Organspende, Bonn/Hannover 1990
Dreier, Horst/ Bauer, Hartmut	Kommentar zum Grundgesetz, Tübingen 1996
Dworkin, Ronald	Die Grenzen des Lebens: Abtreibung, Euthanasie und persönliche Freiheit, Hamburg 1994

Eckhoff, Rolf	Der Grundrechtseingriff, Köln 1992
Eigler, F.W.	Probleme der Organtransplantation, in: MedR 1992, 88 ff.
ders.	Das Problem der Organspende vom Lebenden, in: Deutsche Medizinische Wochenschrift 1997, 1398 ff.
Enderlein, Wolfgang	Rechtspaternalismus und Vertragsrecht, 1996
Engelhardt, Hugo Tristram	The foundations of bioethics, 1986
ders.	Is there a universal system of ethics or are ethics culture specific? In: Land / Dossetor (Hrsg.) Organ replacement therapy: Ethics, justice and commerce, Berlin, Heidelberg, New York 1991, S. 147-153
Engisch, Karl	Über Rechtsfragen bei homologen Organtransplantationen, in: Der Chirurg 1967, S.252 ff.
Eser, Albin / Hirsch, Hans A	Sterilisation und Schwangerschaftsabbruch. Eine Orientierungshilfe zu medizinischen, psychologischen und rechtlichen Fragen, Stuttgart 1980
Feinberg, Joel	The Moral Limits of the Criminal Law, Vol..3, Harm to Self, Oxford 1986
Fluss, S.S.	Preventing Commercial Transaction in Human Organs and Tissues: An International Overview of Regulatory and Administrive Measures, in: Land / Dossetor (Hrsg.), Organ replacement therapy: Ethics, justice and commerce, Berlin Heidelberg New York 1991, S. 154 ff.
Fox, R.C.	Regulated commercialism of vital organ donation: A necessity? Transplantation Proceedings 25(1993): 55-57

Frankena, William	Analytische Ethik - Eine Einführung, Dtv, München 1972 (Titel der Orginalausgabe: "Ethics", 1963)
Fuchs, Erwin	Anmerkung zu BGHSt 35, 246, in: StV 1988, 524ff.
Gareis	Das Recht am eigenen Körper, in: Festgabe für Schirmer, S. 59 ff.
Gallas, Wilhelm	Pflichtenkollision als Schuldausschließungsgrund, in: Festschrift für Mezger, München 1954, S. 325
Geiger, Willi	Die Grundrechte in der Privatrechtsordnung, Stuttgart 1960
Geilen, Gerd	Probleme der Organtransplantation, in: JZ 1971, 41
Geppert, Klaus/ Giesen, Dieter	Anmerkungen zu BGHSt 35, 246, in: JZ 1988, 1031
Göhler, Erich	Kommentar zum Ordnungswidrigkeitengesetz, 11. Aufl., 1995
Gragert, Jörg	Strafrechtliche Aspekte des Organhandels, Dissertation Hamburg 1997
Gramer, Eugen	Das Recht der Organtransplantation, Dissertation Würzburg, 1981
Gramberg-Danielsen, Berndt	Rechtliche Grundlagen der augenärztlichen Tätigkeit, 1991
Greinert, Renate	Organspende - kritische Ansichten zur Transplantationsmedizin, 1.Aufl. Göttingen 1993
Dalichau, Gerhard Grüner, Hans	Sozialgesetzbuch mit Kommentar zur RVO, Loseblattsammlung, Stand Nov. 1994

Gutmann, Thomas	Rechtsphilosophische Aspekte der Lebendspende von Nieren in: Zeitschrift. für Transplantationsmedizin 1993, S. 75 ff.
ders.	Lebendspende von Organen - nur unter Verwandten?, in: ZRP 1994, 111 ff.
ders.	Probleme einer gesetzlichen Regelung der Lebendspende von Organen, in: MedR 1997, 147 ff.
ders.	Gesetzgeberischer Paternalismus ohne Grenzen ? Zum Beschluß des Bundesverfassungsgerichts zur Lebendspende von Organen, in: NJW 1999, 3387
ders./ Gerok	International legislation in living organ donation, in: Collins/Dubernand/Persijn/Land (Eds.) Procurement and Preservation of Vascularized Organs, Doordrecht 1994
ders./Schroth	Organlebendspende in Europa. Rechtliche Regelungsmodelle, ethische Diskussion und praktische Dynamik, MedR Schriftenreihe Medizinrecht, Berlin Heidelberg 2001
Haft, Fritjof	Strafrecht, Allgemeiner Teil, 6.Aufl., 1994
Hassemer, Winfried	Über die Berücksichtigung von Folgen bei der Auslegung von Strafgesetzen, in Festschrift Coing I, 1982, S.504 ff.
ders.	Prävention im Strafrecht, in NStZ 1987, S. 257 ff.
ders.	Grundlinien einer personalen Rechtsgutlehre, in: Festschrift für Arthur Kaufmann zum 65. Geburtstag, von Scholler/Phillips (Herausgeber), Heidelberg 1989, S. 85 ff.
ders.	Symbolisches Strafrecht und Rechtsgüterschutz, in NStZ 1989, S. 553 ff.

Hegenbarth, Rainer	Symbolische und instrumentelle Funktionen moderner Gesetze, in: ZRP 1981, 114 ff.
Heuer, Stefanie / Conrads, Christoph	Aktueller Stand der Transplantationsgesetzgebung, in: MedR 1997, 195
Hillgruber, Christian	Der Schutz des Menschen vor sich selbst, München 1992
Hilpert, Konrad	Die Menschenrechte. Geschichte, Theologie, Aktualität, Düsseldorf 1991
Hirsch / Schmidt-Didezuhn	Transplantation und Sektion, 1992
Höfling, Wolfram/ Rixen, Stephan	Verfassungsfragen der Transplantationsmedizin: Hirntodkriterium und Transplantationsgesetz in der Diskussion, Tübingen 1996
Höppner/Grosse/ Dreikorn	Aktuelle Überlegungen zum Thema Lebendspende, in: Transplantationsmedizin 1994, 217 ff.
Horn, Eckhard	Konkrete Gefährdungsdelikte, Köln 1973
Hoyer, Andreas	Anmerkungen zu BGHSt 35, 246, in: StV 1989, 245
Hubmann, Heinrich	Das Persönlichkeitsrecht; 1967
Humboldt, Wilhelm von	Ideen zu einem Versuch die Grenzen der Wirksamkeit des Staates zu bestimmen, Nachdruck, Reclam
Hruschka, Joachim	Strafrecht nach logisch-analytischer Methode, Systematisch entwickelte Fälle mit Lösungen zum Allgemeinen Teil, 2. Aufl. 1988
Isemer, Friedrich-Eckart / Lilie, Hans	Rechtsprobleme bei Anencephalen, in MedR 88, 66 ff.

Isensee, Josef/ Kirchhof, Paul	Handbuch des Staatsrechts der BRD, Bd. V: Allgemeine Grundrechtslehren; Heidelberg 1992
Jahn, Kurt	Kommentar zum Sozialgesetzbuch SGB VII, Loseblattsammlung, Stand: 29.10.97
Jarass, Hans-Dieter/ Pieroth, Bodo	Kommentar zum Grundgesetz, 5.Aufl., München 2000
Jeschek, Hans-Heinrich Weigend, Thomas	Lehrbuch des Strafrechts Allgemeiner Teil, 5.Aufl. Berlin 1996
Kallmann, Rainer	Rechtsprobleme bei der Organtransplantation; FamRZ 1969, 572ff.
Kant, Immanuel	Die Metaphysik der Sitten, Königsberg 1797, Nachdruck in: Grundlegung zur Metaphysik der Sitten, Stuttgart, Reclam Verlag 1988
Karl, Christian	Todesbegriff und Organtransplantation gezeigt am Beispiel der Bundesrepublik Deutschland, der ehemaligen DDR und Österreich, Wien 1995
Kasseler Kommentar	Kassler Kommentar Sozialversicherungsrecht, Loseblattsammlung, hrsg. von Niesel/Funk, München
Kargl, Walter	Probleme der Strafbegründung bei Einwilligung des Geschädigten am Beispiel des Dopings, in: JZ 2002, 389 ff.
ders.	Körperverletzung als Heilbehandlung, in GA 2001, 538 ff.
Karlsruher Kommentar	Karlsruher Kommentar zum Ordnungswidrigkeitengesetz; hrsg. von Boujong, Karlheinz, 2. Aufl. 2000

Kaufmann, Arthur — Unrecht und Schuld beim Delikt der Volltrunkenheit; in JZ 1963, S. 431 f.

ders. — Strafrecht zwischen Gestern und Morgen. Ausgewählte Aufsätze und Vorträge. Köln, Berlin, Bonn, München 1983

ders. — Hände weg von symbolischen Gesetzen, in Ärztliche Praxis 1987, 205

Kaulbach, Friedrich — Immanuel Kants „Grundlegung zur Metaphysik der Sitten“ , Darmstadt 1988

Kern, Bernd-Rüdiger — Die rechtliche Grundlage für die Organtransplantation - Zur Gesetzeslage in den neuen Bundesländern, in DtZ 1992, 348 ff.

Kindhäuser, Urs — Gefährdung als Straftat, 1989

Kloth, Karsten — Anenzephale als Organspender - Eine rechtsvergleichende Betrachtung, in MedR 1994, 180

Köhler, Michael — Selbstbestimmungsrecht und ärztliche Therapiefreiheit im Betäubungsmittelrecht, in NJW 1993, 762 ff.

König, Peter — Strafbarer Organhandel, Frankfurt am Main, 1999 (Dissertation München 1998)

Kohlhaas, Max — Rechtsfragen zur Transplantation von Körperorganen, NJW 67, 1489ff.

ders. — Rechtsfolgen von Transplantationseingriffen in: NJW 1970, 1224 ff.

Kollhosser, Helmut — Persönlichkeitsrecht und Organtransplantationen, in: Recht der Persönlichkeit, S. 147 ff.; hrsg. von Erichsen, Hans-Uwe, Kolhosser, Helmut, u.a. Berlin 1996

Korthals, Gernot — Strafrechtliche Probleme der Organtransplantation, Dissertation Hamburg 1969

Kramer, Hans-Jürgen — Rechtsfragen der Organtransplantation, Dissertation 1985

Krey, Volker — Studien zum Gesetzesvorbehalt im Strafrecht, 1977

Kübler, Heidrun — Verfassungsrechtliche Aspekte der Organentnahme zu Transplantationszwecken, 1977

Lackner, Karl — Kommentar zum Strafgesetzbuch, 21.Aufl., 1995

Lagodny, Otto — Strafrecht vor den Schranken der Grundrechte, Tübingen 1996

Lamb, David — The slippery slope argument. Arguing in applied ethics. London (u.a.) 1988

Largiadèr, Felix — Checkliste Organtransplantation, 1996

Larenz, Karl/ Canaris, Claus-Wilhelm — Methodenlehre der Rechtswissenschaft, 3.Aufl., Berlin, Heidelberg New York 1999

Laufs, Adolf — Rechtliche Grenzen der Transplantationsmedizin; in: Arzt- und Kassenarztrecht im Wandel: Festschrift für Prof. Dr. jur. Helmut Narr zum 60. Geburtstag; von Kamps/Laufs, Berlin 1988, S. 34 ff.

ders. — Rechtsfragen der Organtransplantation, in: Rechtliche Fragen der Organtransplantation, 3.Einbecker Workshop der Deutschen Gesellschaft für Medizinrecht, Hiersche H.-D./Hirsch, G. /Graf-Baumann, T. (Hrsg.), 1990

ders. — Arztrecht, 5. Aufl., 1993

ders. — Ein deutsches Transplantationsgesetz - jetzt ? NJW 1995, 2398

ders.	Arzt, Patient und Recht am Ende des Jahrhunderts, in: NJW 1999, S. 1758 ff.
Leipziger Kommentar	Großkommentar zum StGB, herausgg. von Hans-Heinrich Jeschek, Wolfgang Ruß, Günther Willms 10. Auflage, Bd. 4 (§§ 80-184c), 1988, Bd. 2 (§§ 32-60), 1985, Berlin, New York
Lemke, Michael	Stand der Diskussion zum Entwurf eines Transplantationsgesetzes - Eine rechtspolitische Bestandsaufnahme, in: MedR 1991, 281 ff.
ders.	Heidelberger Kommentar zum Ordnungswidrigkeitengesetz, Heidelberg, 1999
Lenckner, Theodor	„Die Einwilligung Minderjähriger und deren gesetzlicher Vertreter“ in ZStW 72, S. 453
Linck, Joachim	Gesetzliche Regelung von Sektion und Transplantation, in: JZ 1973, 759 ff.
Löw, Reinhard	Die moralische Dimension von Organtransplantationen, 1987/88 Scheidewege 17, S. 16 ff.
Lübbe-Wolff, Gertrude	Grundrechte als Eingriffsabwehrrechte: Struktur und Reichweite der Eingriffsdogmatik im Bereich staatlicher Leistungen, Baden-Baden, 1988
Lührs, Wolfgang	Überlegungen zur einheitlichen Kodifizierung des Transplantationswesens, ZRP 1992, 302 - 305
Mackie, John Leslie	Ethik - Auf der Suche nach dem Richtigen und Falschen, Reclam Stuttgart 1981 (Titel der Orginalsausgabe: Ethics. Inventing Right and Wrong, 1977)
v. Mangoldt, Hermann/ Klein, Friedrich/ Starck, Christian	Das Bonner Grundgesetz, 4. Aufl., München, 1999

Maunz, Theodor/ Dürig, Guenter	Kommentar zum Grundgesetz, Loseblattsammlung, 10.Aufl., München
Maunz, Theodor/ Zippelius, Reinhold	Deutsches Staatsrecht, 28. Aufl., München 1991
Maurach, Reinhart/ Zipf, Heinz	Strafrecht, Allgemeiner Teil. Teilband 1, 8. Auflage; Heidelberg 1992
Maurach, Reinhart/ Goessel, Karl-Heinz/ Zipf, Heinz	Strafrecht, Allgemeiner Teil., Teilband 2, 7. Aufl. Heidelberg 1991
Maurach, Reinhart/ Schröder, F.-Ch./ Maiwald, Manfred	Lehrbuch Besonderer Teil, Teilband 1, 8. Auflage 1995 Teilband 2, 8. Auflage 1999, Heidelberg
Maurer, Hartmut	Die medizinische Organtransplantation in verfassungsrechtlicher Sicht, in: DÖV 1980, 7 ff.
Merkel, Reinhard	Teilnahme am Suizid - Tötung auf Verlangen, in: Zur Debatte über die Euthanasie, Rainer Hegselmann/ Reinhard Merkel (Hrsg.), 1991, S.82 ff.
ders.	Strafrecht und Satire im Werk von Karl Kraus, Baden - Baden 1994
Messner, Johannes	Die Idee der Menschenwürde im Rechtsstaat der pluralistischen Gesellschaft, in: Menschenwürde und freiheitliche Rechtsordnung, Festschrift für Willi Geiger zum 65. Geburtstag, von Gerhard Leibholz, Tübingen 1974, S. 221 ff.
Mezger, Edmund	Lehrbuch zum Strafrecht, München, 2. Aufl. 1933
von Muench, Ingo	Kommentar zum Grundgesetz, Bd. 1 (Art. 1 - Art. 20), München 1992
Münchner Kommentar zum BGB	3. Auflage, Band 6 (Sachenrecht), München 1997

Mugdan, Benno — Die gesamten Materialien zum Bürgerlichen Gesetzbuch für das Deutsche Reich, Bd. II, Aalen 1979 (Orginalausgabe Berlin 1899)

Murauer, M. — Organtransplantation, Recht und Öffentlichkeit, Dissertation München 1982

Nagel, Eckhard — Anmerkungen zu den Bemühungen der gesetzgebenden Instanzen um ein TPG, in: EthikMed (1993) 5: 203 ff.

ders./ Schmidt — Transplantation, Berlin Heidelberg 1996

Neumann, Ulfrid — Die Moral des Rechts, Deontologische und konsequentialistische Argumentationen in Recht und Moral in Jahrbuch für Recht und Ethik 1994, S. 81 ff.

ders. — Die Tyrannei der Würde, in ARSP 1998, S. 154

ders./ Schroth, Ulrich — Neuere Theorien von Kriminalität und Strafe, 1980

Nipperdey, Hans-Carl — Die Grundrechte, Handbuch der Theorie und Praxis der Grundrechte, Berlin 1954

Noll, Peter — Gesetzgebungslehre, Reinbek 1973

von Olshausen, Henning — Menschenwürde im Grundgesetz: Werteabsolutismus oder Selbstbestimmung? in: NJW 1982, 2221 ff.

Palandt, Otto — Kommentar zum Bürgerlichen Gesetzbuch, 55.Aufl. (1996)

Papageorgiou, Konstantinos — Schaden und Strafe, 1994

Pater, Siegfried/ Raman, Ashwin — Organhandel - Ersatzteile aus der dritten Welt, Göttingen 1991

Pichlmayr, Rudolf	Lebenschance Organtransplantation, Stuttgart 1991
ders.	Organtransplantation I. Medizinisch, 1987
Pieroth, Bodo / Schlink, Bernhard	Staatsrecht II, 10. Aufl., Heidelberg 1994
Pschyrembel	Klinisches Wörterbuch, 257. Aufl., Berlin New York 1994
Prittwitz, Cornelius	Risikostrafrecht, Frankfurt am Main 1992
Rawls, John	Gerechtigkeit als Fairneß: Politisch und nicht metaphysisch. in : Rawls, Die Idee des politischen Liberalismus - Aufsätze 1978-1989. 1. Aufl. Suhrkamp, Frankfurt 1992, S. 255-292
Rieger, Hans-Juergen	Lexikon des Arztrechts, Berlin 1984
Rössler	Die Legitimation von Ethik-Kommissionen, in: Neue Instanz 1990, 47 ff.
Roxin, Claus	Der durch Menschen ausgelöste Defensivnotstand, in: Festschrift für Hans-Heinrich Jescheck zum 70. Geburtstag, Berlin 1985, S. 457 ff.
ders.	Strafrecht Allgemeiner Teil, Band I, Grundlagen, Der Aufbau der Verbrechenslehren, 3.Aufl., München 1997
Rudolphi, Hans-Joachim	Festschrift für Richard Honig zum 60. Geburtstag, von Eberhardt Barth u.a., Göttingen 1970, S. 161
Rudolphi, Hans-Joachim/ Horn, Eckhard/ Samson, Erich/ Schreiber, Hans-Ludwig	Systematischer Kommentar zum StGB , 7. Aufl. 1998

Rüping, Hinrich	Individual- und Gemeinschaftsinteressen im Recht der Organtransplantation, in: GA 1978, S. 129 ff.
Ryffel, Hans	Rechtssoziologie. Eine systematische Orientierung, 1974
Sartorius, Rolf	Paternalism, Minneapolis 1983
Sasse, Ralf	Zivil- und strafrechtliche Aspekte der Veräußerung von Organen Lebender und Verstorbener, Diss. Göttingen, 1995
Schall, Hero	Die richerliche Zumessung der Geldbuße bei Verkehrsordnungswidrigkeiten, in: NStZ 1986, 1ff.
Schmidhäuser, Eberhard	Strafrecht, Besonderer Teil, Grundriß, Tübingen 1980
ders.	Strafrecht, Allgemeiner Teil, Studienbuch, 2. Aufl. Tübingen 1984
Schmidt, Eberhard	Strafrecht und Disziplinarrecht, Deutsche Landesreferate zum III. Internationalen Kongreß für Rechtsvergleichung 1950
Schmidt-Bleibtreu, Benno/ Klein, Franz	Kommentar zum Grundgesetz, 8.Aufl. 1995
Schmidt-Didezuhn, Andrea	Transplantationsmedizin in Ost und West im Spiegel des Grundgesetzes, in ZRP 1991, 264ff.
Schneider, Ingrid	Föten. Der neue medizinische Rohstoff, Frankfurt am Main 1995
Schöch, Heinz	Entkriminalisierung, Entpönalisierung, Reduktionismus, in Festschrift für Horst Schüler - Springorum zum 65. Geburtstag, 1993

Schönberger/Loening	Das Risiko des Spender, in dies./Fahlenkamp/ Tufveson (Hrsg.) Lebendspende - Nierentransplantation, 1997
Schönke, Adolf / Schröder, Horst	Kommentar zum Strafgesetzbuch, 24. Aufl., München 1991
Schreiber, Christian	Rechtliche Aspekte der Organtransplantation in: Arthur Kaufmann (Hrsg.), Moderne Medizin und Strafrecht, 1989
Schreiber, Hans-Ludwig	Vorüberlegungen für ein künftiges Transplantationsgesetz, in Festschrift für U. Klug, Bd. II, 1983
ders. / Wolfslast, Gabriele	Ein Entwurf für ein Transplantationsgesetz, MedR 1992, 189-195
ders. / Wolfslast, Gabriele	in Dietrich (Hrsg.), Organspende - Organtransplantation - Indikation - Technik - Resultate", 1985,
Schroeder, Friedrich-Christian	Gegen die Spendenlösung bei der Organgabe, in: ZRP 1997, 265 ff.
Schröder, Horst	Eigenmächtige Heilbehandlung im geltenden Strafrecht und im StGB-Entwurf 1960, in: NJW 1961, 951 ff.
ders.	Die Gefährdungsdelikte im Strafrecht, in ZStW 81 (1969), 14 ff.
Schroth, Ulrich	Die strafrechtlichen Tatbestände des Transplantationsgesetzes, in: JZ 1997, 1149 ff.
ders.	Auf dem Weg zu einem neuen Transplantationsrecht, in: Vorgänge 138, 1997, S.46 ff.
ders.	Schlußwort, in: JZ 1998, 506 f.
ders.	Stellungnahme zu dem Artikel von Seidenath in MedR 1998, 253; in: MedR 1999, 67 f.

ders.	Das Organhandelsverbot. Legitimität und Inhalt einer paternalistischen Strafrechtsreform, in: Festschrift für Roxin, Berlin, New York 2001.
Schünemann, Bernd	Moderne Tendenzen in der Dogmatik der Fahrlässigkeits- und Gefährdungsdelikte, in: JA 1975, 787 ff.
Schweizerische Stiftung	„Lebendnierenspende Informationen für Nierenpatienten und ihre Angehörige für Organspende und Transplantation ", Swisstransplant, Basel 1996 Transplantation
Seewald, Otfried	Regelung der postmortalen Organspende: Die Kernprobleme, Deutsches Ärzteblatt 1992, 1099-1101
Seidenath, Bernhard	Lebendspende von Organen - Zur Auslegung des § 8 Abs. 1 S. 2 TPG, MedR 1998, 252 ff.
Seifert, Karl-Heinz/ Hörnig, Dieter	Grundgesetz für die BRD, 5.Aufl., 1995
Seiffert	Überblick über den gegenwärtigen Stand der Transplantation von Organen und Geweben, in: Der Chirurg 1967, S.255 ff.
Sells, Robert A.	The case against buying organs and a future market in transplants. Transplantation Proceedings 24 (1992): 2198-2202
Siegrist, U. K.	Organtransplantation und Recht, Betrachtungen eines schweizer Juristen, in: Münchner Medizinische Wochenschrift 1969, 742 ff.
Soergel, Hans Theodor	Kommentar zum BGB, 12. Aufl., Stuttgart, Berlin, Köln 1997
Spaemann, Robert	Über den Begriff der Menschenwürde (1985) in: Das Natürliche und das Vernünftige, 1987

Spital, Aaron L.	Unrelated Living Donors: Should they be used ? in: Transplantation Proceedings 24 (1992), 2215
Spirgatis, Martina	Leben im Fadenkreuz, Hamburg 1997
Starck, Christian	Menschenwürde als Verfassungsgarantie im modernen Staat, in: JZ 1981, 457 ff.
von Staudinger, Julius	Kommentar zum BGB, 12.Aufl., Berlin -1991
Stern, Klaus	Das Staatsrecht der BRD, BD. I., 1977
Stich, Rudolf	Fehler und Gefahren bei chirurgischen Operationen, Bd.II, 4.Aufl., Jena 1958
Takemoto, Steve/	Equitable allocation of HLA-compatible kidneys for local pools Terasaki, Paul et al. and for minorities, in: New England Journal of Medicine 1994(331), S. 760 - 764
dies.	HLA Matching in Renal Transplantation, The authors reply, in: New England Journal of Medicine 1995(332), S. 752, 753
Tröndle, Herbert / Fischer, Thomas	Kommentar zum Strafgesetzbuch, 49. Aufl., München 1999
Ugowski, Patrick	Rechtsfragen der Lebendspende von Organen, Dissertation Münster 1998
Uhlenbruck, Wilhelm/ Laufs, Adolf	Handbuch des Arztrechts, 1992
Ulsenheimer, Klaus	Arztstrafrecht in der Praxis, 1988
Van De Veer	Paternalistic Interventions, 1986
Ventzky, Gabriele	Blind an Buddhas Seite, in: ZEIT-PUNKTE 2/1995, 32

Vitzthum, Wolfgang Graf — Die Menschenwürde als Verfassungsbegriff, in: JZ 1985, 201 ff.

Vogel, Hans-Jochen — Zustimmung oder Widerspruch - Anmerkungen zu einer Kernfrage der Organtransplantation, in: NJW 1980, 625ff.

Vogel, Joachim — Strafrechtsgüter und Rechtsgüterschutz durch Strafrecht im Spiegel der Rechtsprechung des BVerfG, StV 1996, 110 ff.

Voll, Doris — Die Einwilligung im Arztrecht: eine Untersuchung zu den straf- zivil- und verfassungsrechtlichen Grundlagen insbesondere bei Sterilisation und Transplantation unter Berücksichtigung des Betreuungsgesetzes, Dissertation Heidelberg 1995

Vollmann — „Ethische, rechtliche und soziale Probleme der Hirnforschung“ in: EthikMed 1999, 35(36)

Voß, Monika — Symbolische Gesetzgebung, Fragen zur Rationalität von Strafgesetzgebungsakten, Ebelsbach 1989

Vultejus, Ulrich — Mensch ad cadaver, in ZRP 1993, 435, 438

Walter, Ute — Organentnahme nach dem Transplantationsgesetz: Befugnisse der Angehörigen, FamRZ 1998, 201 ff.

Welzel, Hans — Das deutsche Strafrecht. Eine systematische Darstellung, 1969

Wessels, Johannes/ Beulke, Werner — Strafrecht Allgemeiner Teil, 28. Auflage, 1998

Wessels, Johannes — Strafrecht BT 1, 18. Aufl. 1994

Wintrich, Josef M. — Zur Problematik der Grundrechte, 1957

Wolfslast, Gabriele | Transplantationsrecht im europäischen Vergleich, in: Zeitschrift für Transplantationsmedizin 1989, 43 ff.

dies. | Organtransplantationen - Gegenwärtige Rechtslage und Gesetzesentwürfe, in: Deutsches Ärzteblatt 93, Heft 1 / 2, 9. Januar 1995, S. B-28 ff., bzw. S. A-38 ff.

Wolter, Juergen | Objektive und personale Zurechnung von Verhalten, Gefahr und Verletzung in einem funktionalem Strafrechtssystem, 1981

World Health Organization | Human Organ Transplantation. A report on developments under the auspices of the WHO (1987-1991), 1992

Wuermeling, H.-B. | Ein Nürnberger Kodex 1997. Zur Medizinethik 50 Jahre nach dem Nürnberger Ärzteprozeß, in: Ethik-MedR 1997, 156 ff.

Ziegler, Josef Georg | Organverpflanzung: medizinische, rechtliche und ethische Probleme, Düsseldorf 1977

FRANKFURTER KRIMINALWISSENSCHAFTLICHE STUDIEN

Band 1 Peter Böning: Die Lehre vom Unrechtsbewußtsein in der Rechtsphilosophie Hegels 100 S., 1978.

Band 2 Wolfgang Schneider: Kriminelle Straßenverkehrsgefährdung (§ 315c Abs. 1 Ziff. 2, Abs. 3 StGB). Eine kriminologische und strafrechtliche Untersuchung zur Problematik dieser Verkehrsstraftaten unter Berücksichtigung ausländischer Rechte. 342 S., 1978.

Band 3 Lothar Kuhlen: Die Objektivität von Rechtsnormen. Zur Kritik des radikalen labeling approach in der Kriminalsoziologie. 178 S., 1978.

Band 4 Günther Grewe: Straßenverkehrsdelinquenz und Marginalität. Untersuchungen zur institutionellen Regelung von Verhalten. 148 S., 1978.

Band 5 Dieter Haberstroh: Strafverfahren und Resozialisierung. Eine Studie über Verstehen und Nicht-Verstehen, über Verstanden-Werden und Nicht-Verstanden-Werden und deren Bedingungen in der Hauptverhandlung. 202 S., 1979.

Band 6 Thomas Vogt: Die Forderungen der psychoanalytischen Schulrichtungen für die Interpretation der Merkmale der Schuldunfähigkeit und der verminderten Schuldfähigkeit (§§ 51 a.F., 20, 21 StGB). 182 S., 1979.

Band 7 Andreas Michael: Der Grundsatz in dubio pro reo im Strafverfahrensrecht. Zugleich ein Beitrag über das Verhältnis von materiellem Recht und Prozeßrecht. 214 S., 1981.

Band 8 Ilias G. Anagnostopoulos: Haftgründe der Tatschwere und der Wiederholungsgefahr (§§ 112 Abs. 3, 112 a StPO). Kriminalpolitische und rechtssystematische Aspekte der Ausweitung des Haftrechts. 1984.

Band 9 Helga Müller: Der Begriff der Generalprävention im 19. Jahrhundert. Von P.J.A. Feuerbach bis Franz v. Liszt. 1984.

Band 10 Frowin Jörg Kurth: Das Mitverschulden des Opfers beim Betrug. 1984.

Band 11 Martin J. Worms: Die Bekenntnisbeschimpfung im Sinne des § 166 Abs. 1 StGB und die Lehre vom Rechtsgut. 1984.

Band 12 Jong-Dae Bae: Der Grundsatz der Verhältnismäßigkeit im Maßregelrecht des StGB. 1985.

Band 13 Helmut Fünfsinn: Der Aufbau des fahrlässigen Verletzungsdelikts durch Unterlassen im Strafrecht. 1985.

Band 14 Christoph Krehl: Die Ermittlung der Tatsachengrundlage zur Bemessung der Tagessatzhöhe bei der Geldstrafe. 1985.

Band 15 Walter-Hermann Kiehl: Strafrechtliche Toleranz wechselseitiger Ehrverletzungen - Zur ratio legis der §§ 199, 233 Strafgesetzbuch -. 1986.

Band 16 Matthias Krahl: Die Rechtsprechung des Bundesverfassungsgerichts und des Bundesgerichtshof zum Bestimmtheitsgrundsatz im Strafrecht (Art. 103 Abs. 2 GG). 1986.

Band 17 Patrick Carroll Campbell: § 220a StGB. Der richtige Weg zur Verhütung und Bestrafung von Genozid? 1986.

Band 18 Winfried Hassemer (Hrsg.): Strafrechtspolitik. Bedingungen der Strafrechtsreform. 1987.

Band 19 Felix Herzog: Prävention des Unrechts oder Manifestation des Rechts. Bausteine zur Überwindung des heteronom-präventiven Denkens in der Strafrechtstheorie der Moderne. 1987.

Band 20 Astrid Michalke-Detmering: Die Mindestanforderungen an die rechtliche Begründung des erstinstanzlichen Strafurteils. Zur Auslegung des § 267 StPO. 1987.

Band 21 Lothar Kuhlen: Die Unterscheidung von vorsatzausschließendem und nichtvorsatzausschließendem Irrtum. 1987.

Band 22 Michael Buttel: Kritik der Figur des Aufklärungsgehilfen im Betäubungsmittelstrafrecht (§ 31 BtMG). 1988.

Band 23 Matthias Kögler: Die zeitliche Unbestimmtheit freiheitsentziehender Sanktionen des Strafrechts. Eine vergleichende Untersuchung zur Rechtslage und Strafvollstreckungspraxis in der Bundesrepublik Deutschland und den USA. 1988.

Band 24 Klaus Lüderssen/Cornelius Nestler-Tremel/Ewa Weigend(Hrsg.): Modernes Strafrecht und ultima-ratio-Prinzip. 1990.

Band 25 Jürgen Taschke: Die behördliche Zurückhaltung von Beweismitteln im Strafprozeß. 1989.

Band 26 Daniela Westphalen: Karl Binding (1841-1920). Materialien zur Biographie eines Strafrechtsgelehrten. 1989.

Band 27 Sigrid Jans: Die Aushöhlung des Klageerzwingungsverfahrens. 1990.

Band 28 Dimitris Spirakos: Folter als Problem des Strafrechts. Kriminologische, kriminalsoziologische und (straf-)rechtsdogmatische Aspekte unter besonderer Berücksichtigung der Folterschutzkonvention und der Pönalisierung der Folter in Griechenland. 1990.

Band 29 Stephan Moll: Strafrechtliche Aspekte der Behandlung Opiatabhängiger mit Methadon und Codein. 1990.

Band 30 Stefan Werner: Wirtschaftsordnung und Wirtschaftsstrafrecht im Nationalsozialismus. 1991.

Band 31 Xanthi Bassakou: Beiträge zur Analyse und Reform des Absehens von Strafe nach § 60 StGB. 1991.

Band 32 Rainer Runte: Die Veränderung von Rechtfertigungsgründen durch Rechtsprechung und Lehre. Moderne Strafrechtsdogmatik zwischen Rechtsstaatsprinzip und Kriminalpolitik. 1991.

Band 33 Olaf Hohmann: Das Rechtsgut der Umweltdelikte. Grenzen des strafrechtlichen Umweltschutzes. 1991.

Band 34 Klaus Jochen Müller: Das Strafbefehlsverfahren (§§ 407 ff. StPO). Eine dogmatisch-kriminalpolitische Studie zu dieser Form des schriftlichen Verfahrens unter besonderer Berücksichtigung der geschichtlichen Entwicklung – zugleich ein Beitrag zum StVÄG 1987. 1993

Band 35 Sang-Don Yi: Wortlautgrenze, Intersubjektivität und Kontexteinbettung. Das strafrechtliche Analogieverbot. 1991.

Band 36 Birgit Malsack: Die Stellung der Verteidigung im reformierten Strafprozeß. Eine rechtshistorische Studie anhand der Schriften von C. J. A. Mittermaier. 1992.

Band 37 Rüdiger Schäfer: Die Privilegierung des "freiwillig-positiven" Verhaltens des Delinquenten nach formell vollendeter Straftat. Zugleich ein Beitrag zum Grundgedanken des Rücktritts vom Versuch und zu den Straftheorien. 1992.

Band 38 Cornelius Nestler-Tremel: AIDS und Strafzumessung. 1992.

Band 39 Christine Gutmann: Freiwilligkeit und (Sozio-)Therapie – notwendige Verknüpfung oder Widerspruch? 1993.

Band 40 Walter Kargl: Der strafrechtliche Vorsatz auf der Basis der kognitiven Handlungstheorie. 1993.

Band 41 Jürgen Rath: Zur strafrechtlichen Behandlung der aberratio ictus und des error in objecto des Täters. 1993.

Band 42 Martin Fischer: Wille und Wirksamkeit. Eine Untersuchung zum Problem des *dolus alternativus*. 1993.

Band 43 Regina Harzer: Der Naturzustand als Denkfigur moderner praktischer Vernunft. Zugleich ein Beitrag zur Staats- und Rechtsphilosophie von Hobbes und Kant. 1994.

Band 44 Helmut Pollähne: Lockerungen im Maßregelvollzug. Eine Untersuchung am Beispiel der Anwendung des nordrhein-westfälischen Maßregelvollzugsgesetzes im Westfälischen Zentrum für Forensische Psychiatrie (Lippstadt). 1994.

Band 45 Hans-Joachim Leonhardt: Rechtsmittelermessen der Staatsanwaltschaft. Eine Gegenüberstellung von § 296 StPO mit Nummern 147 und 148 Richtlinien für das Strafverfahren und das Bußgeldverfahren (RiStBV). 1994.

Band 46 Rolf Grünebaum: Zur Strafbarkeit des Therapeuten im Maßregelvollzug bei fehlgeschlagenen Lockerungen. 1996.

Band 47 Barbara Bialas: Promille-Grenzen, Vorsatz und Fahrlässigkeit. 1996.

Band 48 Christine Pott: Die Außerkraftsetzung der Legalität durch das Opportunitätsdenken in den Vorschriften der §§ 154, 154a StPO. Zugleich ein Beitrag zu einer kritischen Strafverfahrensrechtstheorie. 1996.

Band 49 Wolfgang Köberer: *Iudex non calculat*. Über die Unmöglichkeit, Strafzumessung sozialwissenschaftlich-mathematisch zu rationalisieren. 1996.

Band 50 Institut für Kriminalwissenschaften Frankfurt a.M. (Hrsg.): Vom unmöglichen Zustand des Strafrechts. 1995.

Band 51 Petra Kamberger: Treu und Glauben (§ 242 BGB) als Garantenstellung im Strafrecht? 1996.

Band 52 Anastassios Triantafyllou: Das Delikt der gefährlichen Körperverletzung (§ 223a StGB) als Gefährdungsdelikt. (Zugleich ein Beitrag zur Dogmatik der Gefährdungsdelikte). 1996.

Band 53 Norbert Kissel: Aufrufe zum Ungehorsam und § 111 StGB. Grundrechtlicher Einfluß bei der Feststellung strafbaren Unrechts. 1996.

Band 54 Susanne Ehret: Franz von Liszt und das Gesetzlichkeitsprinzip. Zugleich ein Beitrag wider die Gleichsetzung von Magna-charta-Formel und Nullum-crimen-Grundsatz. 1996.

Band 55 Stefan Braum: Geschichte der Revision im Strafverfahren von 1877 bis zur Gegenwart. Zugleich eine Kritik der Kontinuität politischer Macht im Recht. 1996.

Band 56 Katja Diel: Das Regreßverbot als allgemeine Tatbestandsgrenze im Strafrecht. 1997.

Band 57 Christoph Koller: Die Staatsanwaltschaft – Organ der Judikative oder Exekutivbehörde? Die Stellung der Anklagebehörde und die Gewaltenteilung des Grundgesetzes. 1997.

Band 58 Frank Schößler: Anerkennung und Beleidigung. Rechtsgut und Strafzweck des § 185 StGB. 1997.

Band 59 Regina Engelstädter: Der Begriff des Unfallbeteiligten in § 142 Abs. 4 StGB. Zugleich eine Kritik an aktuellen Zurechnungslehren. 1997.

Band 60 Jörg Reinhardt: Der Ausschluß und die Ablehnung des befangen erscheinenden Staatsanwaltes. 1997.

Band 61 Jens Christian Müller-Tuckfeld: Integrationsprävention. Studien zu einer Theorie der gesellschaftlichen Funktion des Strafrechts. 1998.

Band 62 Peter Maria Rohe: Verdeckte Informationsgewinnung mit technischen Hilfsmitteln zur Bekämpfung der Organisierten Kriminalität. Zugleich eine rechtsvergleichende Analyse der polizeilichen Abhörbefugnisse in den U.S.A. 1998.

Band 63 Dirk Fabricius: Was ein Lehrbuch lehrt ... Eine exemplarische Untersuchung von Jakobs *Strafrecht – Allgemeiner Teil*. 1998.

Band 64 Stefan Sinner: Der Vertragsgedanke im Strafprozeßrecht. 1999.

Band 65 Sebastian Schattenfroh: Die Staatsphilosophie Giovanni Gentiles und die Versuche ihrer Verwirklichung im faschistischen Italien. 1999.

Band 66 Athanassia Dionyssopoulou: Der Tatbestand der Geldwäsche. Eine Analyse der dogmatischen Grundlagen des § 261 StGB. 1999.

Band 67 Klaus von Lampe: *Organized Crime*. Begriff und Theorie organisierter Kriminalität in den USA. 1999.

Band 68 Christian Hanssen: "Trennung der Märkte". Rechtsdogmatische und rechtspolitische Probleme einer Liberalisierung des Drogenstrafrechts. 1999.

Band 69 Institut für Kriminalwissenschaften und Rechtsphilosophie Frankfurt a.M. (Hrsg.): Irrwege der Strafgesetzgebung. 1999.

Band 70 Konstantinos Chatzikostas: Die Disponibilität des Rechtsgutes Leben in ihrer Bedeutung für die Probleme von Suizid und Euthanasie. 2000.

Band 71 Bettina Wirmer-Donos: Die Strafrechtstheorie Karl Christian Friedrich Krauses als theoretische Grundlage des spanischen Korrektionalismus. 2001.

Band 72 Christine Löw: Die Erkundigungspflicht beim Verbotsirrtum nach § 17 StGB. 2001.

Band 73 Florian Ufer: Der Verwertungswiderspruch in Theorie und Praxis. Prozessuale Obliegenheiten des Verteidigers und ihre Bedeutung für die Rechtsposition des Beschuldigten. 2002.

Band 74 Katja Melzer: Psychisch kranke Straftäterinnen. Frauen im Maßregelvollzug. 2001.

Band 75 Gregor Kuntze-Kaufhold: Lebenswelt und Unparteilichkeit. Kriterien für eine Rechtsanwendungslehre am Beispiel der Analyse von fünf Hauptverhandlungen in Strafverfahren. 2002.

Band 76 Iris Kristina Passek: Die erstinstanzliche Zuständigkeit der Oberlandesgerichte in Staatsschutzstrafsachen. Historische Entwicklung und aktuelle Probleme. 2002.

Band 77 Michael Krebs: Die Weisungsgebundenheit des Staatsanwalts unter besonderer Berücksichtigung des rechtstatsächlichen Aspekts. 2002.

Band 78 Kerstin Degenhardt: Europol und Strafprozeß. Die Europäisierung des Ermittlungsverfahrens. 2003.

Band 79 Domenico Siciliano: Das Leben des fliehenden Diebes: Ein strafrechtliches Politikum. 2003.

Band 80 Marc Colussi: Produzentenkriminalität und strafrechtliche Verantwortung. 2003.

Band 81 Thilo Lars Hild: Grenzen einer strafrechtlichen Regulierung des Kapitalmarktes. Eine kriminalrechtliche Untersuchung von Börsengängen und Aktienhandel in Deutschland und den USA. 2004.

Band 82 Philipp Rau: Schweigen als Indiz der Schuld. Ein Vergleich des deutschen und englischen Rechts zur Würdigung des Schweigens des Beschuldigten. 2004.

Band 83 Alexandra Pfeiffer: Die Regelung der Lebendorganspende im Transplantationsgesetz. 2004.

Kolibri 360 GmbH
Ferdinand-Jühlke-Straße 7
99095 Erfurt, Deutschland
produktsicherheit@kolibri360.de

Druck:
CPI Druckdienstleistungen GmbH
im Auftrag der
Kolibri 360 GmbH
Ferdinand-Jühlke-Str. 7
99095 Erfurt